中国特色社会主义经济发展道路丛书

总主编 陈佳贵

中国财税体制发展道路

The Development Path of China's
Public Finance System

高培勇/主编

图书在版编目（CIP）数据

中国财税体制发展道路/高培勇主编. —北京：经济管理出版社，2013.12
ISBN 978-7-5096-2887-4

Ⅰ.①中… Ⅱ.①高… Ⅲ.①财税—财政体制—研究—中国 Ⅳ.①F812.2

中国版本图书馆CIP数据核字（2013）第304102号

组稿编辑：解淑青
责任编辑：魏晨红
责任印制：黄章平

出版发行：经济管理出版社
（北京市海淀区北蜂窝8号中雅大厦A座11层　100038）

网　　址：www.E-mp.com.cn
电　　话：（010）51915602
印　　刷：三河市延风印装厂
经　　销：新华书店
开　　本：720mm×1000mm/16
印　　张：20.25
字　　数：365千字
版　　次：2013年12月第1版　2013年12月第1次印刷
书　　号：ISBN 978-7-5096-2887-4
定　　价：76.00元

·版权所有　翻印必究·
凡购本社图书，如有印装错误，由本社读者服务部负责调换。
联系地址：北京阜外月坛北小街2号
电话：（010）68022974　邮编：100836

《中国特色社会主义经济发展道路》
丛书编委会

主　任：陈佳贵

委　员：(按姓氏笔画排序)
　　　　王国刚　刘树成　刘迎秋　刘煜辉　刘戒骄
　　　　吕　政　张卓元　张晓山　李　扬　李　周
　　　　吴太昌　汪同三　陈佳贵　金　碚　周叔莲
　　　　洪　涛　高培勇　黄群慧　黄速建　蔡　昉
　　　　潘家华

编写说明

中国经济改革开放30多年来，我国的经济社会发展取得了举世瞩目的成就，积累了丰富的经济体制改革经验，成功地走出了一条具有中国特色的经济发展道路。对改革开放以来中国经济体制改革进行系统、客观、深入的总结和研究，为我国进一步改革开放提供政策建议，无疑具有重大的理论和实践意义。《中国特色社会主义经济发展道路》丛书正是在这个背景下诞生的。

《中国特色社会主义经济发展道路》丛书共有9本，被国家出版基金规划管理办公室确定为2012年度国家出版基金资助项目。该项目总主持人是全国人大常委、中国社会科学院经济学部主任陈佳贵研究员。该项目共有9个子项目，分别是由陈佳贵研究员主持的"经济发展方式转变与经济结构调整"、数量经济与技术经济研究所原所长汪同三研究员主持的"中国投资体制发展道路"、工业经济研究所所长金碚研究员主持的"中国国有经济发展道路"、农村发展研究所原所长张晓山研究员与农村发展研究所所长李周研究员主持的"中国农村发展道路"、金融研究所所长王国刚研究员与中国社会科学院金融研究所金融实验室主任刘煜辉研究员主持的"中国金融体制发展道路"、财经战略研究院院长高培勇研究员主持的"中国财税体制发展道路"、人口与劳动经济研究所所长蔡昉研究员和高文书研究员主持的"中国劳动与社会保障体制完善与发展道路"、研究生院院长刘迎秋研究员主持的"中国非国有经济发展道路"、北京工商大学洪涛教授主持的"中国改革开放与贸易发展道路"。每个子项目的最终成果就构成了本丛书中的一本专著。本丛书的初稿完成后，我们分别请有关领域的专家学者对各卷的初稿提出修改建议，各卷作者又按照修改建议进行了修改。

本丛书编委会由陈佳贵任主任，编委会委员（按姓氏笔画排序）王国刚、刘树成、刘迎秋、刘煜辉、刘戒骄、吕政、张卓元、张晓山、李扬、李周、吴太昌、汪同三、陈佳贵、金碚、周叔莲、洪涛、高培勇、黄群慧、黄速建、蔡昉、潘家华。本丛书的出版得到了中国社会科学院科研局、经济学部、国家出版基金规划管理办公室的大力支持,在这里一并表示感谢!

《中国特色社会主义经济发展道路》丛书编委会
2012年11月

总 序

新中国成立以来，1978年开始的改革开放是20世纪70年代以来世界上最重大、最壮观、最为世人瞩目的事件之一。这场波澜壮阔的运动，规模之大，范围之广，持续之久，影响之深刻，成效之显著，都是史无前例的，它使中国实现了由计划经济向市场经济的转轨，建立起了走向成熟的社会主义市场经济制度；中国的工业化和城市化得到加速发展，工业化已经进入中期的后半阶段，中国已经由农业大国变成了工业大国。中国经济的国际化程度大大提高，已经成为世界经济的重要组成部分，对世界经济的贡献越来越大，影响越来越强。2010年中国GDP达到397983.3亿元，约合5.87万亿美元，已跃居世界第二位；2011年中国人均GDP为5414美元，已经进入中等收入国家行列；进出口总额超过36418.6亿美元，居世界第二位。与此同时，中国的科技、教育、文化、卫生、社会保障等领域的改革也得到了长足发展。

新中国成立60多年来，中国在经济建设上积累了丰富的经验，形成了具有中国特色的经济发展道路。我们有责任对这些经验进行总结，使它们成为中国人民永久的财富，并为全世界所分享。概括起来讲，中国60多年来的发展，尤其30多年的改革开放有以下主要经验和特点：

第一，坚持以中国特色社会主义理论为指导。中国特色社会主义理论是在以邓小平为核心的党的第二代领导集体、以江泽民为核心的党的第三代领导集体和以胡锦涛为总书记的党中央在分析了国内外形势的新变化、新特点，吸取历史的经验教训，总结中国丰富的改革开放的实践经验，吸收中国理论研究的新成果的基础上形成的。它是对马克思列宁主义、毛泽东思想的继承和发展。这个理论包括邓小平理论、"三个代表"重要思想和科学发展观三个重要的组成部分。邓小平不仅是中国改革开放的总设计师，而且是中国改革开放的理论奠基人。他支持开展的"实践是检验真理的唯一标准"的讨论使人们冲破了"极左"思想的桎梏，重新确立了"解放思想、实事求是"的思想路线，激发了广大干部群众对改革开放的积极性、创造性和首创精神。邓小平同志关于社会主义初级阶段的理论，关于改革是一场新的革命的理论，关于社会主义本质和社会主义发展道路的理论，关于计划与市场的理论，关于让一部分人和地区先富裕起来、逐步达到共同富裕的理论，关于摸着石头过河的理论，关于政府行政机构改革的理论，关于建立经济特区、大胆利用外资和发展证券市场的理论，等等，以及在这些理论基础上形成的党在社会主义初级阶段的路线、纲领、方针和重大政策，为统一全党和全国人民的认识、把党的工作重心转移到经济建设上来、顺利推进改革开放提供了强大的思想武器和理论支持。江泽民同志继承和发展了邓小平同志的理论，提出了"三个代表"重要思想。他的关于改革是全面改革的论述，把建立社会主义市场经济作为改革的目标的论述，关于坚持和完善公有制为主体、多种所有制经济共同发展的基本经济制度的论述，关于依法治国的论述，以及把建立社会主义市场经济体制写入党章、写入宪法，作出加入世界贸易组织（WTO）等重大决策，为改革的深入发展提供了理论指导和法律保障，保证了中国的改革开放事业沿着邓小平同志开辟的正确道路继续前进。胡锦涛同志在继承邓小平同志、江泽民同志的理论和思想的基础上，提出了科学发展观、建立和谐社会等理论和战略设想，提出了完善社会主义市场经济的思路，推进了中国特色社会主义沿着正确的道路不断前进。

第二，坚持社会主义制度的自我完善。中国的发展道路是根据中国的基本国情确立的。这个基本国情就是中国还处于并将长期处于社会主义初级阶段。它有两重含义：一是中国已经建立起了社会主义制度，中国的社会具有社会主义的性质，我们必须坚持社会主义制度，走社会主义道路；二是中国尚处在社会主义的初级阶段，现在中国的社会主义制度还很不完善、很不成熟，需要我们几代、十几代甚至几十代人去努力奋斗，以巩固和发展社会主义制度。改革开放就是巩固、发展与完善社会主义制度的重大战略举措。

第三，坚持市场取向的改革。中国特色的社会主义经济发展道路是从在农村推行家庭联产承包责任制、在城市扩大企业自主权开始的。1982年，中共十二大提出了"计划经济为主，市场调节为辅"的改革原则。1984年，中共十二届三中全会提出了社会主义经济是"有计划的商品经济"的命题，对社会主义经济的性质做出了基本判断。1987年，中共十三大进一步提出"国家调节市场，市场引导企业"的新型经济运行机制。1992年，中共十四大最终提出建立社会主义市场经济体制的改革目标。从这个过程可以看出，尽管中间也出现了一些波折，但是始终坚持了市场取向的改革，并逐步加强市场机制的作用，最终确立成熟的社会主义市场经济的改革目标，肯定了市场在国家宏观调控下对资源配置起基础性作用。

第四，坚持社会主义市场经济体制作为改革的目标和模式。这个制度是建立在"以公有制为主体，多种所有制经济共同发展的基本经济制度"之上的，它既具有市场经济的基本特征，又具有中国特色。它主要由企业制度、市场体系、分配制度、社会保障制度和政府的宏观管理五大支柱所支撑。

——建立"产权清晰、责权明确、政企分开、管理科学"的现代企业制度，使企业成为自主经营、自我发展、自我约束、自负盈亏的市场的主体。企业的主要法律形态采用有限责任公司和股份有限公司。

——发展商品市场以及资本、土地、劳动力、技术和管理等要素市场，建立统一开放、竞争有序的市场体系，形成有效的市场机制，发挥市场在资源配置中的基础作用。

——实行以按劳分配为主体、多种分配方式并存的分配制度，强调效率与公平的结合。

——逐步建立覆盖城乡的社会保障制度，构建完备的社会安全网。

——政府主要运用经济的、法律的手段调控经济，必要时也可采用少量的行政手段对经济进行管理，使国民经济保持平稳、快速、健康发展。

在发展成就的经验基础上，逐步建立起与社会主义市场经济体制相适应的一系列法律。

第五，在发展方法上，采取先易后难，逐步深化，渐进式推进。中国的发展道路选择是史无前例的，无现成的经验可以借鉴。中国又是一个发展中大国，承受改革与发展风险的能力较弱。中国的改革开放又是在遭受"文化大革命"破坏、国民经济处于极端困难的时候开始的，这种环境和条件使中国的改革开放只能采取"摸着石头过河"的办法，在探索中前进，在前进中探索。先推进见效快的改革，后推进见效慢的改革；先推进难度小的改革，后推进难度大的改革；先着手浅层次改革，后推进深层次改革；先推进竞争性领域的改革，后推进垄断行业的改革；先缩小政府机构管理权限，后改革行政管理体制；先着力进行经济体制改革，后推进政治、文化、社会体制改革。

对于把握不大的改革，先进行试点，在总结试点经验的基础上再逐步推广。沿着这种路径、采取这种方法进行改革，保证了改革开放稳步前进，避免了出现大的失误和挫折。

第六，在总体部署上，注意处理好"五个关系"，使改革开放不断深化。

处理好农村改革和城市改革的关系。中国的改革先是从农村开始的，

1978年后，在农村迅速推广了土地家庭联产承包责任制，这一制度极大地激发了广大农民种田的积极性，迅速解决了中国的粮食问题，并于1993年全面废除了已实行20多年的粮票、油票、布票、副食品等票证制度。这是一个翻天覆地的变化。农村改革不仅为城市提供了足够的粮食和副食品，也为城市改革和发展提供了丰富的原材料和大批的剩余劳动力。中共十二届三中全会后，城市的改革提上重要议程。城市改革特别是工业的改革和发展，工业化进程的快速推进，国家获得了大量的物力、财力，为工业反哺农业，城市支持农村创造了良好的经济基础，也为农村改革的深化创造了良好的条件。

处理好利益调整和制度、机制创新的关系。改革初期，无论农村推行土地家庭联产承包责任制，或是城市工商企业推行的企业承包经营、建立生产责任制等办法，都主要是进行利益调整，在不根本改变计划经济体制的情况下，调整国家、企业和个人的分配关系，激发广大群众对改革和发展的积极性和创造性。在改革初期这样做是完全必要的，它能使改革很快见到成效，使广大群众支持改革、拥护改革，也减少了改革的阻力。但是，这种扩权让利不可能使计划经济体制本身带来革命性的变化，给广大群众带来的积极性也不可能持久。随着改革的深入，扩权让利的改革必然要发展到机制创新和制度创新阶段。在农村，让农民对土地有长期的经营权、允许经营权有偿转让等改革，就是把利益调整和制度创新有机结合的尝试。在城市改革特别是国有企业改革中，由承包制发展到股份制改革，对国有企业进行股权多元化、分散化的公司化改造，更是使企业改革发展到了企业机制、企业制度创新的新阶段，较好地解决了扩权让利和企业机制、企业制度创新相结合的问题。

处理好公有企业改革和发展非公有企业的关系。在所有制的改革上，始终从两个方面推进：一方面，对国有企业、集体企业进行改革，探索公有制的实现形式，把大批国有、集体企业改变成公司制企业，实现了所有权主体的多元化、分散化；另一方面，大力发展非公有制经济，使它们成为社会主义市场经济的重要组成部分。国有企业改革和国有经济的战略调整，不仅缩短了国有经济战线，优化了国有经济布局，提高了国有经济的素质，而且促进了个体私营经济和混合经济的发展。个体私营经济的发展，不仅繁荣了经济，为社会提供了大量的就业岗位，也对国有企业、集体企业形成压力，促进了国有企业和集体企业的改革。

处理好对内改革和对外开放的关系。中国的经济改革和经济发展，为外资的进入创造了良好的市场环境、体制环境、法治环境和人文环境，因此，长期以来中国一直处于引进外资的前列。加入WTO后，不仅标志着中国对内改革进入了一个新阶段，也标志着中国对外开放进入了全面、全方位开放的新阶段。一方面，我们加快了内部改革，尽力使中国的经济体制和管理办法与国际接轨；另一方面，我们增强了在制定国际规则方面的话语权，加强了中国企业的国际竞争力。在短短几年间，中国的外贸出口额高速增长。2007年，已经成为世界上的第二大出口国。中国企业的对外投资也开辟了新局面。

处理好改革、发展和稳定的关系。改革、发展、稳定，这三者既各有侧重，又存在密切联系。"发展是硬道理"、"发展是改革的根本目的"、"发展是第一要务"，在改革开放中，始终坚持以经济建设为中心，围绕发展促进改革开放。改革是为了解放和发展生产力，改革不仅能激发广大群众的积极性和创造性，为发展提供强大的动力，而且能为国民经济长期、平稳、快速、健康发展提供良好的机制和制度保证。稳定是改革发展的基本前提，要坚持稳中求进。社会动荡不安，改革很难进行，要想快速发展也只能是一场美梦。因此，要把握好改革的力度、发展的速度和社会的可承受度之间的关系，使三者协调推进。

第七，在改革的动力上，既依靠中国共产党以及它领导下的政府的权威，又尊重人民群众的首创精神，充分发挥理论界的作用。中国的改革始终是在中国共产党领导下进行的，中国共产党是推进改革开放的核心力量。中央政府凭借自己的行政权威，保证了中国共产党制定的改革开放的路线、目标、方针、政策得以全面贯彻实行。党的政治权威和政府的行政权威为改革开放创造了良好的环境，是改革开放能够不断持续推进的保障。基层和群众的积极性、创造性始终是中国改革开放的基础力量。中国的许多改革都是从基层，有的还是群众自发先做起来的，然后由政府总结经验逐步推广到全国。

理论界也是推动改革开放的一股重要力量。广大理论工作者解放思想，把马克思主义和中国实践结合起来，既注意引进国外的先进管理理念、理论、方法和手段，吸收现代经济学有用的成果，又深入总结历史的经验教训，及时总结改革开放中基层和人民群众创造的新经验、新做法，研究新情况、新问题，为深化改革开放进行了理论阐述，提出了许多有价值的建议，为改革开放发挥了思想库和智囊团的作用。

第八，在对中国经济发展的措施、手段的选择和成果的评价上，坚持从实际出发，不唯书、不唯上，"评判的标准，应该主要看是否有利于发展社会主义社会的生产力，是否有利于增强社会主义国家的综合国力，是否有利于提高人民的生活水平"。

　　中国 60 多年来的经济发展，尤其是改革开放 30 多年来的发展成就震撼了整个世界，但是也存在一些不足。中国还处于社会主义初级阶段，改革开放持续的时间长，整体配套性不够强；垄断行业的改革进展缓慢，产品、服务质次价高；行政机构的改革成效不大，政府职能还没有很好地转变；社会管理制度滞后，上亿农民工的身份、待遇等问题还没有得到解决；和工业化、城市化快速发展相比，农村生产方式仍很落后；在改革开放中还出现了地区差距扩大、城乡差距扩大、居民收入差距扩大、经济快速增长付出的资源环境代价过大等新问题。如何对待这些问题，当前有不同的认识。有些人认为，这些问题是改革开放带来的，甚至主张体制的倒退和复归。我们认为这种看法是非常错误的、十分有害的。改革开放 30 多年来取得的成绩是任何人也抹杀不了的。这样一场史无前例的社会经济的大变革出现一些问题是难免的，但必须引起高度重视。只有进一步解放思想、深化改革、加快发展，才能使这些问题得到有效解决。倒退是毫无出路的，也不符合广大人民群众的根本利益，是不得人心的。

　　中国特色社会主义经济发展道路走过了 60 多年的历程，取得了一系列辉煌成就，但是我们也要清醒地认识到，国际社会瞬息万变，尤其进入 21 世纪，西方发达国家经历了金融危机和债务危机，经济状况持续衰退，直接影响到全球经济的发展，在中国崛起的过程中会遇到国内外诸多艰巨的问题，未来十年中国完善社会主义市场经济体制的任务将进入建设"成熟社会主义市场经济体制"的新阶段。所谓成熟的社会主义市场经济体制是能够自我调整、自我完善和自我演进的经济制度。建设成熟的社会主义市场经济体制，要从全面制度创新的高度，谋划改革方略、路径和动力问题，统一凝聚改革共识，增强改革动力，注重顶层设计和顶层推进，发挥地方和企业的首创精神，突出改革的整体性，推动改革的多层次协调配套，我们要做好攻坚克难的准备。应当从理论上、实践上认真总结中国经济发展的成绩、经验和教训，提高认识，以利于夺取中国特色社会主义经济发展建设的全面胜利！

陈佳贵
全国人大常委、经济学部主任
中国社会科学院原副院长
2012 年 12 月 6 日

前　言

本书旨在考察中国财税体制的发展道路，其基本着眼点在于揭示和总结中国财税体制变迁的基本轨迹与基本规律。

全书共分三篇九章。按照中国经济体制变迁的顺序，全书又将第一、第二篇各划分为三章，分别对应从新中国成立到计划经济、计划经济末期到市场化改革初期的体制之交和1994年分税制改革以后三个阶段。第三篇是理论部分，分别论述了中国的财税发展道路的阶段特征、总体特征和反思与前瞻。

第一篇"体制"部分主要论述财政管理体制。财政首先是一套完整的政府收入管理模式，这是不同体制下财政的相同部分。各国不同时期经济体制各异，财政的功能也大不相同，但是都会有自己的财政资金管理模式，涉及不同层级政府间的财权、财力划分，政府收入范围和政府间转移支出模式。值得注意的是，由于财政的运行状况是财政管理体制改革的引线，我们将财政的运行状况也放在了"体制"部分中。

第二篇"机制"部分主要论述财政的功能。财政功能在不同时期的表现涉及不同的经济发展模式和财政在不同发展模式中的不同功能。按照现代经济学的基本理论，我们将这种财政的不同功能和财政与经济发展之间的不同关联方式称为不同的机制。

第三篇"道路"部分主要论述了财政的基本问题和财政发展的基本走向。在归纳文献和典型事实的基础上，我们回顾了关于"财政"的不同定义，归纳了"以财养政，以政生财"的不同模式及中国模式的典型特征，并对新一轮的财税体制改革提出了构想。

目　录

第一篇　体　制

第一章　计划经济时期的稳定财政体制 …………………………… 7
　　第一节　统一财经与重建国家 ………………………………………… 8
　　第二节　第一个五年计划与权利收放 ………………………………… 15
　　第三节　计划经济稳定财政体制中的收放改革 ……………………… 24

第二章　新旧体制之交的财政动荡 ………………………………… 35
　　第一节　计划体制末期的财政制度 …………………………………… 35
　　第二节　政府间财政管理新体制的萌芽 ……………………………… 41
　　第三节　市场化改革初期的放权让利与财政包干制 ………………… 46

第三章　分税制改革与公共财政体制 ……………………………… 55
　　第一节　分税制改革的两条线索 ……………………………………… 55
　　第二节　1994年税制改革的主要内容 ………………………………… 59
　　第三节　1994年税制改革的延续："费改税"与"税费改革" ……… 70
　　第四节　分税制改革之后的财政管理体制改革 ……………………… 78

第二篇　机　制

第四章　计划经济时期的财政制度与经济发展 …………………… 95
　　第一节　战时供给财政制度与国家重建 ……………………………… 95
　　第二节　"一五"时期财政运行与经济建设 ………………………… 101
　　第三节　传统体制下中国财税体制的特征 …………………………… 105

第五章 体制变换期的财政制度与经济发展 …… 123

第一节 计划经济末期的财政与经济发展 …… 123

第二节 改革大潮来临前的变动 …… 132

第三节 市场化改革初期的放权让利 …… 134

第四节 工商税制改革：改革开放的重要推动器 …… 141

第五节 调整支出结构：减少经济建设支出 …… 145

第六节 财会制度改革：构建市场基础 …… 148

第六章 市场经济发展中的财税制度 …… 153

第一节 分税制改革的宏观背景 …… 154

第二节 构建公共财政框架 …… 157

第三节 调整支出结构：构建社会保障网 …… 159

第四节 调整支出结构：向"三农"和民生倾斜 …… 168

第五节 转移支付制度改革 …… 177

第六节 实施政府收支分类改革 …… 184

第七节 "营改增"与政府间财政关系重构 …… 187

第三篇 道 路

第七章 中国财税发展的三个阶段 …… 197

第一节 计划体制下的财税制度与经济发展 …… 197

第二节 体制转换期的财税制度与经济发展 …… 208

第三节 市场经济下的公共财政建设与经济发展 …… 214

第八章 中国的财税发展道路 …… 223

第一节 财政与发展：政府行为与国家行为 …… 223

第二节 公共财政：理论分歧与中国含义 …… 225

第三节 财政功能再理解 …… 233

第四节 财政发展道路的中国特征 …… 240

第九章 中国财税发展道路：反思与前瞻 …… 243

第一节 中国财税发展道路变革的要素基础 …… 243

第二节　财税制度改革的价值取向 …………………… 247
　　第三节　财税发展道路前瞻 …………………………… 249

财税改革与发展大事记 …………………………………… 265

主要参考文献 ……………………………………………… 293

后　记 ……………………………………………………… 305

第一篇

体　制

第一章

前 言

本篇集中于中国财政管理体制的变迁及其推动因素。财政管理体制是处理多级政府国家政府间财政关系的基本制度，核心是确立各级政府预算收支范围和管理权限的划分。[①]确立财政体制的根本目的，是为了保证国家财力在各级政府间合理分配，保障各级政府行使职能的资金需要。财政体制的主体是各级政府，主要内容是政府间的财政关系，是处理中央和地方及地方各级政府之间财政关系的各项制度的总称，包括政府财政管理级次的确定、财政收支范围的划分以及政府间财政转移支付制度的安排三个内容。[②]

关于计划经济时期的财政体制划分，理论界存在不同意见。例如，叶振鹏（1992）将计划经济时期的财政管理体制分为新中国成立初期的高度集中，"一五"时期的统分结合、集中为主，"大跃进"时期的财政下放，国民经济调整时期的适当集中六个阶段，十年动乱时期的财政体制频繁变动和1977~1978年的新财政体制六个阶段。项怀诚（1999）将计划经济时期的财政体制划分为1950~1952年的统收统支体制和1953~1978年的统一领导、分级管理体制两个类型。李萍（2010）从政府间关系切入财政体制，将计划经济时期的财政体制划分为1950年的"高度集中，统收统支"体制；1951~1957年的"收支下放，计划包干，地区调剂，划分收支，分级管理"体制；1958年的"以收定支，五年不变"体制。1959~1970年的"总额分成，一年一变"体制；1971~1973年的"收支包干"体制；1974~1975年的"收入按固定比例留成，超收另定分成比例，支出按指标包干"体制；1976~1979年的"收支挂钩，总额分成"和试行"收支挂钩，超收分成"体制。应当说，上述三种划分方式都是按照时间顺序进行的线性划分。从中国改革的实践来看，按照时间进行的划分必然是以计划经济为出发点，以市场经济为导向。相对于纯粹的学术研究来说，这种划分可能方向性过于明确，不属于典型的随机性统计分类。同时，按照熊彼特在《经济分析史》中的警告，我们是在把一段连贯的历史划分为间断的几个部分，从而对于理解经济发展的机制是不利的。

一种能够超越时间序列划分的代表性观点，是将新中国成立以来我国的财政体制分为三个阶段：①统收统支的财政管理体制。新中国成立初期

[①] 叶振鹏、张馨（1999）认为，财政管理体制是"在特定的行政体制下，通过一定的方式调节政府间财力的基本分配制度"，是"国家在中央和地方以及地方各级政府之间划分财政收支范围和财政管理职责与权限的一项根本制度"。

[②] 郑小玲（2011）认为，"财政收支划分的原则和方法"也是财政管理体制的重要内容。

统收统支的财政体制的基本特征是中央政府处于主导地位，并且中央政府统一制定所有收支项目管理办法，一切开支标准由中央政府统一决定。地方政府组织的财政收入要全部上缴中央财政，地方政府所需的相关支出全部由中央财政另行拨付。因此，该体制也被称为"收支两条线"。②分类分成的财政管理体制。分类分成的财政体制实行了三个时期，包括"一五"计划时期、"二五"计划时期的第一年（1958年）和"六五"计划时期。为了完成"一五"计划确定的任务，即奠定我国社会主义工业化基础以及确定我国农业、工业、资本主义工商业的社会主义改造的初步基础，必然要求变统收统支的财政体制为分类分成的财政体制。在1954年实行了"统一领导、划分收支、分级管理、侧重集中"的财政管理体制，即"分类分成"财政体制。③总额分成的财政管理体制。为了克服分类分成的财政体制的一些不利方面，我国自1959年实行"收支下放，计划包干，地区调剂，总额分成，一年一变"的总额分成的财政管理体制。该体制的实行大致包括1959~1967年、1969~1970年、1976~1979年和1986~1990年。总额分成在一定程度上调动了地方的积极性，使全国财政收入有一定比例的增长。这种划分方式超越了单纯的按照时间所进行的划分，对于分类研究有很大的好处。但是相对于连贯的经济发展过程来说，这种划分可能过于碎片化。使我们只能看到一个个孤立事件，而忽略了事件之间的联系，更难以理解财政与经济发展之间的发展机制和关联模式。

表 0-1　新中国成立以来财政体制沿革

实行时间（年）		财政体制简述
统收统支阶段	1950	高度集中，统收统支
	1951~1957	划分收支，分级管理
	1958	以收定支，五年不变
	1959~1970	收支下放，计划包干，地区调剂，总额分成，一年一变
	1971~1973	定支定收，收支包干，保证上缴（或差额补贴），结余留用，一年一定
	1974~1975	收入按固定比例留成，超收另定分成比例，支出按指标包干
	1976~1979	定收定支，收支挂钩，总额分成，一年一变［部分省（市）试行"收支挂钩，增收分成"］
分灶吃饭阶段	1980~1985	划分收支，分级包干
	1986~1988	划分税种，核定收支，分级包干
	1989~1993	财政包干
分税制	1994年至今	按照统一规范的基本原则，划分中央地方收支范围，建立并逐步完善中央对地方财政转移支付制度

资料来源：李萍：《财政体制简明图解》，中国财政经济出版社，2010年版。

本篇则综合了以上两种分类方式的优点，首先将整个计划经济作为一个时期，从而可以研究计划经济时期的财政体制、机制和财政与经济发展道路之间的关联模式。其次将计划经济末期和市场化改革初期统一为一个时期，这个时期财政体制的主要特征是不稳定，这种不稳定已经远远超过了计划经济内部的集权与分权，财政与发展的作用形式也发生了本质性改变。最后将分税制改革以后的时期作为一个单独时期。

这样，本篇从财税体制在整个经济制度中的位置和作用机制出发，将新中国成立以来的财政体制与经济发展划分为计划经济时期的稳定财税体制、新旧体制之交的财税管理体制和分税制体制。三个时期，用以衡量不同经济体制下财税制度与经济发展的不同作用机制。相对于具有明显市场化目标走向的时间序列划分来说，这种划分将60年来的财政体制划分为两个稳定时期和一个过渡时期。

第一章 计划经济时期的稳定财政体制

从1949年10月到1952年底,既是我国新民主主义时期,也是新中国成立后的国民经济恢复时期。根据中共七届二中全会决议和《中国人民政治协商会议共同纲领》,这个时期的基本任务是:①继续完成民主革命阶段遗留下来的任务,建立新民主主义经济制度,并通过新民主主义阶段逐步过渡到社会主义社会。②迅速恢复国民经济,为有计划的经济建设打下基础。上述任务具体落实到财政经济领域,主要体现在以下两个方面:①为了消灭残余敌对势力、接收旧政权的人员和维持新政权的运转,需要支付巨额的军政费用和政权维持等开支。②治理通货膨胀和整顿生产生活秩序,尽快促进国民经济的恢复和发展,改善人民生活水平。

在中国共产党的领导下,新生的人民政权用了短短的3年时间,通过统一财经工作、平衡财政收支、稳定物价等政策措施,使国家摆脱了困扰多年的通货膨胀,工农业生产得到恢复和发展,人民生活水平得到改善,社会面貌焕然一新。财政的首要职能是提供公共产品,从现代国家的治理经验来看,没有任何一个国家的公共产品供给——稳定的社会秩序,国民的人身安全、财产权等,可以不依靠政府而提供。① 除了提供公共产品外,一个稳定运行的政府部门,本身就是宏观经济稳定和经济发展的重要依托。政府部门的健康运行,成为国家功能恢复的首要表现,也成为后来经济发展和赶超战略得以实施的关键。

---

① 本部分所说的提供并不是指生产,是指政府可以将部分公共服务生产外包给市场来完成。

第一节 统一财经与重建国家

新中国成立之时，中国境内尚未全部解放。为了消灭残余敌对势力，解放全中国，新成立的人民政府必须维持强大的军费开支。1949年全国财政收入为303亿斤粮食，支出则高达567亿斤粮食，赤字率为46.9%。作为弥补赤字的过渡性措施，中央银行大量发行钞票。1949年7月人民币发行总额为2800亿元，9月为8100亿元，10月为11000亿元，11月达到16000亿元。四个月间钞票发行额增加了近5倍，致使币值大跌。①与此相对应，1949年4月至1950年2月，中国共发生了四次物价大幅波动。

国家本着增收节支的原则，把量出为入和量入为出原则紧密地结合起来，力求财政收支平衡。因为一旦财政出现收不抵支，只有借债和发行货币两种渠道来解决。虽然可以向外借款或发行公债，但是规模有限，而且难度较大；若是发行货币，则危害更大，在物价上能够立即显现出来。唯一的解决办法就是保持财政收支平衡，一方面仍然要求人民承担相对较重的"胜利负担"；另一方面严格控制各项支出，尽可能不列或少列赤字。通俗地说，就是"对支出用'削萝卜'的办法，对收入用'挤牛奶'的办法"。②

据中央人民政府财政部统计，1950年"3月份财政赤字比2月份减少了71.8%，到了4月份收支接近平衡"。③1950年全年的财政赤字只有5.88亿元，大大低于原估计的12.79亿元。到了1951年财政收支盈余2.89亿元，1952年继续盈余1.87亿元（见表1-1）。这两年的财政盈余是在我国每年需要支付规模庞大的军事支出的情况下取得的，尤为不易。

---

① 《陈云文选》（1949~1956），人民出版社1984年版，第29、34页。
② 《陈云文选》（1949~1956），人民出版社1984年版，第114页。
③ 《中华人民共和国经济大事记》编选组：《中华人民共和国经济大事记：1949年10月~1984年9月》，北京出版社1985年版，第13、15页。

表1-1 1950~1952年国家财政收支

单位：亿元

年 度	国家财政收入总计	国家财政支出总计	差额
1950	62.17	68.05	-5.88
1951	124.96	122.07	+2.89
1952	173.94	172.07	+1.87

资料来源：国家统计局综合司：《新中国六十年统计资料汇编》，中国统计出版社2009年版。

一、重建税制

新中国成立伊始，税收的统一制度建设就已经迅速展开。1949年11月24日至12月9日，首届税务工作会议在北京召开，草拟了《全国税政实施要则》。1950年1月30日，政务院正式颁布《全国税政实施要则》，其立法精神在于：依据合理负担原则，适当地平衡城乡负担；迅速整理各地的税收制度，尽快建立统一税制。内容包括：①税收立法权限。凡属全国性的税收条例法令，统一由中央人民政府政务院制定并颁布实施，各地不得自行修改和变动。凡属全国性的各种税收条例的实施细则，由中央税务机关统一制定，经财政部批准施行。各大区税务管理局根据中央颁布的税法原则精神，制定征收办法，报大区财政部批准施行。凡属地方性税收立法，属县范围者，报省人民政府转报大区人民政府或军政委员会核准，并报中央备案；凡属省（市）范围者，报大区人民政府或军政委员会转报中央核准。②税制结构。国家根据五种经济成分并存、私营工商业大量存在的情况，按照"公私兼顾，劳资两利，城乡互助，内外交流"的原则，决定实行"多税种，多次征"的复合税制。除农业税外，共设计了14个税种：货物税、工商业税、盐税、关税、薪给报酬所得税、存款利息所得税、印花税、遗产税、交易税、屠宰税、房产税、地产税、特种消费行为税、使用牌照税。城市的主体税种有3个：货物税、工商业税和所得税，其中货物税和工商业税以产品和行业的不同设计税率，所得税以所得收入为准，税率的设计与产品和行业无关。③公私企业一律纳税。公私企业适用同一套税制，但是在征管过程中实行"区别对待，繁简不同"的办法，对带有社会主义性质的国营企业和合作社采取鼓励扶持的态度，对资本主义工商业，则体现国家利用和限制并重的政策。④税收管理体制。全国各级税务机关接受上级局和同级政府的双重领导，税务局长须参加同级政府的政务会议。

从1950年6月起，国家出台了一系列政策来调整工商业，其中包括税制的调整，不仅限于工商税制，还包括农业税和盐税等。调整税收的原则是，巩固财政收支平衡、照顾生产的恢复和发展，即在保证国家财政需要的前提下，适当减轻民负。在工商税制方面，减少税种和税目，将《全国税政实施要则》规定的地产税和房产税合为一个税种，暂不开征薪给报酬所得税和遗产税，税种减至11种；货物税税目由1136种减为358种，印花税税目从30个改为25个；降低税率，多数税种的税率调低，个别调高；区别不同情况，简化纳税办法和手续。在农业税制方面，只向农业正产物征税，对农村副业和牲畜免税，正税负担率从原来的平均17%下降至13%，以常年应产量为征收标准，超过应产量部分不加税；区别不同的阶层，规定不同的税率，依律征收；规定农村交易税只适用于有牙纪市场的地方，凡是不经过市场交易直接成交的，一律不征收交易税。农民销售家庭手工业品和农副产品，一律不征收行商税（临时商业税）。

二、抗美援朝

随着抗美援朝战争的爆发，庞大的军事支出使得统配财政资源直接关系到新生政权能否稳定。抗美援朝时期的财政经济工作方针是国防第一、稳定市场第二、其他各种带投资性支出第三，这也就是后来的"边抗、边稳、边建"原则。国家之所以确定这样的先后顺序，目的是财政收支要没有赤字或尽可能少列赤字。

（一）迅速调整财政经济政策

随着中国人民志愿军入朝，军费开支骤增。为了贯彻"边抗、边稳、边建"原则，财政经济工作迅速做出了一系列的调整：

（1）通过短期冻结贷款来控制货币流通量。自1950年10月起，军费开支突增，社会上"重物轻币"的思潮重新开始蔓延，各机关、部队、团体纷纷开始大量提款，抢购所需物资。据当时的估计，11~12月的军费约增加4亿元，如果再加上各机关、部队、团体的提款，现金缺口达到6亿~7亿元，处理不好，势必会引起金融危机。[①] 为此，自1950年11月5日起，国家决定冻结机关、部队、团体的存款，同时暂缓贷款收购农产品，冻结期为1个月，并将这笔存款全部抵作1951年的预算拨款。这样

---

① 项怀诚：《中国财政50年》，中国财政经济出版社1999年版，第86页。

一来，国家就避免了因应付提款和财政赤字而大量发行货币，同时也不必向国营贸易部门索回贷款，并支持国营贸易部门尽快地恢复农产品收购，保障市场供应，从而制止了物价的上涨。

（2）通过提高税率和加强征管来增加财政收入。国家曾于1950年下半年，一度减轻了人民的税收负担，然而，出于抗美援朝保家卫国的需要，国家不得不适度增加农业税和其他税收的负担。在农业税收方面，1951年6月，政务院规定老解放区（东北、内蒙古、华北、山东、陕北）仍然实行比例税制；新解放区尚未实行土改的地区实行累进税率，新解放区实行土改的地区则实行缓进的累进税率，最高累进税率为30%，最低为5%。地方附加最高不超过20%（原先规定为15%）。1951年7月，政务院决定追加农业税征收概算，比原概算增加10%。其他方面，1951年10月，财政部规定酒和卷烟实行专卖。另外，开征契税，增加若干产品货物税和进口、出口税，在开征棉纱统销税的同时，还规定棉纱存货也要按照统销税税率来补交。除了提高税率和开征新税种外，国家还要求各级税务机关加大征管力度，努力收回偷、漏的税款。采取上述措施后，1951年财政收入大幅增加，到1951年底，财政收入共计124.96亿元，比1950年增加了1倍以上。

（3）削减支出。在财政增收的同时，国家继续实行供给制和低薪制，削减军费以外的其他支出，除了与战争有直接关系的军工投资、对增加财政收入和稳定市场有直接帮助的投资外，一律削减。即便是军费支出，也要通过严格审核，如何用、用多少、什么时候用等都要做到有计划、有步骤地使用。

（4）实行棉纱统购统销和扩大城乡物资交流两项措施并举。为了应对战争所带来的财政困难及其对经济运行可能造成的冲击，国家采取了统购统销和扩大物资交流两项措施。第一，为了稳定市场，保障生活必需品的市场供给，国家于1951年1月4日实行对棉纱棉布的统购统销政策，在维持经济秩序的同时，还加强了国营贸易机构的实力。第二，为使农民负担得起新增的税收，必须在增加农民收入上想办法。当时农村正面临着大量农副产品滞销的问题，所以国家在完成土地改革的同时，积极组织物资交流，让农民把农副产品转变为货币，既可以充实农村税源，又可以增加农村对工业品的购买力，促进城市工业的发展。

（5）建立国营企业经济核算制度。新中国成立初期，从解放区继承过来的国营企业大部分是军需工业，以保障军需供给为目的，不重视经济核算。政务院于1951年4月做出了《关于1951年国营工业生产建设的决定》，把实行经济核算制作为加强工业经济管理、提高经营水平的基本原则。通过一系列的改革，国营企业为国家上缴了可观的利润。1950年，企业收入为8.69亿元，占财政收入的13.4%；1951年，企业收入达到30.45亿元，占财政收入的22.9%；到了1952年，企业收入增至57.27亿元，占财政收入比重上升至31.2%。[①]

（二）开展增产节约运动和"三反"、"五反"运动

为了抗美援朝的胜利，加快恢复国民经济，中共中央于1951年10月提出"精兵简政，增产节约"的方针，在全国开展爱国增产节约运动。与此同时，针对国家干部队伍中的"三害"（贪污、浪费和官僚主义）和私营工商业中的"五毒"（行贿、偷税漏税、盗骗国家财产、偷工减料、窃取国家经济情报）问题，展开了"三反"、"五反"运动。这些运动对减少国家财政流失和增加财政收入有非常重要的意义。

（1）爱国增产节约运动。据中央人民政府财政经济委员会统计，1952年全年增产节约总值为31778.9万元（以新币计价），其中增产11660.8万元，使国家获利2195万元（此数不包含中南地区和内蒙古地区）；降低生产成本约13712万元，节约流动资金6406万元。[②]

（2）"三反"、"五反"运动。在财政领域，"三反"、"五反"运动有力地打击了各类违法犯罪分子偷税漏税、盗窃国家财产等危害国家财政利益的行为，减少了国家的财政流失。1952年财政收入达到173.94亿元，比1951年增加39.2%，财政支出为172.07亿元，较1951年增加41.0%，当年财政盈余1.87亿元，[③] 这与"三反"、"五反"运动和爱国增产节约的深入开展是分不开的。

三、统一财经

政府采取一系列措施，使整个国民经济可控，并迅速回归到健康状态。一方面要统一全国力量和反革命分子打"经济战"，另一方面要为新生的国家政权建立起长期发展的制度基础和财力基础。采用的主要措施是

[①] 财政部办公厅：《中华人民共和国财政史料》（第2辑），中国财政经济出版社1983年版，第422页。

[②] 中国社会科学院、中国档案馆：《1949~1952中华人民共和国经济档案资料选编·工业卷》，中国物资出版社1996年版，第652页。

[③] 赵梦涵：《新中国财政税收史论纲》（1927~2001），经济科学出版社2002年版，第112页。

迅速集中财力、物力，打击投机资本，紧缩银根，制止物价猛涨。但是最重要的长效措施，还是统一全国财经工作。

统一财经工作的核心是重新划分中央与地方的权力。新中国成立后，战争并没有完全结束。1949 年的军费开支要占到财政收入的一半以上。由于各解放区分立和革命战争的需要，各地方实际上掌控着新中国成立以前的大部分财政经济管理权限，中央难以及时知道各地方公粮、税收的多少。再加上历史上的积贫积弱所造成的有限财政收入，造成中央政府成立后财政收入和权力都极其有限，但是支出却伴随着全国统一的步伐而迅速增加。①随着"三大战役"和解放长江以南所造成的革命全局化，客观上已经要求军事支出走出原来的各解放区界限，由中央财政统一支出，实现全国统一部署。②税收由地方收，支出由中央支，造成了 1949 年中央财政的巨额赤字，财权事权的不匹配第一次在新中国得到了明确体现。

中央人民政府从 1950 年 3 月 3 日通过了《关于统一国家财政经济工作的决定》，开始统一全国财经工作，在财政、金融、国营企业的管理将地方权力收归中央，主要内容是：①统一全国财政收支管理，实行统收统支，将财权统一到中央。税收制度、财政收支程序、供给工资标准、行政人员编制及全国总预决算，均由中央人民政府财政部编制（高培勇，2009）。③②在商业贸易方面，统一全国物资管理。清查仓库，将所有的重要物质都纳入国家管理范围，如粮食、纱布、工业器材等，集中于国家急需方面。各地国营贸易机关和企业业务范围及物资调动，均由中央贸易部统一指挥；设立贸易金库制度，一切部队、机关、政治团体不得经商。③统一全国现金管理。在金融方面，确定中国人民银行作为国家金融管理和国家调度总机构，对外汇实行统一管理，指导监督所属机构和国家专业银行的存贷业务。④在工业管理方面，按照重要程度和规模大小，将企业划分为三类管理：第一类归中央所有并归中央管理；第二类归中央所有，委托地方管理；第三类划归地方所有，由地方管理。划分的结果是，归地方管理的企业大多规模小、技术落后（武力，1999）。对工业企业实行经

---

① 到 1950 年 3 月，连同老解放区在内，全国共有近 900 万名军政公教人员。
② 在统一财经之前，全国五六百万主力部队与大行政区直属部队必须按月由中央（通过大行政区）开支的，其开支主要依靠货币发行［《陈云文选》（1949~1956），人民出版社 1984 年版，第 48 页］。
③ 在收入一翼，除地方附加公粮和批准的地方税以外，全国各地征收的公粮和税收均由中央政府统一调拨和使用。公粮征收额、税则、税目、税率，统一由中央政府决定实施，地方政府不得增减，各大城市和各县人民政府必须委任最好的干部担任税务局长。在支出一翼，厉行节约原则，统一编制和供给标准，严格执行预决算制度、审计会计制度和财政监察制度。

济核算制度,把实行经济核算制作为加强工业经济管理、提高经营水平的基本原则。国营企业必须从实施经济核算制入手,实行计划管理;确定每个企业必要的固定资产与流动资金;实行独立会计制,建立与人民银行的往来关系;建立购销合同制;实行企业奖励基金制度。凡条件未具备的要创造条件,已经初步实行经济核算制的企业,应把经济核算制贯彻到车间。

统一财经工作取得了良好的效果,全国和中央财政赤字局面得到了控制,物价恢复稳定,国民经济迅速恢复正常运行。1950 年中国的财政收入(不含内外债收入)为 62.17 亿元,财政支出为 68.05 亿元,赤字下降到 5.88 亿元,赤字率大幅下降至安全范围。[①] 1951 年,陈云在回顾 1950 年度财经工作时提到:"去年我们做了很多工作,只有两个重点,一是统一,二是调整。统一是统一财经管理,调整是调整工商业。只此两事,天下大定。"[②]

统一财经管理工作,将主要的经济管理权力集中于中央,使经济工作的灵活性和地方政府的积极性受到了很大束缚。在统一财经一年之后,1951 年 5 月,政务院发出的《关于划分中央与地方在财政经济工作上管理职权的决定》及《关于 1951 年度财政收支系统划分的决定》等文件,重新划分了中央的经济管理权限。这些文件要求在继续保持国家财政经济统一领导、统一计划和统一管理的前提下,把一部分适于地方政府管理的职权交给地方政府。包括将一部分国营工业企业、一部分财经业务划归地方管理;地方的工业、财政、贸易、交通等经济事业,经济管理工作和政治工作,都由地方负责。同时,鼓励地方政府积极兴办工业。在财政体制上,实行统一领导下的中央、大区和省市之间的分级管理体制,大区和省级财政统称为地方财政。[③]

划分中央和地方的财政收支范围。中央财政收入包括农业税、关税、盐税、中央企业收入、国家银行收入、内外债收入。[④] 除了已经规定的地方税以外,将货物税、工商税等税种和烟酒专卖利润,实行中央和地方按比

---

① 赵孟涵:《新中国财政税收史论纲》(1927~2001),经济科学出版社 2002 年版,第 112 页。
②《陈云文选》(1949~1956),人民出版社 1984 年版,第 138 页。
③ 在三级预算管理体制上,由中央就指定的收入及核准的各区预算,划一部分为大区的收支;大区根据中央划分的收支,按所属各省(市)具体情况,划分大区与省(市)的收支,并报中财委备案。专署和县(市)财政列入省财政内;县(市)所属乡村财政,单独编制预算,不列入省预算内。
④ 地方财政收入包括屠宰税、契税、房地产税、特种消费行为税、使用牌照税、地方企业收入税等。中央和地方比例留成的收入包括货物税、工商税、印花税、交易税。

例留成制度，农业税超额部分实行分成（超收部分的50%归地方），地方工业企业利润在一定时期内解除上缴国库任务，用来发展地方工业，并规定了地方国营企业的经营范围和发展方向（武力，1999）。地方财政收支每年由中央核定一次，编入本年预算。如果上年结余超过预算数字，将超额留下一部分给各地方；如果没有完成预算数字，则由中央补助。①

第二节 第一个五年计划与权利收放

1950年的统一财经工作奠定了新中国经济建设和财政的基本架构，1951年的重新分权则是对于发展经济制度改革的尝试。随后体制内的历次权力收放改革，也就是中央地方权力重新分配，大多在此基础上展开。本次调整也为后续改革提供了可供依赖的路径，随后的历次分权和收权也是主要沿着工业管理权、商业管理权和财经管理权在政府间的配置展开。

一、"一五"计划中的财税任务

1953~1957年，既是我国发展国民经济的第一个五年计划时期，也是生产关系的社会主义改造时期。财税体制作为整个计划经济体制的核心组成部分，担负着为工业化筹集巨资和促进社会主义改造的双重任务：在"一五"计划时期，国家财政集中的收入占国民收入的32.7%，为工业化筹集资金高达1241.75亿元；② 以所有制性质分界，对不同所有制的单位和部门给予不同的财政税收待遇，从而把财税政策作为发展和壮大国有制经济、削弱乃至消灭私有制经济的得力手段。

"一五"计划时期，国家建设的基本任务是：集中主要力量进行以苏联援助的156个项目为中心、由限额以上的694个建设项目组成的工业建设，建立我国社会主义工业化的初步基础，对重工业和轻工业进行技术改造；用现代化的生产技术装备农业；生产现代化的武器，加强国防建设；不断增加农业和工业消费品的生产，保证人民生活水平的不断提高。为了

---

① 在支出方面，中央财政支出包括国防费、外交费。经济建设投资及事业费主要按隶属关系划分，中央和地方支出范围包括文教卫生、社会救济、行政管理费等。
② 项怀诚：《中国财政通史》（当代卷），中国财政经济出版社2006年版，第27页。

实现上述目标，国家计划基本建设投资额 5 年合计 427.4 亿元，占财政总支出的 55.8%。

保证"一五"计划的顺利完成，归根结底，一是财政问题，二是组织问题。就财政税收而言，实际上担负着为工业化筹集巨资和促进社会主义改造的双重任务：第一，要从各方面发掘潜力，动员资金，以保证五年建设的需要，集中力量保证重工业建设和国防建设的需要，并在发展生产、提高劳动生产率的基础上，逐步地、适当地提高人民的物质和文化生活水平；第二，在为国家工业化筹集资金的同时，还要调节各阶级的收入，有利于巩固工农联盟，并使税制成为保护和发展社会主义、半社会主义经济，有步骤、有条件、有区别地利用、限制、改造资本主义工商业的工具。

具体来说，财税部门主要有以下几个方面的任务：①①以自力更生为主，争取外援为辅的方针，紧密结合执行"一五"计划的需要，充分发挥财政的职能作用，增加生产，厉行节约，扩大交流，开辟财源，增加资金积累，保证"一五"计划的顺利完成。②根据形势变化，不断改进调整财政管理体制和财政税收工作，搞好从中央到地方的财政收支预算，加强企业财务和基本建设的财务管理，强化经济核算制度，提高投资效益。③发挥财政税收的杠杆作用，促进国民经济的协调发展，推动三大改造的完成。调节社会各阶级、阶层的收入，调动人民生产的积极性，促进社会生产力的提高。④在经济发展、财政收入增加的同时，正确处理积累和消费的关系，发展文教卫生事业，逐步提高人民的物质文化水平。⑤从全局需要出发，合理安排资金的投向，确保国家重点建设，加强国防、兼顾一般，使国民经济协调健康发展。

在重工业优先发展战略的指引下，计划经济体制下的财税体制专注于生产建设，而不是整个公共服务领域；为了促进社会主义改造，国家根据所有制的不同提供区别的财税待遇，"区别对待"成为财政政策的基本取向，而不是一视同仁；为了使低工资、低物价、低消费和高积累、高福利、高增长体制能够得以运转，国家实行城乡分治，把财政的覆盖范围限定在一个相对狭窄的范围。如果以覆盖范围以及由此形成的财税待遇差异作为考核标尺，计划经济体制下的"二元"财税体制的突出特征可以归纳为："生产建设型财政+国有制财政+城市财政。"所有这些特征，都成为计划经济时期中国财税体制的典型特征（详见第四章）。

---

① 赵梦涵：《新中国财政税收史论纲》（1927~2001），经济科学出版社 2002 年版，第 137~138 页。

二、财政体制改革

当我国进入大规模经济建设阶段后，财政运行模式也由原来的供给型转变为建设型。过度集中的预算管理体制已经不能适应新形势的需要，必须改变过去"抓小不抓大"的局面，通过深化预算的分级管理体制来调动地方的积极性。另外，国家行政体制也发生了重大变革，1953年大行政区由一级政权机构改为中央派出机构，并于1954年撤销，预算管理体制亦随之做出相应的调整。

(一) 预算管理体制改革的指导方针和任务

1953年8月，周恩来在全国财政经济工作会议上明确提出了改进预算管理体制的方针和任务：财政体制，要在中央统一领导和计划下，确定财政制度，划定职权范围，分级管理，层层负责。

国家预算，在国家统一预算内实行中央、省（市）和县（市）三级预算制度，划分中央和地方的收支范围，按照主次轻重及集中和分散情况，分配中央和地方的大体比例。地方收多于支者上缴，收少于支者补助。地方财政，按照统一制度，凡超计划的征收和节约，一般归地方支配，但追加预算应经行政系统上两级批准，并报中央财政部备案。民族自治区除重大的国营企业和财政收支仍应归中央掌握外，在财政上应有一定范围的自治权，并根据需要和可能，不足时由中央补助。

1954年，邓小平在著名的"六条方针"①中进一步对中央财政和地方财政的划分做出指示。中央财政有对收支归口包干的分配权、人员编制控

---

① "六条方针"的具体内容：一是"归口"，即财政支出必须归口管理，按照系统（如交通为一口，农林水利为一口，文教为一口等）分配指标和编制预算，不能有无人负责、无人分配的预算支出。二是"包干"，即财政收支在国家分配指标确定后，收入只准超过，不准减少，支出只准减少，不准增加。各项支出可在既定的指标范围内自行安排，包干使用，不得突破。包干分两种：其一是中央各口的包干；其二是地方各口的包干。三是"自留预备费，结余留用不上缴"，即各地方、各部门要在分配的指标范围内，自留必要的预备费，预算执行结果，如果有了结余，除基建结余以外，不需要上缴财政，国家不收回。四是"精减行政人员，严格控制人员编制"，即人员编制必须严格控制，不能随意增加，以免扩大财政支出。五是"动用总预备费须经中央批准"，即各地区、各部门在预算执行过程中新增加的开支，要首先动用自己的机动财力和在原预算中调剂解决，实在解决不了的，才能向中央提出追加预算。为了严格控制追加，保证预备费有重点地合理使用，动用国家总预备费，必须报请中央批准。六是"加强财政监察"，即要加强财政管理与监督，严格执行财经纪律，保证国家资金合理、节约地使用。见财政部综合计划司：《中华人民共和国财政史料》（第1辑），中国财政经济出版社1982年版，第5页。

制权、动用总预备费的批准权、财政的监察权等。同时将归口管理后的资金管理权和使用权下放到地方或部门，明确地方或部门的责任和权限，而不是中央财政统揽一切。

（二）"分类分成"预算管理体制

根据周恩来和邓小平等中央领导同志的指示精神，我国于1954年开始实行"统一领导，划分收支，分级管理，侧重集中"的预算管理体制，是1951年预算管理体制的一个延续。其具体内容如下：

（1）预算层级。由原来的中央、大行政区、省（市）三级管理，改为中央、省（市）、县（市）三级管理体制。这在一定程度上降低了中央的集权程度，适当下放了管理权限。

（2）收入划分。国家采取"分类分成"的办法，把国家财政划分为固定收入、固定比例分成收入和调剂收入三类。其中固定收入和固定比例分成收入的划分如表1-2所示，不再赘述；属于中央调剂收入的有商品流通税和货物税，每年由财政部根据地方财政的实际情况，核定具体的调剂比例。

表1-2　1953~1957年中央和地方收入划分情况

中央固定收入	地方固定收入	中央与地方分成收入
关税	印花税	农业税
盐税	利息所得税	营业税
烟酒专卖	屠宰税	所得税
国营企业利润和折旧	牲畜交易税	
信贷保险收入	城市房地产税	
中央和大区行政收入	文化娱乐税	
中央和大区事业收入	车船使用牌照税	
中央和大区公产收入	契税	
	地方国营企业利润和折旧	
	公用事业附加	
	地方行政收入	
	地方事业收入	
	地方公产收入	
	其他收入	

资料来源：赵云旗：《中国分税制财政体制研究》，经济科学出版社2005年版，第164页。

(3) 支出划分。支出一翼，基本上按照隶属关系进行划分。属于中央的企业、事业和行政单位的支出，列入中央预算；属于地方的企业、事业和行政单位的支出，列入地方预算。地方预算每年由中央核定，按照收支划分，地方财政支出首先由地方的固定收入和固定比例分成收入抵补，不足的差额由中央划给调剂收入弥补。分成比例一年一定。地方财政的年终结余，由各地在下年度使用，不再上缴。

（三）"分类分成"预算管理体制的实际效果

"一五"时期，在"分类分成"预算管理体制之下，各省（市、自治区）的固定收入和固定比例分成收入一般占预算支出的60%~80%，这样就使地方预算能够拥有相对稳定的财源，从而发挥其组织收入的积极性。[①]

由于国家重点建设项目和部分主要支出（如国防、外交等）须由中央承担，所以中央本级财政收支占国家财政收支的比重均在70%以上（见表1-3）。绝大部分重点建设项目，由中央各工业部门主管，投资也由这些部门直接安排，因此在国家预算内基本建设拨款中，属于中央项目的更是占到了79%，属于地方项目的仅占21%。虽然地方拥有一些固定财源和机动财力，但仍然存在着过于集中的问题。[②]

表1-3 "一五"时期中央与地方财政收支及其比重

单位：亿元、%

财政收入				财政支出			
中央		地方		中央		地方	
绝对值	比重	绝对值	比重	绝对值	比重	绝对值	比重
1003.22	77.7	287.85	22.3	966.85	73.2	353.67	26.8

注：表中所列示的中央、地方财政收入和支出，均为本级收入和支出。
资料来源：楼继伟：《新中国财政50年》，经济科学出版社2000年版，第80、159页。

三、税收政策和税收管理体制

在"一五"时期，我国税收政策发生了重大的调整，其中的标志性事件就是1953年的修正税制。以"保证税收，简化税制"为目的的新税制，

[①] 赵云旗：《中国分税制财政体制研究》，经济科学出版社2005年版，第165页。
[②] 后来，毛泽东在著名的《论十大关系》中对中央集权过多，不利于发挥地方积极性等问题做过深刻的阐述。中共八大之后，国家继续深化"分类分成"体制改革，进一步扩大地方财力。

因为"公私一律平等纳税"的提法而受到严厉的批评。在此之后,"区别对待"成为计划经济时期制定税收政策的根本原则,税收不仅是取得财政收入的一种手段,更重要的是成为了限制甚至取消私有制的有力政策工具。

(一) 1953年的修正税制

1952年下半年,税收工作面临许多新情况和新问题,而建立于1950年的旧税制又无力解决这些问题,出现了经济日渐繁荣,税收相对下降的反常情况。原因主要是:①1950年初,国营企业和合作社经济还很薄弱,于是国家在税收上给予很大照顾,从而使国营企业和合作社承担税收的能力没有得到充分发挥;与此同时,由于私营企业的比重下降、经营困难等问题,使营业税和所得税减少,1952年,私营企业的营业税只完成了82.4%,货物税只完成了92.2%。②由于工商企业的经营方式发生变化,统购统销、加工订货和包销业务逐步实施,深购远销、长距离调拨、代购代销和委托加工等范围日益扩大。这些变化,减少了商品的流转次数,导致批发营业税下降。

针对上述情况,税制修正遵循"保证税收,简化税制"的原则,其主要内容有:①

(1) 按照"保证税收"的原则:①工业总分机构从生产、批发到零售,要缴三道营业税;商业总分机构从批发到零售,要缴两道营业税,改变过去"相互拨货"、"不视为营业行为,不课征营业税"的做法。②为了堵塞漏洞,规定工厂直接卖货给零售商时,须将工商两道批发营业税移到工厂直接缴纳。③取消对合作社征收营业税打八折的优惠,取消合作社成立第一年免纳所得税的规定。

(2) 按照"简化税制",变原先的"多税种,多次征"为"多税种,一次征"的办法:①试行商品流通税。从征收货物税的品目中,选择国家能够控制生产或收购的22个品目,改征商品流通税,在商品的第一次批发或调拨环节征税,以后各环节均不再征税。②货物税、营业税、所得税等也将一些项目合并简化,在批发环节征税的问题上,实行"公私一律平等纳税"的原则。② 因为这次税改主要是针对流通环节的,货物一上市,就

---

① 薄一波:《若干重大决策与事件的回顾》(上),中共党史出版社2008年版,第164~165页。
② 据薄一波回忆,当时发表的《人民日报》社论,为了说明修改税制的必要性和目的,原稿上有这样一句话:"国营企业和私营企业都要按照修改的税制纳税。"薄一波在修改时,把这句话简化为"公私一律平等纳税"。参见薄一波:《若干重大决策与事件的回顾》(上),中共党史出版社2008年版,第167页。

只能对物不对人，商品按照一定税率平等纳税是应该的。

虽然新税制存在着一些问题，但也的确起到了保证国家税收的作用，1953年第一季度，商品流通税、货物税和营业税总计为11.74亿元，比旧税制计算的10.64亿元增加了1.94亿元，增长10.78%。[①] 然而，在新税制实行两个多月后，"公私一律平等纳税"的提法受到了严厉的批评，被认为违背了中共七届二中全会的决议，国家迅速采取了措施加以纠正。此后，"区别对待"成为计划经济时期制定税收政策的根本原则，国营企业税负要低于集体企业，集体企业税负要低于私营企业。

(二) 促进社会主义改造的税收政策

1953年8月，周恩来在全国财经工作会议上指出："过渡时期的税收任务，一方面要能够更多地积累资金，有利于国家重点建设；另一方面要调节各阶级的收入，有利于巩固工农联盟，并使税制成为保护和发展社会主义、半社会主义经济，有步骤、有条件、有区别地利用、限制、改造资本主义工商业的工具。过渡时期的税收政策，对公私企业应区别对待，简繁不同。对公私合营企业应视国家控制的程度按国营企业待遇。"[②]

(1) 促进资本主义工商业改造的税收政策。根据"区别对待，简繁不同"的原则，国家在促进资本主义工商业改造方面的税收政策主要有以下几个方面：

在货物税和工商业营业税的税率设计上，根据工业轻于商业，生产资料轻于消费资料，生活日用品轻于奢侈品的原则，对不同的产品和不同行业实行不同的税率；同时，工商业所得税规定，对于有利于国计民生的行业给予不同程度的税收优惠，鼓励私营企业从事有利于国计民生的生产和经营，限制其消极因素。

按照区别对待的原则，使得社会主义经济处于斗私的有利地位。对私营企业征收全额累进的所得税，直接将1/3左右的利润集中到国家，而对国营企业不征所得税；对国营工业，在连续生产过程中应纳商品流通税和货物税的重工业产品给予免税照顾，而私营工业则照章纳税；对私营批发商业征收营业税，对国营批发企业则不征税。

促进私营工商业走国家资本主义道路。对纳入国家资本主义初级形

[①] 赵梦涵：《新中国财政税收史论纲》(1927~2001)，经济科学出版社2002年版，第190页。
[②] 中国社会科学院、中央档案馆：《1953~1957中华人民共和国经济档案资料选编·财政卷》，中国物价出版社2000年版，第4页。

式、接受国家加工、订货或者经销、代销的私营工商业规定了较为优惠的条件。对国家资本主义高级形势的公私合营企业，在所得税的计算上，如工资、福利、固定资产折旧等列支，都适当放宽了尺度。在管理和纳税上，逐步与国营企业实行同等待遇。

（2）促进农业、手工业改造的税收政策。根据党和国家的政策，在对农业和手工业改造的税收政策上，一方面，照顾个体农民和手工业者正当的生产经营；另一方面，积极引导他们逐步走上集体化的社会主义道路。例如，对新组织起来的手工业生产合作组织，按照小型工业企业的规定征收营业税，并在一定期限内给予免征所得税的优惠。国家减免的税款，作为合作社的生产基金，以扶持其发展。对小商贩组织起来的合作商店也采取相应的优待措施。在农业合作化高潮后，对于农村的工商税收，也规定了具体的低税和免税政策。

四、国营企业财务管理体制与基本建设拨款管理体制

在整个计划经济时期，国家高度集中的财税体制没有发生根本性变化，但这并不意味着这一体制就是一成不变的，国家在保证统一领导的前提下，会根据当时的具体情况，加以适当的调整。在"一五"时期，我国就国营企业财务管理体制和基本建设拨款管理体制进行了积极的调整，既有富有成效的改革，亦有值得借鉴的经验教训。

（一）国营企业财务管理体制

"一五"时期，国营企业财务管理体制改革主要表现在：改进国营企业奖励基金制度；实行超计划利润分成制度；1955~1957年，取消定额信贷，实行自有流动资金计划定额全部由财政拨款。至于固定资产折旧，仍然全部集中上缴国家。

（1）改进国营企业奖励基金制度。1952年出台的《国营企业提取企业奖励基金的暂行办法》在调动企业和职工积极性的同时，也存在着一些问题，主要有：①企业提奖比例偏高，不利于正确处理国家、企业和职工三者之间的关系。②由于价格等客观因素造成企业利润高低悬殊，影响到奖金的多寡，造成福利待遇苦乐不均。针对上述问题，中央财政经济委员会于1953年11月17日颁布了《关于国营企业提取企业奖励基金的临时规定》，对提奖条件、提奖比例和使用范围做了一些修改，适当地降低了提奖比例，并明确了主管部门的调剂幅度。

(2)实行超计划利润分成制度。为了鼓励企业超额完成国家计划,进一步调动企业增产增收的积极性,1954年8月,国家颁布了《国营企业1954年超计划利润分成和使用办法》,并于1956年做了进一步的规定。国营企业的超计划利润,采取分成的办法,其中40%归各主管企业部门使用,60%上缴国家财政。

1952~1957年,企业奖励基金共提取11.84亿元;1954~1957年,超计划利润分成共提取10.61亿元。年度数据如表1-4所示。

表1-4 1952~1957年企业奖励基金和超计划利润分成提取金额表

单位:亿元

年 份	1952	1953	1954	1955	1956	1957	合计
企业奖励基金	1.09	1.62	1.56	1.73	2.62	3.22	11.84
超计划利润分成	—	—	1.44	1.46	2.58	5.13	10.61

资料来源:财政部工业交通财务司:《中华人民共和国财政史料》(第5辑),中国财政经济出版社1985年版,第4页。

(3)实行自有流动资金计划定额全部由财政拨款。1951~1954年,国家对国营企业流动资金的供应和管理,实行定额流动资金由财政和银行分别供应,财政拨款和银行贷款的比例每年有所不同。从1955年起,国家为了加强流动资金的计划管理,实行自有流动资金计划定额全部由财政拨款。

(二)基本建设拨款管理体制

在整个计划经济时期,基本建设投资基本上是由财政无偿拨款,只有一小部分系国营企业或单位自筹资金,其性质与财政资金无异。

在国民经济恢复时期,用于基本建设工作的各项费用,都作为基本建设投资,当时国家基本建设投资平均每年只有26亿元,其中80%~90%由国家直接安排。[①] 从1953年起,国家对基本建设投资和企业"四项费用"(技术组织措施费、新产品试制费、劳动安全保护费和零星固定资产购置费)进行分别管理。后来,随着企业自主权的扩大,企业"四项费用"逐步扩大为更新改造措施费,与基本建设费用统称固定资产投资。"一五"时期,国家预算内基本建设投资占全部基建投资总额的93.9%,预算外投资

---

① 中国人民建设银行总行:《中华人民共和国财政史料》(第6辑),中国财政经济出版社1987年版,第1页。

占 6.1%，其中在预算内投资中，中央占 79%，地方占 21%；在预算外投资中，中央占 48.3%，地方占 51.7%。

为了执行"一五"计划，加强财政管理的需要，国家于 1954 年 9 月设立了中国人民建设银行，作为办理基本建设拨款监督的专业银行。凡是中央和地方各部门对基本建设的投资，其监督拨款业务均集中该行统一办理，并同时负责办理对建设单位及包干企业的短期放款业务。企业机关等用于基本建设的自筹资金，亦须集中于该行根据国家的计划和预算监督拨付。中国人民建设银行必须按照国家计划来拨款，不仅要审查预算，并且要参与预算定额的编制，从而更好地执行以国家计划和财政预算为主体的基本建设拨款管理体制。

第三节　计划经济稳定财政体制中的收放改革

"一五"期间，我国的财政力量日益壮大，而且日益巩固。"第一个五年的财政计划基本上是适当的，它的实现不但保证了第一个五年计划的完成，而且为第二个五年计划时期的财政准备了良好的基础。"[①] 根据"一五"时期的经验，政府决定对财政管理制度作若干重大改进，并经批准从 1958 年起实行。"这些改进是为了在财政方面调整中央同地方、国家同企业之间的关系；是为了更好地把统一领导的原则同因地制宜的原则结合起来，更好地把全体的利益同局部的利益结合起来，以便充分调动一切积极因素，更有效地为建设社会主义服务。"[②]

一、"大跃进"时期的放权

改革过分集中的财经体制，是探索适合中国国情的经济发展道路的极为重要的一个方面。"一五"时期为了集中财力保障重点项目建设，形成了

---

① 李先念：《关于 1957 年国家预算执行情况和 1958 年国家预算草案的报告》，载财政部办公厅：《中华人民共和国财政史料·第 2 辑·国家预算决算》（1950~1981），中国财政经济出版社 1983 年版，第 190 页。
② 李先念：《关于 1957 年国家预算执行情况和 1958 年国家预算草案的报告》，载财政部办公厅：《中华人民共和国财政史料·第 2 辑·国家预算决算》（1950~1981），中国财政经济出版社 1983 年版，第 201~202 页。

侧重集中统一的经济管理体制，但随着建设规模的扩大，社会化大生产和专业化的发展，部门之间、地区之间、企业之间的联系和协作关系越来越密切，经济体制集中过多，统得过死，不适应生产力发展的矛盾就凸显出来了。①

在中共八大上，周恩来对于改革过于集中的财经体制，提出了七条放权的原则：①明确规定给予各省、自治区、直辖市有一定范围的计划、财政、企业、事业、物资、人事的管理权。②凡关系到整个国民经济而带有全局性、关键性、集中性的企业和事业，由中央管理；其他企业和事业，应该尽可能多地交给地方管理；企业和事业在下放的时候，同他们有关的计划、财务管理和人事管理一般地应该随着下放。③企业和事业的管理，应该认真改进和推行以中央为主、地方为辅或者以地方为主、中央为辅的双重领导的管理方法，切实加强对企业和事业的领导。④中央管理的主要计划和财务指标，由国务院统一下达，改变过去许多主要指标由各部门条条下达的办法。⑤某些主要计划指标和人员编制名额等，应该给地方留一定的调整幅度和机动权。⑥对于民族自治地方各项自治权利，应该做出具体实施的规定，注意帮助少数民族地区政治、经济、文化事业的发展。⑦改进体制要逐步实现，某些重大的改变，应该采取1956年准备，1957年试办，到"二五"计划期间全面实施的步骤，稳步推进。1957年10~11月，《关于改进工业管理体制的规定（草案）》、《关于改进商业管理体制的规定（草案）》、《关于改进财政管理体制的规定（草案）》三个规定相继获得通过，决定从1958年开始实施。

（一）中央与地方关系的放权

循着上述思路，在中央和地方关系的处理上，一改过去实行"以支定收，一年一变"②的体制，1958年后，改为实行"以收定支，五年不变"，地方可以在五年之内按其收入情况来安排支出。大体做法如下：③

（1）财政收入实行分类分成。属于地方财政收入的有三类：①地方固定收入，包括原有地方企业收入、事业收入、七种原已划给地方的税收

---

① 对这一问题，毛泽东曾说："我们不能像苏联那样，把什么都集中到中央，把地方卡得死死的，一点机动权也没有。""把什么东西统都集中在中央或省市，不给工厂一点权力、一点机动的余地、一点利益，恐怕不妥。"

② 即先确定地方的支出，然后按支出划给一定的收入，每年核定一次。

③ 《当代中国丛书》编辑部：《当代中国财政》（上卷），中国社会科学出版社1988年版，第160页。

(印花税、利息所得税、屠宰税、牲畜交易税、城市房地产税、文化娱乐税、车船使用牌照税)以及地方其他零星收入。②企业分成收入,包括中央划归地方管理的企业仍属中央,但地方参与分成企业利润的20%,分给企业所在省、市,作为地方收入。③调剂分成收入,包括商品流通税、货物税、营业税、所得税、农业税和公债收入。这些收入根据各地财政平衡的情况,分别确定划给地方的比例。

(2)财政支出确定两种不同的支出——地方财政的正常支出和由中央专案拨款解决的支出。地方财政的正常支出,即地方财政支出中的经常性开支,由地方根据中央划给的收入自行安排;中央专案拨款解决的支出,包括基本建设拨款和重大的灾荒救济、大规模移民垦荒等特殊支出,每年确定一次,列入地方预算。

(3)确定地方固定收入项目和正常支出范围后,为了满足地方的正常支出,保持地方财政收支平衡,按以下四种情况确定地方的收入项目和分成比例。①地方用固定收入能够满足正常支出需要的,不再划给别的收入,多余部分按照一定比例上缴中央财政。②地方用固定收入不能满足正常支出需要的,划给企业分成收入,多余部分按一定比例上缴中央财政。③地方用固定收入、企业分成收入仍然不能满足正常支出需要的,划给一定比例的调剂收入。④地方固定收入、企业分成收入和调剂收入全部划给地方,仍然不能满足正常支出需要的,不足部分由中央拨款补助。

确定地方正常支出和划分收入的数字均以1957年的预算数为基数。收入项目和分成比例确定后,原则上五年不变。在预算执行过程中,收入超过支出,地方可以自行安排使用;地方预算的年终结余,全部留给地方,由地方在下一年安排使用。对于少数民族地区征收的税收,除关税外,全部划归本地区使用,此外,基本建设支出也划给地方自行安排。

(二) 国家和企业关系的放权

在国家与企业的关系上,实行利润分成,改进财务管理制度。从1958年起,决定在国营企业实行利润全额分成制度。企业留成比例,以各主管部为单位核定。各部在"一五"期间领取的"四项费用"(技术措施费、新产品试制费、劳动保护费和零星固定资产购置费)和商业简易仓棚建筑费、提取的企业奖励基金和社会主义竞赛奖金、40%的超计划利润等占同一时期实现的利润总额的比例,即为主管部门利润留成比例。在确定各主管部利润留成比例的范围内,再由各主管部对所属企业根据上述原则和具体情况分别核定不同的留成比例,但主管部可以集中一部分留成资金调剂使用。企业留用的利润，在国家规定的范围内自行安排使用。这一制度于1958~1961年实行，共提取了留成资金146.7亿元。

除了实行利润留成制度外，还改进了若干财务管理制度。主要措施有：报废固定资产变价收入不再上缴财政，改为留给企业用于更新改造；企业结合固定资产大修理进行革新改造的费用支出，允许在大修理基金中核销；对国防工业以及其他企业特别重要的新种类产品试制费用，如果超过本企业的负担能力，仍给予一定拨款。

（三）基本建设财务管理制度改革

在基本建设财务管理制度方面，对基本建设财务管理，试行投资包干制度。具体做法是：在年度确定的基本建设投资额的基础上，在不降低生产能力、不推迟交工日期、不突破投资总额、不增加非生产性建设比重的条件下，将基本建设投资交由建设部门和单位统一掌握，自行安排，包干使用。原定的建筑工程竣工之后，投资如有结余，仍然留给建设部门和单位另行使用。如果年度终了，工程未完，投资有余，资金可以结转到下年继续使用，不再采取年终收回的办法。同时，为了加强基本建设财务管理，规定中国建设银行既管拨款，又管预算，使之具有财政和银行的双重职能。基本建设资金从确立预算、拨款直到工程决算，统一由中国建设银行管起来。基本建设投资实行包干制度，对工程预算、拨款、决算进行全面的财务监督，对建设单位加强经济核算、注意挖掘企业潜力、节约资金有促进作用。①

（四）简化税制和征税办法

在税收制度上，实行合并税种，简化征税办法。社会主义改造基本完成后，税收征纳关系发生了重大变化。原有的税制已经不能适应变化了的新情况。1958年，国务院发布试行《中华人民共和国工商统一税条例（草案）》。改革主要聚焦于合并税种和简化纳税办法，同时，在基本维持原税负的基础上调整税率。合并税种主要是将商品流通税、货物税、营业税和印花税等合并成工商统一税。简化征税办法一是减少对"中间产品"征

---

① 据统计，1959年全国实行投资包干的建设单位达5000多个，占全国投资总额的40%左右。其中，重工业占绝大部分，冶金、煤炭、水电、石油、化工等系统实行包干的投资额占本部门投资总额的75%~85%。1960年，这一工作达到高潮。之后，由于缺乏经验，这一办法本身也不断暴露出它的缺陷，加上又偏离了经济责任制的轨道，盲目追求不切实际的高指标，到1961年，这一做法就停止了。

税，二是简化计税价格，改为一律按销售收入计税。但是，试行工商统一税，税制过于简化，削弱了税收调节经济的作用。

（五）试行"全额信贷"

国营企业的流动资金以往由财政和银行"两口供应"，即由财政拨款供应国营企业的定额流动资金，由银行贷款供应国营企业的超定额流动资金。定额核定后，往往多年不变，导致资金定额和生产发展之间出现不相适应的情况，也常常使财政和银行之间发生矛盾。

为解决这一矛盾，开始了试行"全额信贷"的工作。1958年12月，国务院决定国营企业的流动资金改由中国人民银行统一管理。1959年2月，财政部和中国人民银行总行对国营企业流动资金的管理又作了补充规定。规定国营企业、地方国营企业和已经实行定息的公私合营企业所需要的流动资金，自1959年起，全部改由中国人民银行按信贷方式统一供应，并实行统一管理。企业应将自有流动资金全部转给当地中国人民银行，作为其贷款，统一计算利息。抽调企业自有流动资金用于基本建设或其他用途的应进行清理，设法补足，不得冲减企业法定基金，不得减少国家的流动资金。各级财政部门要将企业需要增加的定额流动资金列入预算，并全额拨交当地中国人民银行作为信贷基金。企业向银行所借的流动资金，只能用于生产周转和商品流转的需要，不得用于基本建设和其他用途。企业主管部门应当向财政部门和中国人民银行编报年度流动资金计划，由财政部门和银行共同审定，作为考核企业主管部门资金周转的依据。这一管理制度，习惯上称为"全额信贷"。这一改革旨在及时保证企业流动资金的需要，克服过去分别由财政和银行供应资金所产生的手续繁复和某些脱节现象。

"全额信贷"本身对协调财政与银行的关系，充分发挥银行融通资金的作用是有利的。但在"大跃进"时期，盲目追求高指标、高速度，也出现了"随要随贷"、"要多少贷多少"的乱贷乱放现象，破坏了必要的信贷管理制度。这一办法实行了两年就被迫停止执行。

二、"大跃进"之后的调整与收权

"大跃进"之后的经济体制调整，促进了财权财力的重新集中和"三级模式"重新推行。"大跃进"给国民经济带来了巨大损失，为此而进行的经济调整中财政调整首当其冲。为了应对经济困难，财政采取了一系列措施,重新加强财权、财力的集中统一。

(一) 财权上收与紧缩预算外资金

1961年1月,中共中央批转了财政部《关于改进财政体制加强财政管理的报告》,3个月后,中共中央又发布了《关于调整管理体制的若干规定》。这两个文件明确提出,国家财权应当基本上集中到中央、大区和省(自治区、直辖市)三级。大区是一级财政,它拥有对各省财政指标的分配调剂权,对所属省份财政工作的领导权和监督权。国家每年从总预备费中拿出一部分给大区直接掌握使用。

在财政体制方面,除了继续执行1959年开始的"收支下放,计划包干,地区调剂,总额分成,一年一变"的办法之外,收回了一部分重点企业、事业单位的收入,作为中央固定收入,并将基本建设拨款改为中央专案拨款,以便对基本建设资金进行更严格的控制。同时,适当缩小了专区、县(市)、公社的财权,专区、县(市)以下的基本建设投资、国家支援人民公社的投资和特大灾害救济费等,一律改由省级财政专案拨款解决。在"大跃进"中不适当下放给地方的一些财权也一律取消,做到"全国一盘棋"。对国营企业、事业的部分预算外收入和支出,从1963年起逐步纳入预算管理。对各地区、各部门的预算外资金,加强财政监督,有的纳入预算,有的减少数额,进行整顿。

(二) 改进企业财务体制

为配合经济调整,1961年1月,中共中央批转了财政部《关于调低企业利润留成比例,加强企业利润留成资金管理的报告》,决定从1961年起将全国企业平均利润留成比例从13.25%降为6.9%,并明确规定企业利润留成资金必须绝大部分用于"四项费用",进行技术革新、技术革命和实行综合利用。企业主管部门集中的留成资金,不得超过企业留成资金总额的20%,并且只能用于企业之间的调剂,不得用于其他开支。企业使用留成资金必须纳入财务收支计划,报主管部门批准。主管部门对本部门和所属企业使用的留成资金,必须编入本部门的财务收支计划,送财政部审核。另外,对企业成本开支范围、流动资金和基本建设资金的界限等都作了明确而严格的规定。在"大跃进"期间,国家和集体的界限一度被打破,一些地方和部门无偿调用属于人民公社集体的资金和物资。为了划清国家财政收支和集体财务收支之间的界限,当时对城乡人民公社中属于国家财政收支的部分实行了"收入分项计算,分别上缴;支出下拨,包干使用,结余归社"的办法。

(三) 税收管理体制的改进

为了适应经济调整的需要,财政部对税收管理体制也进行了改进,将税率税目的调整权限适当集中,规定:①凡属于工商统一税税目的增减,税率的调整,盐税税额的调整,应报国务院批准。凡属于工商统一税纳税环节的变动,若只涉及一个大区内两个省(市、自治区)以上的,报中央局批准;涉及两个大区的,要报国务院批准。②凡属开征地区性的税收,地方各税税率税目的变动,以及在中央规定的所得税的税率范围内确定具体税率,必须报中央局批准。③凡属工商统一税中有关新试制的产品、以代用品做原料生产的产品,或者由于灾情等原因,需要给予减免照顾的,由省、自治区、直辖市批准。地方各税的征税范围、减税免税、对小商小贩加征所得税的比例和起征点的确定,也由省、自治区、直辖市批准。

总体看来,这一时期的财政体制集中程度比较高,"大跃进"中下放的许多权力被收了回来。但是,这种集中并不是过去高度集中体制的简单再现。这一时期财政体制的重要特点是"该松的松,该紧的紧",调动了地方和企业的积极性,从而对迅速扭转国民经济的困难局面发挥了良好作用。采取这样一系列集中财力的措施,适应了当时经济调整的需要,使中央直接掌握的财政收入由原来的50%提高到60%左右,确保了调整方针的顺利实施。

(四) 调整中的财政管理体制变迁

(1) 严格财政纪律。对国民经济实行全面调整,是在1960年下半年酝酿的。当年8月底,国家计划委员会向国务院汇报1961年经济计划时,正式提出应对国民经济实行调整、巩固、提高的意见。周恩来表示赞成,并增添了"充实"两字,从而形成"调整、巩固、充实、提高"的八字方针。1961年1月,中共八届九中全会正式批准了这一方针,并向全国人民宣布,应适当地缩小基本建设规模,调整发展速度,在已有胜利的基础上,采取巩固、充实、提高的方针。从此,国民经济进入调整阶段。

缩减支出以求平衡。调整初期,财政工作面临的一个最大困难是:物资少,票子多,财政收支不能平衡。面对这一形势,中央发出一系列指示,要求采取坚决的平衡收支的措施,加强管理。在经济困难面前,国家没有通过普遍提高物价和增加税收的办法,而是要求全国上下同甘共苦,切切实实增产节约，克服困难。①

继续加强财政管理。经过1961年和1962年的经济调整，财政经济状况开始好转，支大于收的局面扭转过来了。为了使财政经济状况早日实现根本好转，1963年，中共中央发出通知，要求继续贯彻执行财政、银行工作"双六条"，②严格财政信贷纪律，并根据集中领导和分级管理相结合的精神，进一步健全各项财政、财务制度，加强基本建设投资的拨款监督，坚决按计划、按程序、按预算、按工程进度拨款，防止和克服不按计划和不按制度办事的现象。以上措施，是和增产节约运动相辅相成的。做好财政工作，加强财政管理，是推动增产节约运动，贯彻勤俭办企业的方针，防止资金浪费的一个重要条件。财政部门同有关部门密切配合，通过加强财政管理，严格财政纪律，有序推进了增产节约运动的深入发展，有力地保障了经济调整的顺利进行。

（2）财权从下放到集中。针对1958年财政管理体制执行中出现的问题，国务院决定从1959年起，改为实行"收支下放，计划包干，地区调剂，总额分成，一年一变"的财政管理体制，简称"总额分成，一年一变"（有时也称"一年一定"）。其基本精神是，在继续下放收支项目的同时，适当收缩一部分地方的机动财力，通过"一年一变"的做法，解决财政计划同国民经济计划不衔接的问题。

1959年财政管理体制的主要内容中，"收支下放"是指除少数中央直接管理和不便按地区划分的收入外，其余收入全部划给所在省（市、自治区）管辖，作为地方财政收入，不再按不同类别划分收入。支出方面也采取类似做法，除了中央部门直接办理的若干项目外，全部划为地方财政支出，不再区分。"计划包干"是指根据国民经济计划和其他有关指标计算地方的财政收支，收支相抵后，收大于支的地方，多余部分按比例上解中

---

① 1961年7月，财政部召开会议，要求各地坚决执行中央调整预算的指示。调整当时预算收支的关键是坚决地压缩支出，这不仅是一个财政问题，而且成为一个政治问题。要求各地区、各部门收入必须调低，支出则应区别对待，有些费用支出必须大力压缩。经过努力，1961年财政收支规模均比1960年大幅下降，赤字也减为10.9亿元，财政收支基本实现平衡。1961年初战告捷，为在日后的经济调整中进一步发挥财政的调节作用打下了比较扎实的基础。

② 所谓"双六条"，是指1962年3~4月中央先后发布的《关于切实加强银行工作的集中统一、严格控制货币发行的决定》和《关于严格控制财政管理的决定》。之所以称为"双六条"，是因为两个《决定》的大致内容均有六大方面，强调加强财政信贷管理，严格控制财政支出，并重申了加强财政管理的十项禁条，以确保国民经济的调整和发展。参见财政综合计划司：《中华人民共和国财政史料·第1辑·财政管理体制》（1950~1980），中国财政经济出版社1982年版，第137~147页。

央；收小于支的地方，不足部分由中央给予补助。然后在此基础上，归省（市、自治区）包干使用。在预算执行中，超收部分按原定比例解留，中央补助款按原计划数额拨补，年终如有结余，归地方自行安排。"地区调剂"是指地方上解中央的收入，除了少数用于中央的开支以外，主要用于补助经济落后地区、少数民族地区和收入少、建设多地区的资金不足。"总额分成"是指地方负责组织的总收入和地方财政总支出挂钩，以省（市、自治区）为单位，按收支总额计算一个分成比例，即地方财政总支出占地方财政总收入的比例，作为地方总额分成的比例。"一年一定"是指地方当年的财政收支指标、分成比例和补助数额，由中央每年核定一次。

与1958年的财政体制相比，1959年的财政体制最主要的变化是，将"以收定支，五年不变"改为"总额分成，一年一变"。这种体制把地方负责组织的全部收入和地方财政支出挂钩起来。国家通过预算指标"一年一定"的办法，适当集中了财力。此外，新的体制在方法上比过去有很大的简化，1959~1960年，基本上实行的就是这种体制。

（3）财政管理体制的逐步"回归"。三年"大跃进"，经济工作中失误不少，又加上连续几年发生严重的自然灾害，国民经济遇到了严重困难。1961年，"调整、巩固、充实、提高"的八字方针提出后，为了更好地贯彻这个方针，需要强调集中统一领导，在统一政策、统一计划和统一制度下，统一调配人力、人力和财力。而1958~1960年实行的财政管理体制，主要方面都是较多地强调了扩大地方的财力和财权。由于财政下放较多和财力分散，财政管理偏松，不利于国民经济计划的综合平衡，因此，财政管理体制有必要因应形势发展而做改进，即在一段时间内实行比较集权的办法。

在这一大背景下，1961年1月，中央批转财政部的报告，提出了改进措施，强调财政管理的集中统一。主要内容有：①国家财政权基本上集中在中央、大区和省（市、自治区）三级，缩小专区、县、公社的财权。②继续实行"总额分成，一年一变"的办法，但是，收入方面收回了一部分重点企业、事业单位的收入，作为中央固定收入，支出方面则将基本建设拨款改由中央专案拨款，加强了对基本建设资金的严格控制。③国家预算从中央到地方改为实行"上下一本账"，坚持"全国一盘棋"，各级预算的安排，坚持收入平衡，略有节余，一律不准打赤字预算。④当年地方财政的超收分成和支出结余等，如用于基本建设的，必须纳入国家基本建设计划。⑤严格财政纪律，加强财政监管。对各地区、各部门和各单位的预算外资金，采取"纳、减、管"的办法进行整顿，即有的纳入预算，有的减少数额，都要加强管理。

为了进一步加强财政信贷管理，促进国民经济调整，1962年3~4月，中央先后发布《关于切实加强银行工作的集中统一，严格控制货币发行的决定》和《关于严格控制财政管理的决定》（"双六条"），要求所有经济部门和企业单位都要改进经营管理，加强经济核算，加强财务管理，维护应当上缴国家的财政收入，严格控制各项财政支出，不准用银行贷款作为财政性支出，并要求切实加强财政监督。这些决定，对集中财权、加强管理、平衡财政信贷收支起了重要作用。

1962~1964年，除了在收入划分上，地方税（小固定收入）有所变动外，大体执行的还是1961年的体制。到了1965年，随着国民经济情况的好转和其他一些变化，财政体制又作了一些小的改变：①财政收入恢复了"总额分成"加"小固定"的办法。②财政支出方面，地方各项支出，包括基本建设在内，都列入预算基数参与收入分成，只保留临时性的特大防汛、抗旱和特大救济支出作为专案拨款。③预算调剂权方面，各项事业经费，财政上只下达分类的财政指标，地方有权调剂；地方的基本建设和各种费用安排，中央只分配下达总数，由地方具体安排。①

---

① 经过几年的调整，经济恢复了元气。1965年的各项经济指标，已恢复到"一五"时期的最好水平。

第二章 新旧体制之交的财政动荡

计划体制的最后十年，是"文化大革命"的十年，也是中国宏观经济全面失控的十年。这种失控，表现在财政体制上，就是频繁变动的财政体制。据统计，"文革"十年间，财政管理体制共有七次大的变动，是变动最频繁的时期。从财政作为国家的基本经济制度来看，这种频繁变动的体制已经说明，旧有的计划体制下的财政制度，已经难以适应经济发展形势。[①]

"文革"十年间，由于政治因素的干扰，国家财政工作经历了三次严重破坏：第一次发生在"文革"初期，财政经济状况急剧恶化，财政管理工作大大削弱；第二次发生在1974年，财政工作遭受"反右倾回潮"的严重冲击；第三次发生在1976年，财政工作又遭受"反击右倾翻案风"的严重冲击。财政工作在困境中进行了两次整顿，曾有过转机，但又因受到重重阻挠和破坏而遭遇重大挫折，给之后的工作带来了不容忽视的影响。

在计划经济旧体制特征逐步褪去、新的市场经济体制尚未建立之时。中国的财政制度正在新旧体制之间徘徊。总体来看，直到1993年中共十四届三中全会《中共中央关于建立社会主义市场经济体制若干问题的决定》和1994年分税制改革所确立的明确市场化导向之前，中国的财税体制都处在积极探寻摆脱旧体制的束缚、寻找新体制的空间。

第一节 计划体制末期的财政制度

1966~1978年是中华人民共和国历史上经济增长率比较低、经济波动比较明显的时期。这个时期的生产停滞，实际GDP总量比不发生"大跃

[①] 高培勇主编的《共和国财税60年》将"文革"期间我国财政管理体制变动的总体特征概括为：在"综合平衡"思想的指导下，受财政压力的影响，财政管理体制常常是因应形势，顺势而变。

进"减少了40%。

一、苦撑危局的财政管理体制

"文革"期间的财税体制，变动频繁。在经济起伏波动不断的情况下，仍然苦撑危局，保持财政运行的相对稳态的状况。在体制内改革不断遭遇困境的情况下，财政体制的每一次变革，总是在寻求"突围"的过程中，又不断回归改革之初的"二元"格局。财政一直强调并服务于以基本建设投资为主导的国家经济建设格局。在坚持这一导向的过程中，财政运行也极为注重十年间的收支平衡问题，相比之下，经济增长则已是退居其次的目标。产生这一局面的主要原因是，"文革"中的经济冒进主义曾导致了财政收入"浮夸风"不同程度地存在，经济调整之后，寻求稳妥的发展模式，已成为一个更重要的追求目标。可以说，保障财政收支形势不出现赤字，成为十年间财政运行格局的一个非常显著的特征。

因此，若以此为背景来观照"文革"期间财政运行的效果，可以发现，1966~1976年，财政运行形势表面上虽仅有4年是财政赤字，其余7年皆为收支盈余，并且，11年间财政收支相抵，只有赤字约19亿元，似乎问题不大，但实际上，这种平衡是在紧缩支出，许多事业停办缓办，勒紧裤带过日子的情况下进行的，而且是采取了非常措施，动员社会财力才得以实现的，是极不正常的。

这种不正常导源于两个方面：①基本建设战线长，超过了财力、物力的承受范围，而预算内基本建设拨款又占据了财政支出的高额比例。②投资结构畸形发展，农、轻、重比例严重失调。全国投资总额中，"一五"时期，重工业只占36.1%，"三五"、"四五"时期却达到51.1%和49.6%。主要产业部门之间的比例严重失调，给国民经济的发展造成了严重困难，这给未来的调整埋下了一个攻坚难点，也使后来的财政分配增加了巨大的负担。国家不得不花费大量财力用于"还账"。"还账"直接导致了1979年和1980年出现巨额财政赤字。尽管如此，经过种种努力，伴随着经济调整的进行，财政形势日渐好转，一个崭新的财税体制——"分灶吃饭"体制的基本框架已初步显现。面对即将到来的全方位的经济改革，它以顽强的生长姿态向世人展示了其强大的生命力。[①]

---

① 财政部综合计划司：《中华人民共和国财政史料·第1辑·财政管理体制》(1950~1980)，中国财政经济出版社1982年版，第1~28页。

"文革"期间，我国财政管理体制变动的一个总体特征可以概括为：在"综合平衡"思想的指导下，受财政压力的影响，财政管理体制常常是因应形势，顺势而变。因此，体制变动也就显得尤其频繁。

　　据统计，"文革"十年间，财政管理体制共有七次大的变动，是变动最频繁的时期，创下了历史纪录，也反映出中央集权与地方分权之间的矛盾和冲突。这些体制内容是：①1966~1967年，实行的是"总额分成，一年一变"的体制。②1968年，为了应对困难局面，改为实行"收支两条线"，即凡是预算范围内的财政收入全部上缴，完全由中央支配，不搞收支挂钩。③1969年，生产好转，财政收支又恢复了"总额分成，一年一变"的办法。凡完成或超额完成收入任务的，地方自求平衡收支，超出分成和支出结余，归地方使用。没有完成预算收入任务的，由中央按预算确定的支持指标补助，不因短收使地方减少既定的支出指标。④1970年，中央开始对企事业单位进行适当的权力下放，实行中央统一领导下的中央、省、县三级管理。与1969年相比，1970年体制增加了"定收定支"。⑤1971~1973年，经济体制"大下放"，财政实行"定收定支，收支包干，保证上缴（或差额补贴），结余留用，一年一定"的管理体制。各地方的预算收支经中央综合平衡，核实下达。收支实行"大包干"，即地方收支指标经中央核定以后，收入大于支出的，包干上缴中央财政，支出大于收入的，由中央按差额包干补助。在执行中，超收或结余都归地方支配使用，超收或超支由地方自求平衡。⑥1973年，再次修订财政体制，在华北、东北和江苏省试行"收入按固定比例留成（地方所负责组织的收入中，按一定比例提取地方机动财力，当时称'旱涝保收'），超收另定分成比例，支出按指标包干"的体制。地方从所负责组织的收入中，按一定比例提取地方机动财力，超收另定分成比例，支出按指标包干。⑦1974年和1975年，全国推行1974年在华北、东北和江苏省试行的体制。⑧1976年，财政部决定对地方财政试行"定收定支，收支挂钩，总额分成，一年一变"的财政管理体制。这种体制，同1959年实行的"总额分成"体制基本一致，把地方财政的权力和责任在一定程度上联系起来，多收则多支，少收则少支，对调动地方增收节支的积极性有一定的作用。

　　上述种种改革，对中央计划经济体制而言，都具有一定突破意义，但总体来看，并不成功。

二、放权与集权之间的"平衡术":"总额分成"

1966~1970年,财政管理体制总体是沿袭1959年"总额分成,一年一变"的体制。

1958年的财政体制进一步下放了财权,增加了地方的机动财力。而针对1958年财政管理体制执行中出现的问题,从1959年起实行"收支下放,计划包干,地区调剂,总额分成,一年一变"的财政管理体制,基本精神是:在继续下放收支项目的同时,适当收缩一部分地方的机动财力,通过"一年一变"的做法,解决财政计划同国民经济计划不相衔接的问题。

1966~1970年,除1968年因1967年出现财政赤字,不少地区生产和收入大幅度下降,暂时实行"收支两条线"(收入全部上缴,支出由中央分配)的办法外,其他各年都是继续实行"总额分成,一年一变"的财政管理体制。其核心仍是沿袭1959年体制的做法,既比1958年的体制有了简化,也通过将地方组织的全部收入和地方财政支出挂钩的方式,通过预算指标"一年一定",适当集中了财力。

这种做法与当时的财政收支格局是紧密相联的。财政收支在这几个年度内均略有节余,在当时的政治形势下,为了积极支持国家经济建设和工农业生产的发展,国家有必要集中有限的财力。而"总额分成,一年一变"的体制有利于国家及时根据形势调整安排基本建设计划。总的说来,这一时期虽然讲究相对集中财力,但也有放权的趋势。可以说是形成了一种在"收"、"放"权中寻求平衡的体制。[1]

到了1969年2月,全国计划座谈会下发财政、企业、物资管理体制三个文件。财政管理体制方面,除中央直接管理的企业收入之外,其余各项收入一律下放到地方。除中央财政的有关支出外,其余各项支出下放到地方。企业管理体制方面,中央各部门所属科研、设计单位和大专院校下放给地方,扩建、改建工程应随生产下放,新建单位除重点工程外尽可能

---

[1] 这种机制的形成,主要导因于"文革"初期毛泽东曾经对一切统一中央的方式表达了一定的忧虑或不满。1966年3月,毛泽东曾提出:"一切统一于中央,卡得死死的,不是好办法。"而后,在中共中央政治局扩大会议上,他又说:"中央只管虚,只管政策方针,不管实,或少管点实。中央部门收上来的厂收多了,凡是收的都叫他们出中央,到地方去,连人带马都出去。"参见胡鞍钢:《中国政治经济史论》(1949~1976)(第2版),清华大学出版社2008年版,第512~515页。

下放。物资管理体制方面，主要原料和设备由中央统一分配，其余物资由地方管理，自行组织区间衔接，各主管部门协助。首次规定地方"五小"企业生产的产品不纳入中央统一分配。

应当说，这是一次旨在中央下放给地方权力的行政性分权，针对中央部门权限集中过多、机构重叠的体制弊端而进行的改革。①

三、从"包干"到"分成"模式

（一）1971~1973 年："财政收支包干"体制

1971~1973 年，由于此前几年经济被过于夸大、膨胀，经济再次进入调整周期，于是，为适应经济形势的需要，中央再次下放财权，转而实行"财政收支包干"的财政管理体制。1970 年，国务院提出"四五"计划发展纲要，对经济体制改革有了一个比较全面的设想。为了充分调动地方的积极性，中央决定把大部分企业、事业单位下放到地方管理。这次下放的企业比 1958 年还要多。与此相适应，财政管理体制也就必须进行较大的变更。1971 年 3 月，财政部发出通知，决定自当年起实行"定收定支，收支包干，保证上缴（或差额补贴），结余留用，一年一定"的体制，简称"财政收支包干"。这一体制的主要内容是：①随着中央企业、事业单位的下放，相应地扩大地方财政收支的范围，国家的财政收入和支出，除了中央部门直接管理的企业收入、关税收入和中央部门直接管理的基本建设、文教行政、国防战备、对外援助和国家物资储备等支出以外，其余都划归地方财政，由地方负责管理。②地方预算的收支指标，由地方提出建议，经中央综合平衡，核定下达。核定的省（市、自治区）预算收支指标，收大于支的，包干上缴中央财政（按绝对数包干上缴，不再按比例计算）；支大于收的，由中央财政按差额包干给予补助。③上缴和补助数额确定之后，一般不作调整，地方要保证完成上缴任务，中央要按确定的数字给予补助。④预算执行过程中，地方收入超收或支出结余，都归地方支配使用，如果发生短收或超支，由地方自求平衡。

1971 年的财政管理体制，贯彻了财权下放的精神，扩大了地方的财政收支范围，同时按绝对数包干，超收部分全部留归地方，这就大大地调

---

① 胡鞍钢：《中国政治经济史论》（1949~1976）（第 2 版），清华大学出版社 2008 年版，第 512 页。

动了地方增收节支的积极性，地方的机动财力随之大量增加。这一做法也存在问题：一是确定财政收支包干指标时，未能完全符合实际，结果有的地方超收很多，有的地方甚至短收，地区之间存在机动财力"苦乐不均"现象。二是实行绝对数包干，超收部分全部留归地方，短收的地方仍需中央财政补贴，增加了中央财政平衡的困难。为了改进这些不足，1971年底财政部规定：自1972年起，地方超收1亿元以下的，全部留归地方；超收1亿元以上的部分，一半留归地方，一半上缴中央财政。这样就有利于中央在地区之间进行必要的调剂，有利于实现全国财政收支的综合平衡。1973年，大部分地区沿袭了这一体制。

（二）1974~1975年："分成"与"包干"相结合

"文革"发动以来，国民经济受到很大损失，许多地区生产下降，财政收入难以完成，更没有超收可言。这就使得"财政收支包干"的体制很难有效推行。针对当时财政经济不稳定的状况，提出了"收入按固定比例留成，超收另定分成比例，支出按指标包干"的办法，1973年先在华北、东北和江苏试行，1974年、1975年即在全国推行。这一办法的主要内容是：①地方负责组织的收入，各省按不同的固定比例留成（平均为2.3%），作为地方一笔比较稳定的机动财力。②地方财政收入的超收部分，另定分成比例，但留给地方的部分一般不超过30%。③地方财政支出按中央核定的指标包干。④地方年终结余，留归地方财政使用。

在当时财政收入不稳定的情况下，上述办法保证了地方必不可少的支出，但由于收支不挂钩（不管收入完成多少，支出照样按包干指标使用，机动财力照样按既定比例稳拿），地方一级财政的权责关系不匹配，不利于调动地方增收节支和平衡预算的积极性。因而，它只能是经济发展不正常，地方财政收入极不稳定时所采用的一种临时性过渡措施。

四、"回到老路上"：收支挂钩，总额分成

到了1976年，为解决固定比例留成体制存在的问题，财政体制因应时局之变，转而再次实行"定收定支，收支挂钩，总额分成，一年一变"的体制（简称"收支挂钩，总额分成"）。这实际上就是1959~1970年实行的"总额分成，一年一变"的体制。与原有的做法稍有不同的是：①扩大了地方财政的收支范围，增大了地方财政的管理权限。②保留地方实行固定比例留成的既得利益，使地方有一定固定的机动财力。③改变了过去超

收部分也按总额分成比例分成的办法，规定超收分成比例为 30%或 70%：地方总额分成比例在 30%以下的，超收部分按 30%分成；总额分成比例在 70%以上和受补助地区，超收部分按 70%分成。

这一办法优于固定留成办法之处在于，能够把地方财政的权力和责任结合起来，体现了中央和地方共同平衡预算的精神。但是，也还存在如下两个问题：①机动财力同地方收入任务是否完成仍然没有关系，不利于地方发挥增产增收的积极性。②总额分成比例一年一变，容易产生年初争指标现象，预算不容易较快确定下来，影响预算的执行。

第二节　政府间财政管理新体制的萌芽

一、先行先试：从"总额分成"到"超收分成"

为了解决种种矛盾，1978 年，在继续实行原有"收支挂钩，总额分成"办法的基础上，又在部分省（市）试行"增收分成，收支挂钩"的措施：①地方财政支出，仍同地方负责组织的收入挂钩，实行总额分成。②中央同地方的总额分成比例，仍是一年一变。③地方机动财力的提取，依照当年实际收入比上年增长的部分和确定的增收分成比例来进行。④取消按固定数额留给地方的机动财力，但地方的这一部分既得利益，包含在增收分成比例内。这种体制保留了"收支挂钩，总额分成"体制的优点，使地方财政权责结合，同时，地方所需机动财力按增收数额提取，有利于调动地方增产增收的积极性，也能缓和年初争指标的矛盾。不过，这种办法只有在经济发展比较正常、财政收入稳定增加的情况下，地方才能获得好处。①

在全国财政会议上，最终商定 1979 年，除江苏省仍实行"固定比例

---

① 1979 年，由于国民经济调整，国家采取了提高农副产品收购价格、减免农村税收、调整职工工资，安排劳动就业等重大经济措施，不少省（市、自治区）收入没有增长或增长很少，在这种情况下，国家收入任务分配不下去，全面推行增收分成的办法很难实施。

包干"的办法,① 广西、宁夏、内蒙古、新疆、西藏、青海、云南七省、自治区仍实行民族自治地方的财政体制外,其余21省（市）改行"收支挂钩,超收分成"体制。总的办法未变,主要是把地方机动财力的提取,由按增收分成改为按超收分成。规定超收的部分,地方总额分成比例在50%以下的,按50%分成;比例在50%以上的,在确定的分成比例基础上,再加10%。这种做法,无疑也只是适应当时经济发展形势的一种临时性措施。

中共十一届三中全会之后,为了更好地贯彻执行"调整、改革、整顿、提高"的方针,中央提出在认真总结历史经验的基础上,对经济管理体制逐步进行全面改革,并要求以财政体制作为突破口,改革先行一步。1980年,财政管理体制又展开了进一步的改革。当年2月,国务院颁布规定,决定开始实行"划分收支,分级包干"的财政管理体制。这个体制,也就是后来人们常说的"分灶吃饭"。

二、财政高度集中与旧格局的延续

由上述财政体制的频繁更迭可以看出,从"一五"时期所形成的高度集中的财政体制,在全面建设社会主义时期和"文革"期间,并没有发生本质的变化。虽然其间也有向地方分权的尝试,但总体看来,都还是在保证工业化发展、注重基本建设投资规模的前提下展开的。从体制上讲,计划经济时期的财政管理体制调整基本是在行政性分权的范围内进行,但是这种调整的社会成本正随着经济发展而不断放大,已经越来越不适应经济发展的需要。

在传统体制下,国家基本建设投资都是仰赖财政无偿拨款。由此,财政体制必然和基本建设财务管理体制有着不可分割的联系。在国民经济调

---

① 江苏省仍实行"固定比例包干"办法,有其历史原因。粉碎"四人帮"后,为探索体制改革路子,贯彻毛泽东关于"在巩固中央统一领导的前提下,扩大一点地方权力,给地方更多的独立性,让地方办更多事情"的指示精神,决定从1977年起,先在江苏省试行"固定比例包干"的财政管理体制。根据江苏省1976年决算口径,参照该省历史上财政总支出占财政总收入的比例,确定一个上缴和留用的比例,一定四年不变。比例确定后,地方支出从留给地方的收入中自行解决,自求平衡。江苏省体制的主要特点是,按收支总数计算,确定比例包干,几年不变,这是当时财政体制改革迈出的重大一步。由于实行比例包干,几年不变,地方自主权扩大了,可以统筹安排本地区支出,"条条"为主的模式也改为以"块块"为主,从而调动了地方当家理财的积极性。不过,由于缺乏经验,当时确定的具体做法,有些不太明确,这一体制执行到1980年到期后,未予延续。从1981年起,基本上改按全国的体制原则来办理。见财政部综合计划司:《中华人民共和国财政史料·第1辑·财政管理体制》(1950~1980),中国财政经济出版社1982年版,第22~23页。

整时期和"文革"期间,基本建设财务管理体制并未突破财政按国民经济计划无偿拨付基建投资的模式,尽管专门办理基建拨款的中国建设银行几经沉浮,也有一定监督功能,但与真正意义上的银行相去甚远。

这种体制致命的弱点是,基本建设投资责、权、利脱节,缺乏内在的投资约束机制。在此体制下,基建投资项目由计划部门审批、立项,列入国民经济计划,财政部门按计划编制国家预算,安排基本建设支出,将资金拨付给建设银行。中国建设银行根据计划为建设单位提供资金,并监督资金用途。建设项目成功,皆大欢喜;一旦失败,计划、财政、中国建设银行很难单独承担责任。建设部门或单位,更没有基本建设投资风险之虑。因而,争项目、争投资,基本建设规模容易失控,成为顽症。[①]

在"大跃进"和"文革"期间,情形一仍其旧。财政资金的投向,主要仍是以工业化项目、基本建设投资为主。旧格局并没有实质性的改变。即便在经济出现冒进倾向之后,中央收权,也还主要是保障基本建设项目、尤其是保障大型建设项目在地区间的综合平衡。财政保障基本建设投资的功能十分明显。在这一前提下,大规模的赤字政策是不被认可的。因此,财政强调增收节支,"收支挂钩",从最初的"总额分成",一直到"增收分成"也好,到"超收分成"也罢,各年度政策的调整,实际上均围绕这一重心展开。

对经济史实的考察也可以发现,1958~1978年,财政服务经济建设的一个总体思路,仍然是注重基本建设拨款。历年来基本建设拨款占财政支出的比重,除了在"大跃进"之后的数年有所下降以外,其余年份这一比重均稳定在30%~40%。据统计,1950~1978年,国家预算内基本建设支出累计达5621.56亿元,[②] 这反映了一种趋势:即使是在和平建设时期,国家仍然一以贯之地实行"工业化导向"的经济发展模式,注重对基本建设的投资。这与中国力图建立起一个独立的、门类比较齐全的工业体系的内在需求紧密相关。其背后的运作逻辑,仍然是建立于传统财政体制"二元"格局之上。

总体上看,"文革"期间,由于政治上的动乱和生产上的不正常,财政管理体制迫于应付时局,变动频繁。而且,基本上都是临时性的过渡措施,很难说是真正形成了一套完整有效的财政制度,其最直接的目的就是

---

① 高培勇、温来成:《市场化进程中的中国财政运行机制》,中国人民大学出版社2001年版,第20~22页。

② 项怀诚:《中国财政50年》,中国财政经济出版社1999年版,第300页。

为了在困境中勉强度日。但有一点颇值得注意：在频繁更易的财政管理体制中，对基本建设投资的管理体制，则似乎并未有根本性的变革，也没有触及"二元"格局的改变，仍然体现了高度集中的特征。

三、"财政十条"与新财政体制的萌芽

（一）"财政十条"的出台

1974年底，邓小平主持中央日常工作后，开始全面整顿，财政管理工作再次进行整顿。为了尽快恢复国民经济，1975年夏秋之间，在国务院直接领导下，财政部起草了《关于整顿财政金融的意见》，也就是后来通常所说的"财政十条"。"财政十条"提出，要努力促进工农业生产的发展，调整财政收入，节约财政支出，迅速扭转企业亏损局面，加强基本建设拨款的管理，管好用好更新改造资金，加强信贷管理，控制货币发行，改进财政和信贷管理体制，严格财经纪律。

"财政十条"所提出的要求进一步改进财政信贷管理体制，是针对之前几年生产遭到破坏，资金偏于分散的情况提出的。具体要求是：财政资金需要适当集中；继续实行"统一领导，分级管理"的原则，管理权限主要集中于中央和省（自治区、直辖市）两级；强调财政方针、政策、国家预算、税法税率、全国性的开支标准、企业基金提取比例、生产成本和商品流通费用的开支范围等，都由中央统一规定。为了加强省、自治区、直辖市财政收支的权力和责任，从1976年起，除继续保留各省、自治区、直辖市的机动财力数额以外，实行"定收定支，收支挂钩，总额分成，一年一定"的办法。

围绕贯彻落实"财政十条"，财政部还起草了关于改进财政体制，加强预算管理、固定资产管理、国营企业财务管理和农业财务管理，以及扭亏增盈等一系列整顿文件。虽然当时受客观局势限制，这些文件都未能正式对外公布，但有关内容在实际工作中得到了不同程度的贯彻，对财政工作的整顿还是起了一定的作用。

（二）新体制的擘划与萌芽

旧体制累积了一系列问题，新时期的财政工作，又面临着一系列新情况。开展财政整顿工作的一个重要方面，就是着手对新财政体制的规划与构建。大体说来，它包含以下几个方面：

1. 设立国务院财政经济委员会

1979年3月,李先念和陈云根据国民经济中存在的问题,向中央提出了对国民经济进行调整的建议,并建议在国务院下设立财政经济委员会,作为研究制定财经工作的方针政策和决定财经工作大事中的决策机关。随着对经济形势认识的逐步深入,中国的最高决策集体通过对国情的深刻总结,为正确方针、政策的制定奠定了思想基础。中共中央最终决定成立国务院财政经济委员会,以陈云为主任,李先念为副主任,姚依林为秘书长。这为经济工作的拨乱反正,为正确方针、政策的提出和贯彻,提供了组织保证。

2. "调整、改革、整顿、提高"新八字方针的提出

中共十一届三中全会召开后,又经过了三个多月的反复酝酿和慎重考虑,中共中央和国务院的决策集体对我国经济现状的认识已经逐步趋于一致。1979年4月,中央召开工作会议,讨论修改1979年国民经济计划和政治经济领域的一些理论问题。李先念受国务院委托,在会上作了《关于国民经济调整问题》的讲话。他在阐述了当前经济形势和进行经济调整的必要性后,提出了今后一段经济工作的方针,也就是著名的新"八字方针"——"调整、改革、整顿、提高"。要"以调整为中心,边调整边前进,在调整中改革,在调整中整顿,在调整中提高"。① 和1961年提出的"调整、巩固、充实、提高"相比,新方针标志着我国经济工作的指导思想已经开始了根本性的转变,经济工作中"左"的束缚已经被打破,中国社会主义经济建设道路的新探索已经开始了。

3. 新财政体制的萌芽

(1)扩大地方和企业的财权。1979年起,国家确定全国49个大中城市可以从工商业利润中提取5%的城市建设资金,地方可以从县办工业企业中提取一定比例的收入分成。这一年,全国国营企业还普遍实行了提取企业基金的制度,在4000多家工业企业和商业系统中试行了利润留成的办法。这两项措施,对促进增产增收,逐步解决城市建设中生产和生活安排的比例严重失调起了相当大的作用。

---

① 李先念对以调整为中心的新"八字方针"的阐述是这样的:调整的主要任务是:坚决地、逐步地把各方面严重失调的比例关系基本上调整过来,使整个国民经济真正纳入有计划、按比例健康发展的轨道;积极而又稳妥地改革工业管理和经济管理体制,充分发挥中央、地方、企业和职工的积极性;继续整顿好现有企业、建立健全良好的生产秩序和工作秩序;通过调整、改革和整顿,大大提高管理水平和技术水平,更好地按客观经济规律办事。为了保证上述任务的完成,李先念在讲话中还具体提出了12条原则和措施。

（2）加强基本建设投资管理。上述措施主要是针对提高消费水平。消费上去了，积累必须降下来。而降低积累的关键则是控制和压缩基本建设规模。因此，调整国民收入分配中积累与消费的比例，成为这一次经济调整的重要任务之一，财政部门始终把控制和压缩基本建设规模当作主要问题来抓。1979年6月，财政部发出通知，规定基本建设拨款必须控制在国家预算指标之内，不能突破；要求严格按照国家计划供应资金；严格按照基本建设程序办事。

一方面是资金供应紧张，另一方面是中央在财政上仍然对地方统得过多，管得过死，矛盾日渐突出。为了激活地方经济发展活力，调动地方增收节支的积极性，1980年2月，国务院发布《关于实行"划分收支、分级包干"财政管理体制的暂行规定》，在中央财政和地方财政之间，实行"分灶吃饭"的办法。当年，地方机动财力迅猛增长了30亿元。

第三节　市场化改革初期的放权让利与财政包干制

改革初期，放权让利政策不断出台，传统的财政收入机制被各种减税让利的改革举措所打破。来源于低价统购统销农副产品、以价格"剪刀差"方式由农业部门向工业部门转移利润这一渠道的财政收入相应减少；在城市职工工资水平提高，财政支出增加的同时，工业成本增加，上缴利润和财政收入减少。财政收入各项机制的调整，均造成了财政的减收。在"以收定支"的思路下，客观上要求政府必须压缩财政职能范围，才能实现财政收支平衡。

中国经济体制的转型改革才刚刚启动，为了使改革能顺利推行下去，必须有一个良好的起点，为改革参与者创造或增加因改革而带来的收益，使他们形成对改革的良好预期。计划经济体制下高度集中的分配格局若继续延续，则难以激发其他利益主体参与改革的积极性。因此，在分配上向他们倾斜、进而引导他们参与到改革进程当中，在维持既得利益的同时，又能得到增量利益，才会使他们以积极的热情支持并投身到改革中。而对政府来讲，为了推动改革，调动其他利益主体参与改革的积极性，就自然需要将一部分自身利益让渡出去，支付一定的改革成本。这反映到财政上，则是财政支出范围非但无法收缩，反而要增加许多新的支出项目，由此财政支出剧增。如1979年的财政支出，就比1978年增长了14.25%。

计划经济体制下高度集中的利益分配格局在调整中逐渐被打破，取而代之的是渐渐形成的新的利益分配格局。在这种新的利益分配格局下，各方的利益都得到了兼顾。虽然利益让渡方暂时失去了部分利益，但从全局和长远来看，正是财政为各项改革措施买单，增加了其他利益主体的切身利益，从而减少了改革的实施成本和摩擦成本，才会有随之而来的一系列改革措施的出台。从分配入手，以重塑新的利益格局为起点，兼顾各方的合理利益需要，尽管在财政上要以付出一定的改革成本为代价，却由此拉开了我国整体经济改革的序幕。

一、分灶吃饭：调整中央与地方分配关系

传统财税管理体制最显著的特征是高度集中性：中央财政对地方实施统收统支制度，地方财政没有独立预算，地方收支标准均由中央政府统一规定。高度集中于中央政府的财税管理体制，是新中国成立初期集中全国有限资源、资金大力发展重工业的现实选择。然而，这种高度集中、统收统支的财税管理体制，无法适应差异化的各地现状，也不利于调动地方政府的积极性。另外，中央与地方政府间信息不对称、监管难度加大等问题越来越突出。尽管改革以前针对高度集权的财税体制也做过"放权"的尝试，但往往陷入"一放就活、一活就乱、一乱就收、一收就死"的恶性循环中。因此，在处理中央与地方财政关系方面，需要进行新的探索，同时还要避免过去那种"放"与"收"频繁变动的老路。而这一调整的直接背景则是20世纪70年代末80年代初中央财政陷入了困境。

早在1979年，财政体制就分别在四川省和江苏省展开了改革试点。其中，四川省试行的是"划分收支，分级包干"，江苏省试行的是"收支挂钩，总额分成，比例包干，三年不变"，即所谓的"四川式体制"和"江苏式体制"。两种办法都扩大了地方的财权，加大了地方的责任。

由于国家于20世纪70年代末启动了一系列改革措施，归还欠债，落实政策。每一项措施都增加了政府的财政支出，是政府为进一步推进改革而不得不付出的成本，也使原本并不宽裕的财政收支平衡状况继续恶化。在1979年和1980年，财政分别出现了170.67亿元、127.5亿元的赤字。各方面都伸手向中央要钱，使中央财政不堪重负。为释放过多的财政压力，中央需要引入新的财政分配制度，调整中央与地方的财政关系，扩大地方自主权，使其承担相当的支出责任。于是，将四川、江苏两省的试点

转变为向全国全面推广。可以说，当时从试点转向全面推行分灶吃饭，扩大地方财权，使财政体制改革在城市经济体制改革中先行了一步，这并不是有意识的安排，而是逼出来的，是把担子分给地方，"千斤重担众人挑"（戴园晨、徐亚平，1992）。

二、"财政包干制"：探索稳定的中央与地方分配关系

以1980年前后为界，传统的中央与地方财政分配体制开始进入革命性变革时期。1980年2月，国务院颁布了《关于实行"划分收支，分级包干"的财政管理体制的暂行规定》。与以往的调整不同，这次财权的下放伴随着经济管理体制改革的推进。《规定》按经济管理体制的隶属关系，明确划分了中央财政与地方财政的收支范围，从以往中央与地方"一灶吃饭"变为中央与地方"分灶吃饭"，高度集中统一的体制被打破，地方独立利益主体的地位开始形成，并逐步得到加强。

（一）1980年"划分收支，分级包干"体制

从1980初开始，除北京、天津和上海三个直辖市继续实行"收支挂钩，总额分成，一年一定"模式外，其他各省、自治区均统一实施"划分收支，分级包干"体制，并根据省、市的具体情况，采取"划分收支，分级包干"、"财政包干"、"比例包干，四年不变"、"定额上缴或定额补助"等多种运行模式（见表2-1）。

1980年进行的"划分收支，分级包干"体制改革，是改革开放以来财政领域进行的第一次较为全面和深入的改革。它从根本上转变了中央高度集中、全国财政吃"大锅饭"的局面，初步形成中央、地方各有其收入和各负其责的格局（贾康、阎坤，2000）。多种模式的探索，体现着转型时期我国渐进式改革的思路以及中央对经济多元化、地区差异性等因素的考量；五年一变的系数确定方法，也利于地方政府形成稳定的收支预期以及地方关注和制定推动本地经济发展的长远规划。

但是，在实际运行过程中，由于形势变化，1981~1984年的中央财政连年赤字，造成中央政府不得不分别于1981年、1982年向地方政府借款70亿元、40亿元。并且在1983年又以调减地方财政支出包干基数的方式替代向地方政府的借款，包干体制不得不进行调整：1981年，适当缩小财政包干范围；1982年起，除广东省、福建省外，其余省、自治区和直辖市均改为"总额分成，比例包干"办法，取消分类分成，在地方收入总

额基础上，按一个百分比划分中央与地方收入，实行包干。

表 2-1　1980 年"划分收支，分级包干"体制的具体模式

具体模式	实施省（自治区）	模式内容
划分收支，分级包干	四川、山西、陕西、甘肃、辽宁、吉林、河南、湖北、湖南、江西、山东、辽宁等	划分收支范围： 收入方面，分为固定收入、固定比例分成收入和调剂收入，分类别分成。其中，固定收入中属于中央财政收入的有：中央企业收入、关税收入和其他税收；属于地方财政收入的有：地方企业收入、盐税、农牧业税、工商所得税、地方税。固定比例收入是指经国务院批准，各地方划给中央部门直接管理的企业，其收入按固定比例 80% 归中央，20% 归地方。工商税作为中央和地方的调剂收入，调剂收入的比例根据各地区财政收支情况确定。 支出方面，分为一般性开支和特殊性开支。一般性开支按企业和事业的隶属关系划分。其中，归中央支出的部分包括：国防费，对外援助支出，国家物资储备支出，中央科教文卫支出，农林、水利中央基本建设投资，中央所属企业流动资金，工业、商业部门事业费和行政费等；归地方支出的部分包括：地方统筹基本建设投资，地方所属企业流动资金，支援农村公社支出和农林、水利、气象等事业支出，城市维护建设费，抚恤和社会救济费以及行政费等。而特殊性开支使用方向、数量在地区和年度间并不稳定，中央以专项拨款方式下拨。该类支出主要包括：地方基建专项拨款、特大自然灾害救济费、支援经济不发达地方的发展资金和边境事业补助等。 确定收支基数，分级包干： 在划分收支范围基础上，以 1979 年财政收支预计数为基础，经调整后确定包干基数。地方收入大于支出的，多余部分按一定比例上缴；支出大于收入的，不足部分由中央从调剂收入工商税中拨付。分成比例与补助数额五年不变。在这五年中，地方在包干范围内，多收可多支，少收少支，自行安排预算，自求预算平衡
财政包干与民族自治结合	内蒙古、西藏、广西、云南、青海、贵州等	参照"划分收支，分级包干"模式，划分中央与地方财政收支范围；确定中央补助数额，五年不变，且地方收入增长部分全留给地方。 仍然享受中央对民族自治区的补助，且每年以 5% 的比例递增
财政包干与"定额上缴或定额补助"结合	广东、福建	划分收支范围： 收入方面，除中央直属企业、事业单位收入和关税划归中央外，其余收入均作为地方收入。 支出方面，除中央直属企业、事业单位支出归中央外，其余归地方支出。 特殊的包干方法： 对广东省实施"划分收支，定额上缴"的包干体制；对福建省实施"划分收支，定额补助"的包干体制
比例包干，四年不变	江苏	江苏省继续实施"比例包干，四年不变"体制

（二）1985 年"划分税种，核定收支，分级包干"体制

1983 年、1985 年国家两步"利改税"，完善税制的改革进一步推进了中央与地方财政关系的调整。1985 年，在第二步"利改税"基础上，税收收入逐渐取代企业上缴利润成为财政收入的主要形式，财政分配的基础发生了变化。"划分收支，分灶吃饭"的形式相应改为"划分税种，核定收支，分级包干"，即按照税种和企业隶属关系，确定中央、地方的固定收入以及中央与地方共享税收入。

1985 年，国务院决定除了广东、福建两省继续实行"财政大包干体制"外，其余各省、自治区和直辖市均实施"划分税种，核定收支，分级包干"模式，主要内容包括：

1. 划分收支范围

（1）收入方面，在第二步"利改税"基础上，以税种为基础划分各级政府财政收入。

中央财政收入包括：中央国营企业所得税、调节税；铁路、民航、邮电和各银行总行、保险总公司的营业税；中央军工企业和包干企业收入；关税和海关代征工商税；海洋石油、外资、合资企业的工商税、所得税和矿区使用费；国库券收入和国家能源交通重点建设基金。此外，石油部、电力部、石化总公司、有色金属工业总公司所属企业的产品税、增值税、营业税以其 70% 作为中央财政的固定收入。

地方财政收入包括：地方国营企业所得税、调节税和承包费；集体企业所得税；农（牧）业税；车船使用牌照税；城市房地产税；牲畜交易税；契税；地方企业包干收入；地方经营的粮食、供销、外贸企业亏损补贴；税款滞纳金、补税惩罚收入和其他收入。此外，石油部、电力部、石化总公司、有色金属工业总公司所属企业的产品税、增值税、营业税以其 30% 作为地方财政的固定收入。

中央和地方财政共享收入包括：产品税、增值税、营业税（不包括石油部、电力部、石化总公司、有色金属工业总公司以及铁道部和各银行总行、保险总公司缴纳部分）、资源税、建筑税、盐税、个人所得税、国营企业奖金税以及外资和中外合资企业缴纳的工商税、所得税等。

（2）支出方面，基本沿袭了旧体制按照隶属关系划分支出范围，只是对个别事业管理体制进行了调整。

2. 核算分成基数，确定分成办法

以 1983 年各省、自治区、直辖市收入决算数为基础，按照重新划分

收支范围和"利改税"后收入转移情况核定收入基数。以1983年决算收入数和旧体制确定的分成比例和其他调整因素计算地方支出基数。以此为基础进行分成：凡地方固定收入大于地方支出者，定额或定比例上解中央；凡地方固定收入小于地方支出者，从共享收入中确定分成比例，留给地方；如地方固定收入和共享收入全留给地方仍不足者，由中央定额补助。以上包干方法五年不变，地方多收多支，少收少支，自求平衡。

3. 对少数民族自治区以及视同民族自治区待遇的省区予以照顾

重新核定定额补助数额，并规定五年内年递增10%的补助额。此外，中央还建立了"支援经济不发达地区发展资金"，每年给予资金补助，加速民族自治区经济发展。

4. 开征城市维护建设税

1985年，在全国范围内开征城市维护建设税，专用于城市维护建设开支，但不计入地方收支包干范围，只在预算内列收列支。

1985年中央与地方财政分配方式的调整，是在第二步"利改税"基础上对收入范围的再划分。但是，由于当时我国税制改革尚未到位，价格体制也未理顺，并不完全具备推广"划分税种"的前提。在这样一种背景下，1985年、1986年，中央又不得不暂行实施"总额分成"的过渡方法。即：除中央税划为中央收入外，地方在划分税种、核定收支基础上，把地方财政固定收入与共享收入捆在一起，与地方支出挂钩，确定分成比例，实施总额分成。尽管如此，1985年财政体制的改革仍然具备了"分灶吃饭"体制的优势，在给予地方更多财政权利的同时，保证了中央财政收入持续、同步的增长；此外，"划分税种，分级包干"的提出也为进一步推进我国税收体制和财政体制的改革明晰了方向。

（三）1988年后"多种形式包干"体制

1987年，为扭转企业效益持续下滑的局面，全国绝大部分国营企业先后实施了承包经营责任制，在企业上缴所得税时，不是按照利润而是按照承包数额倒推填入。第二步"利改税"在某种程度上名存实亡，税制改革的步伐减缓。对应的"划分税种，分级包干"的财政分配模式也进行了改变。从1988年起，全国39个省、直辖市、自治区和计划单列市分别推行"收入递增包干"、"总额分成"、"总额分成加增长分成"、"上解额递增包干"、"定额上解"、"定额补助"六种财政包干形式。

上述"多种形式包干"模式以两年为期。到1992年，除部分地区成为分税制试点外，财政包干体制具体形式已调整为五类：固定比例留成

（山西、安徽）、固定比例增长留成（河南、河北、北京、哈尔滨、江苏、宁波）、定额上解（上海、黑龙江、山东）、定额递增上解［广东（含广州）、湖南］、定额补助［内蒙古、新疆、西藏、贵州、云南、青海、广西、宁夏、海南、甘肃、陕西（含西安）、吉林、福建、江西］（见表2-2）。

表2-2　1988年地方财政包干体制的多种模式

模式	实施省份	主要内容
收入递增包干	北京等10个省（市）	以1987年决算收入和地方应得支出财力为基数，参照各地近几年收入增长情况，确定地方收入增长率和留成、上解比例。地方每年在收入递增率以内的收入，按照既定的留成、上解比例实行中央与地方分成；超过部分，全部留给地方；收入达不到增长率而影响上解中央部分，由地方用自有财力补足
总额分成	天津等3个省（市）	根据各地区前两年预算收支情况，核定收支基数，以地方支出占总收入的比重确定地方留成、上解中央比例
总额分成加增长分成	大连等3个计划单列市	每年均以上年实际收入为基数，基数部分按照总额分成比例分成，每年实际收入比上年增长部分另加分成比例
上解额递增包干	广东、湖南	以地方1987年上解中央收入为基数，参照近几年地方财政收入增长情况确定上解递增率，地方每年按确定递增率上解中央。地方除保证递增上解中央数额外，增加收入全部留给地方
定额上解	上海等3个省（市）	按照原核定收支基数，收大于支的部分确定固定的上解数额
定额补助	吉林等16个省（市）	按照原核定收支基数，支大于收的部分确定固定的补助数额

"放权让利"思路下实施的财政包干体制逐渐凸显其优势：首先，分权让利使地方政府成为了独立的利益主体，由原来被动安排财政收支转变为主动参与经济管理，调动了地方政府改善财政收支的积极性，很大程度上促进了地方经济的发展；其次，分权导致地方政府财力的不断增强，地方增加了对本地区的重点建设项目以及教育、科学、卫生等各项事业的投入能力，促进地方经济建设和社会事业的发展（寇铁军，1996）；最后，财政体制改革支持和配合了其他领域的体制改革，激发出地方政府的经济活力，带动财政收入增长，为其他改革提供了财力支持。

尽管"分灶吃饭"模式取得了不少成效，对"分灶吃饭"模式的具体形式也不断进行着完善和改进，但在当时财政体制框架下，传统计划经济体制的症结始终未彻底消除。分级包干体制收入划分仍没有摆脱行政隶属关系的制约，政府仍然条、块分割和控制着各级企业，政、企尚未彻底分离，国有企业活力难以发挥。同时，又涌现了新的问题和矛盾：

（1）分灶激活的地方独立经济利益，助长了诸侯经济、市场分割、产业逆调节倾向，低水平的重复建设、结构失调、中国宏观经济波动增加等诸多问题出现和激化，对中国经济持续稳定的发展和财政经济体制改革的进一步深入形成威胁（贾康、阎坤，2000）。

（2）财政包干体制包死了上缴中央的数额，导致中央财政在新增收入中的份额逐步下降，中央政府宏观调控能力弱化（王绍光、胡鞍钢，1993）。

（3）财权分配模式的频繁调整也暴露了制度建设的非规范化，一对一讨价还价的财政包干体制缺乏必要的公开性，各省、市讨价还价的欲望和能力在规则的更迭中不断强化，不利于政局态势的稳定和维持中央强有力的宏观调控能力。

（4）中央与地方多种财政分配体制形式并存，不同体制形式对地方财政收入的增长弹性不一致，体制形式的选择也存在机会不均等、信息不对称和决策不透明等因素，这都会导致财力分配的不合理。

（5）注重既得利益导致财政包干体制缺乏横向公平性。保证既得利益一直是贯穿财政体制改革的主线，主要是出于顺利推进改革的考虑。例如，在每一次核定基数时都以地方政府以往的既得财力作为基数。但不同财政分配模式下，地方既得利益形成存在客观性的差异；既得利益中也遗留着许多计划经济的影响成分，并非完全公平。

（6）调节地区间的非均衡和实现公共服务均等化的功能没有成为体制设计的政策目标，没有完整的横向财政调节机制；财政包干体制对财权分配的公平性考虑不够（陈共，1999）。

因此，在经济体制改革的大背景下，合理、科学地安排财政分配体制，并以规范化的法律制度予以确立和保证，才能终止中央政府与地方政府之间无休止的"讨价还价"，我国的财政分配体制才能逐渐步入规范化的轨道。

第三章 分税制改革与公共财政体制

第一节 分税制改革的两条线索

在 20 世纪 90 年代初,财政承包体制和脱胎于计划经济的税制的弊端已经日益暴露出来。对于这些弊端的认识,也迫使中国必须尽快实施财税体制的深刻变革。

1994 年分税制改革同时沿着两条线索展开,第一条是工商税收制度改革,用以建立符合现代国家收入特征的政府收入关系;第二条是分税制改革,用以确立规范的政府间分配关系。前者确定了收入面的政府与市场边界,后者则确定了收入面的政府间边界。在本书中,我们将政府与市场之间的边界定义为第一边界,将政府间的边界定义为第二边界。我们将会论述,分税制的核心是将第二边界建立在第一边界基础之上。我们的论述沿着税收制度和财政管理制度展开。

一、1994 年以前税收制度的弊端

1978~1991 年,随着改革开放政策的实行和经济的发展,中国的工商税制改革从建立涉外税收制度入手,进而推行国营企业"利改税"(即将国营企业上缴利润改为缴纳所得税)和工商税制的全面改革,初步建成了一套内外有别的税制体系。但是,这套以计划经济价格体制和以所有制"区别对待"为基础的税制远远不能适应社会主义市场经济体制的要求,迫切需要进行彻底的改革。

(1) 1978 年以来的税收制度演变,是建立在所有制成分的逐步多样化和国有企业改革不断深化的基础之上的。由此导致税种的设置不仅内外有

别,而且在内资企业中,也区分国营、集体、私营、个体工商户和事业单位。如在所得税方面,有外资企业和外国企业所得税、个人所得税、国营企业所得税、国营企业调节税、集体企业所得税、私营企业所得税、城乡个体工商业户所得税、个人收入调节税、国营企业奖金税、集体企业奖金税、事业单位奖金税、国营企业工资调节税等多个税种。① 这种以所有制为基础区别对待的税制结构,显然不符合以公平竞争为核心的社会主义市场经济的要求。

(2) 在间接税制中,国内企业与外商投资企业适用不同的税种和税率。其中,适用于内资企业的增值税有 13 个税率(8%~45%),产品税 21 个税率(3%~60%),营业税 4 个税率(3%~15%);适用于外资企业的工商统一税 40 个税率(1.5%~69%)。这些复杂的税率结构,是在中央计划经济体制下为平衡不合理的计划价格而在不同时期建立的。随着中国经济体制改革的深入,复杂的差别性税率体系已经没有存在的必要。

(3) 在税收征管体制方面,1994 年以前,除国家税务总局之外的其他所有税务机关,都是地方政府的职能部门。而在财政承包体制下,中央和地方政府都拥有税收的减免权。由于地方政府实际控制了税收的征管权,因此通过尽可能向地方企业减免税,地方政府可以"藏富于企业"而减少与中央政府的税收分成。这直接导致财政收入占 GDP 的比重迅速下滑。1978 年,财政收入占 GDP 的比重为 31.06%,1985 年则下降为 22.24%,1992 年则进一步下滑为 12.94%。②

总的来说,在"放权让利"思路的指导下,基于所有制成分的多样化和计划价格调整而逐步建立起来的复杂、烦琐的工商税制体系,远远不能适应以公平竞争为基础的社会主义市场经济的要求,而财政承包制下过度分散的税收征管则进一步导致了税收秩序的混乱。在简化税制的前提下公平税负,为不同所有制性质的企业创造公平竞争的税收环境是社会主义市场经济体制对税制改革的基本要求。

---

① 到 1991 年为止,中国的工商税制共有 32 种税收:产品税、增值税、营业税、资源税、盐税、城镇土地使用税、国营企业所得税、国营企业调节税、集体企业所得税、私营企业所得税、城乡个体工商业户所得税、个人收入调节税、国营企业奖金税、集体企业奖金税、事业单位奖金税、国营企业工资调节税、固定资产投资方向调节税、城市维护建设税、烧油特别税、筵席税、特别消费税、房产税、车船使用税、印花税、屠宰税、集市交易税、牲畜交易税、外商投资企业和外国企业所得税、个人所得税、工商统一税、城市房地产税和车船使用牌照税。其他税种还有:农业税、牧业税、契税、耕地占用税、关税。另外,还包括国家交通能源重点建设基金和国家预算调节基金。

② 根据《中国统计年鉴》(2007) 数据计算。

《国务院批转国家税务总局工商税制改革实施方案的通知》(国发[1993] 90号)对当时工商税制的基本情况归纳为:

我国现行工商税制(不包括关税和农业税收)的基本框架,是在1984年利改税和工商税制全面改革后形成的。现行工商税制以流转税和所得税为主体税种,其他辅助税种相配合,共有32个税种,是一个多税种、多环节、多层次课征的复合税制。现行工商税制突破了原计划经济体制下统收统支的分配格局,强化了税收组织财政收入和宏观调控的功能,基本上适应了十年来经济发展和经济体制改革的需要。但是,现行工商税制仍存在一些不完善之处,特别是与发展社会主义市场经济的要求不相适应,在处理国家、企业、个人的分配关系和中央与地方的分配关系方面,难以发挥应有的调节作用,其不完善之处主要表现在:①税负不平,不利于企业平等竞争。企业所得税按不同所有制分别设置税种,税率不一,优惠各异,地区之间政策也有差别,造成企业所得税税负不平;而流转税税率是在计划价格为主的条件下,为缓解价格不合理的矛盾设计的,税率档次过多,高低差距很大。目前产品价格已大部分放开,如不简并、调整税率,将不利于企业公平竞争。②国家和企业的分配关系犬牙交错,很不规范。一些过高的税率使企业难以承受,名目繁多的优惠政策又导致财政难以承受。地方政府和主管部门也用多种名义从企业征收数量可观的管理费、各种基金和提留等等。企业总体负担偏重。③中央与地方在税收收入与税收管理权限的划分上,不能适应彻底实行分税制的需要。④税收调控的范围和程度,不能适应生产要素全面进入市场的要求。税收对土地市场和资金市场等领域的调节,远远没有到位。⑤内外资企业分别实行两套税制,矛盾日益突出。⑥税收征管制度不严,征管手段落后,流失较为严重。⑦税收法制体系尚不健全,没有形成税收立法、司法和执法相互独立、相互制约的机制。

二、财政管理体制:财政包干制的弊端

分税制之前实行的财政管理体制是财政包干制。1993年前"放权让利"改革的重要措施是实行"行政性分权",即在扩大国有企业自主权的同时,将原来隶属中央各部的国有企业下放给地方政府管理。而同一时期实行的"分灶吃饭"和"财政大包干"体制,在很大程度上是与上述国有企业改革措施相适应的。

然而,当中国经济体制改革进入建立社会主义市场经济体制的新阶段

后，财政承包体制远远不能适应社会主义市场经济体制的要求，因此亟待从"制度创新"的层面重建政府间的财政关系。具体来说，财政承包制的弊端主要表现在以下四个方面：[1]

（1）市场经济体制要求摒弃过去计划经济体制下以计划为主的经济模式，国家对经济的调控由过去的以计划为手段的直接管理为主向以市场机制为手段的间接调控为主转变。为了保证中央对宏观经济的有效控制，中央政府必须掌握充裕的财力。而财政包干体制过于强调调动地方组织收入的积极性，在收入增量分配方面过于向地方倾斜，使得中央财政收入在整个财政收入增量分配中所占份额越来越少，造成国家财力过于分散，中央财政收入占全部财政收入的比重不断下降，困难日益加剧。中央财政收入占全国财政收入的比重（不含债务收入）由1985年的38.4%下降为1992年的28.1%，[2] 严重弱化了中央的宏观调控能力，与建立社会主义市场经济体制的总体目标相悖。

（2）市场经济体制要求政府营造良好的经济发展氛围，以利于企业在市场经济条件下公平竞争，通过市场实现资源的有效配置，达到提高全社会宏观经济效益的目的。但旧的包干体制将对不同产品按不同税率征收的流转税全部作为地方收入，导致各地政府在自身的财政利益的驱动下，热衷于发展那些税高利大的企业，导致小酒厂、小烟厂盲目发展，重复建设严重，不利于资源的优化配置和产业结构的合理调整；同时，这种体制将政府的财政利益与企业耦合在一起，强化了政府对企业生产经营的干预，不利于政企职能的分离。

（3）市场经济体制要求经济政策相对稳定、公正和规范，减少不必要的波动和人为因素的干扰。而财政包干体制种类繁多，计算复杂，人为因素影响大，容易造成各地区间的苦乐不均，不利于地方经济的均衡发展，不利于营造规范的社会主义市场经济环境。

（4）包干体制将大部分收入混在一起实行大包干的办法，容易造成中央与地方之间的利益界限不明晰，各级财政的职责、权限模糊，相互挤占收入和收入流失现象非常严重。

《国务院关于实行分税制财政管理体制的决定》（国发[1993]85号）对财政承包制的弊端表述为：现行财政包干体制，在过去的经济发展中起过积极的作用，但随着市场在资源配置中的作用不断扩大，其弊端日益明

---

[1] 财政部地方司：《中国分税制财政管理体制》，中国财政经济出版社1998年版。
[2] 国家统计局：《中国统计年鉴》（2007），中国统计出版社2008年版。

显,主要表现在:税收调节功能弱化,影响统一市场的形成和产业结构优化;国家财力偏于分散,制约财政收入合理增长,特别是中央财政收入比重不断下降,弱化了中央政府的宏观调控能力;财政分配体制类型过多,不够规范。从总体上看,现行财政体制已经不适应社会主义市场经济发展的要求,必须尽快改革。

第二节 1994年税制改革的主要内容

一、税制改革

(一) 税制改革的指导思想与基本原则

按照《国务院批转国家税务总局工商税制改革实施方案的通知》(国发[1993] 90号)的规定,1994年工商税制改革的指导思想是:统一税法、公平税负、简化税制、合理分权,理顺分配关系,保障财政收入,建立符合社会主义市场经济体制要求的税制体系。其基本原则包括以下几个方面:

(1) 税制改革要有利于调动中央、地方两个积极性和加强中央的宏观调控能力。要调整税制结构,合理划分税种和确定税率,为实行分税制、理顺中央与地方的分配关系奠定基础;通过税制改革,逐步提高税收收入占国民生产总值的比重,合理确定中央财政收入和地方财政收入的分配比例。

(2) 税制改革要有利于发挥税收调节个人收入和地区间经济发展的作用,促进经济和社会的协调发展,实现共同富裕。

(3) 税制改革要有利于实现公平税负,促进平等竞争。公平税负是市场经济对税收制度的一个基本要求,要逐步解决目前按不同所有制、不同地区设置税种税率的问题,通过统一企业所得税和完善流转税,使各类企业之间税负大致公平,为企业在市场中进行平等竞争创造条件。

(4) 税制改革要有利于体现国家产业政策,促进经济结构的调整,促进国民经济持续、快速、健康的发展和整体效益的提高。

(5) 税制改革要有利于税种的简化、规范。要取消与经济发展不相适应的税种,合并那些重复设置的税种,开征一些确有必要开征的税种,实现税制的简化和高效;在处理分配关系的问题上,要重视参照国际惯例,尽量采用较为规范的税收方式,保护税制的完整,以利于维护税法的统一性和严肃性。

(二) 1994年税制改革的实施过程①

1993年7月22日,国务院总理办公会议决定:为了保持中国经济的持续、快速、健康发展,要加快实施财税体制改革的步伐,将原定分步实施的改革设想改为一步到位,并于1994年1月起施行。次日,中共中央政治局常委、国务院副总理朱镕基在全国财政、税务工作会议上的讲话中就财税改革问题作了明确的部署。

根据朱镕基副总理的部署,从1994年7月下旬到8月中旬,国家税务总局起草了《关于税制改革的实施方案(要点)》并上报国务院。从8月下旬到9月上旬,国务院总理办公会议、国务院常务会议和中共中央政治局常委会议先后听取了国家税务总局关于税制改革问题的汇报,审议并通过了《关于税制改革的实施方案(要点)》。

为了做好税制改革方案实施以前的各项准备工作,1993年10月中旬,国家税务总局召开了全国税制改革工作会议,进一步研究改革方案和一系列即将出台的新的税收法规草案或者讨论稿。

1993年10月31日,第八届全国人民代表大会常务委员会第四次会议通过了《关于修改〈中华人民共和国个人所得税法〉的决定》,同日以中华人民共和国主席令公布,自1994年1月1日起施行,同时废止国务院1986年发布的《中华人民共和国城乡个体工商业户所得税暂行条例》和《个人收入调节税暂行条例》。1994年1月28日,国务院发布了《中华人民共和国个人所得税法实施条例》。至此,统一个人所得税制的改革顺利完成。

1993年11月14日,中国共产党第十四届三中全会审议通过《中共中央关于建立社会主义市场经济体制若干问题的决议》后,根据《决议》的要求,全面税制改革正式启动。1993年11月25日和26日,国务院总理办公会议和国务院常务会议先后审议并原则通过了国家税务总局草拟的《工商税制改革实施方案》和增值税、消费税、营业税、企业所得税、资源税、土地增值税六个税收暂行条例。1993年12月25日,国务院批准了国家税务总局报送的《工商税制改革实施方案》,从1994年1月1日起

---

① 刘佐:《社会主义市场经济体制中的税制改革》,《当代中国史研究》,2003年第5期。

在全国施行。国务院在为此发出的通知中指出：这次工商税制改革是新中国成立以来规模最大、范围最广泛、内容最深刻的一次税制改革，其目的是适应建立社会主义市场经济体制的需要。这次改革必将有力地促进我国社会主义经济的持续、快速、健康发展。要求各省、自治区、直辖市人民政府高度重视，加强领导，切实抓好《工商税制改革实施方案》的组织实施。

1993年12月13日，国务院发布了《中华人民共和国增值税暂行条例》、《中华人民共和国消费税暂行条例》、《中华人民共和国营业税暂行条例》、《中华人民共和国企业所得税暂行条例》、《中华人民共和国土地增值税暂行条例》。12月25日，国务院发布了《中华人民共和国资源税暂行条例》。以上六个税收暂行条例均自1994年1月1日起施行，同时废止在此之前施行的《中华人民共和国产品税条例（草案）》、《中华人民共和国增值税条例（草案）》、《中华人民共和国营业税条例（草案）》、《中华人民共和国资源税条例（草案）》、《中华人民共和国盐税条例（草案）》、《中华人民共和国国营企业所得税条例（草案）》、《中华人民共和国国营企业调节税征收办法》、《中华人民共和国集体企业所得税暂行条例》、《中华人民共和国私营企业所得税暂行条例》和关于征收特别消费税的有关规定。

1994年1月23日，国务院发出了《关于取消集市交易税、牲畜交易税、烧油特别税、奖金税、工资调节税和将屠宰税、筵席税下放给地方管理的通知》，决定自1994年1月1日起取消集市交易税、牲畜交易税、烧油特别税、奖金税和工资调节税，废止在此之前施行的《集市交易税试行规定》、《牲畜交易税暂行条例》、《关于征收烧油特别税的试行规定》、《国营企业奖金税暂行规定》、《国营企业工资调节税暂行规定》、《集体企业奖金税暂行规定》、《事业单位奖金税暂行规定》，并将屠宰税和筵席税下放给地方管理。

为了统一税制，公平税负，改善中国的投资环境，适应建立和发展社会主义市场经济的需要，1993年12月29日，第八届全国人民代表大会常务委员会第五次会议通过了《全国人民代表大会常务委员会关于外商投资企业和外国企业适用增值税、消费税、营业税等税收暂行条例的决定》，决定自1994年1月1日起外商投资企业和外国企业适用增值税、消费税、营业税等税收暂行条例，同时废止《中华人民共和国工商统一税条例（草案）》。

为了贯彻执行全国人大常委会的上述决定，1994年2月22日，国务院发布了《关于外商投资企业和外国企业适用增值税、消费税、营业税等税收暂行条例有关问题的通知》。

至此,中国1994年税制改革的主体工程完成,新税制初步建立,共设25个税种,即增值税、消费税、营业税、关税、企业所得税、外商投资企业和外国企业所得税、个人所得税、资源税、城镇土地使用税、城市维护建设税、耕地占用税、固定资产投资方向调节税、土地增值税、房产税、城市房地产税、遗产税、车船使用税、车船使用牌照税、印花税、契税、证券交易税、屠宰税、筵席税、农业税、牧业税。[①]

(三)税制改革的主要内容

从总体上看,新税制的基本内容概括如下:

(1) 建立以增值税为主体、消费税和营业税为补充的流转税制。在商品的生产、批发、零售和进口环节,采取基本税率再加一档低税率的模式,普遍征收增值税;选择烟、酒、化妆品、小轿车等原适用较高产品税率的产品以及高档、奢侈的消费品进行特殊调节,在征收增值税的基础上再征收消费税;对不实行增值税的非商品经营,如交通运输、金融保险、邮电通信、建筑安装、文化娱乐等行业,继续征收营业税,并对税率作适当调整。

改革后的流转税制统一适用于内外资企业,取消原对外商投资企业征收的工商统一税。由于新税制不可避免地造成外资企业税负的上升或下降,为了实现新旧涉外税制的平稳过渡,1994年税制改革规定所有外资企业实行新的增值税制度时,如因实施新增值税而增加的税负可以在五年内享受"超税负返还"退税政策。

(2) 统一内资企业所得税。对国有企业、集体企业、私营企业以及股份制和各种形式的联营企业,均实行统一的企业所得税制,相应取消原只对国有大中型企业征收的调节税。内资企业所得税实行33%的比例税率,同时对一部分盈利水平较低的企业,增设27%和18%两档照顾税率,并统一、规范税前列支项目和标准。取消了国家交通能源重点建设基金和国家预算调节基金。统一的内资企业所得税出台后,不再执行承包企业所得税的做法。

(3) 建立统一的个人所得税制。将原来分别征收的个人所得税、个人收入调节税、城乡个体工商户所得税合并为统一的个人所得税。统一的个人所得税采用超额累进税率,按11种所得分类征收。

---

① 证券交易税、遗产税至今没有开征。

(4) 扩大资源税征收范围、开征土地增值税。对所有金属矿产品和非金属矿产品等资源开征资源税，同时，减并税率，适当调整资源税税负水平，完善征收办法。

在房产和地产的交易环节，对开发经营房地产的增值部分开征土地增值税，并实行超额累进税率。

(5) 结合税制改革，确立适应社会主义市场经济需要的税收基本规范。纳入这些基本规范的主要内容包括：严格控制减免税，除税法规定的减免税以外，各级政府和任何部门都不能开减免税的口子；应从价计征的税收坚持从价计征，取消原对某些行业提价收入不征税的政策；税务机关依法征税，任何地方、部门、企业都不能"包税"或者任意改变税率；采取有效措施，最大限度地减少偷税、漏税、避税、骗税、欠税、压税等现象；加强出口退税的管理，通过实行专用税票以及采用电子计算机管理等措施，堵塞出口退税的漏洞；积极推行纳税申报制度和税务代理制度，建立严格的税务稽核制度；等等。

(6) 适应分税制的需要，组建了中央和地方两套税务机构。

二、分税制财政管理体制建立

(一) 改革历程

针对财政承包制出现的种种问题，早在1985年，在《中共中央关于制定国民经济和社会发展第七个五年计划的建议》中就提出："要按税种划分中央税、地方税、中央地方共享税，同时明确划分中央、地方的财政支出范围，做好财政的分级管理。"

1990年12月30日，中国共产党十三届七中全会通过的《中共中央关于制定国民经济和社会发展十年规划和"八五"计划的建议》则针对财政承包制的弊端以及"两个比重"（即财政收入占国民收入的比重和中央财政收入占财政收入的比重）过低的严峻局面，明确提出："现行的财政包干体制调动了各地方当家理财的积极性，但也存在一些弊端，改革的方向是在划清中央和地方事权范围的前提下实行分税制。"并且"为了兴办一些地方难以办而必须由国家办的关系国民经济全局利益的大事，需要适当集中财力。适当提高财政收入占国民收入的比重和中央财政收入占整个财政收入的比重。"

十三届七中全会并没要求"八五"期间全面推行分税制改革，而只是提出"八五"期间继续稳定和完善包干体制，同时进行分税制的试点。在1991年4月9日，七届人大四次会议审议通过的《中华人民共和国国民经济和社会发展十年规划和第八个五年计划纲要》延续了这种改革思路，也要求"八五"期间继续稳定和完善财政包干体制。同时，在有条件的城市和地区，积极进行分税制的改革试点。

1992年10月12日，中共十四大报告明确提出：中国经济体制改革的目标是建立社会主义市场经济体制的同时，围绕社会主义市场经济体制的建立，加快经济改革步伐。并将"统筹兼顾国家、集体、个人三者利益，理顺国家与企业、中央与地方的分配关系，逐步实行利税分流和分税制"作为加快经济改革步伐的重要内容。

1993年11月14日，十四届三中全会通过的《中共中央关于建立社会主义市场经济体制若干问题的决定》中则进一步明确"把现行地方财政包干制改为在合理划分中央与地方事权基础上的分税制，建立中央税收和地方税收体系"是"近期改革的重点"。1993年12月15日，国务院颁布《关于实行分税制财政管理体制的决定》（国发［1993］85号），规定"从1994年1月1日起改革现行地方财政包干体制，对各省、自治区、直辖市以及计划单列市实行分税制财政管理体制"。

（二）改革内容

1. 分税制财政体制改革的原则与主要内容

国务院颁布的《关于实行分税制财政管理体制的决定》（国发［1993］85号）中指出：根据建立社会主义市场经济体制的基本要求，并借鉴国外的成功做法，要理顺中央与地方的分配关系，必须进行分税制改革。

分税制改革的原则和主要内容是：按照中央与地方政府的事权划分，合理确定各级财政的支出范围；根据事权与财权相结合原则，将税种统一划分为中央税、地方税和中央地方共享税，并建立中央税收和地方税收体系，分设中央与地方两套税务机构分别征管；科学核定地方收支数额，逐步实行比较规范的中央财政对地方的税收返还和转移支付制度；建立健全分级预算制度，硬化各级预算约束。

2. 分税制财政体制改革的指导思想

（1）正确处理中央与地方的分配关系，调动两个积极性，促进国家财政收入合理增长。既要考虑地方利益，调动地方发展经济、增收节支的积极性，又要逐步提高中央财政收入的比重，适当增加中央财力，增强中央政府的宏观调控能力。为此，中央要从今后财政收入的增量中适当多得一些，以保证中央财政收入的稳定增长。

(2) 合理调节地区之间财力分配。既要有利于经济发达地区继续保持较快的发展势头，又要通过中央财政对地方的税收返还和转移支付，扶持经济不发达地区的发展和老工业基地的改造。同时，促使地方加强对财政支出的约束。

(3) 坚持统一政策与分级管理相结合的原则。划分税种不仅要考虑中央与地方的收入分配，还必须考虑税收对经济发展和社会分配的调节作用。中央税、共享税以及地方税的立法权都要集中在中央，以保证中央政令统一，维护全国统一市场和企业平等竞争。税收实行分级征管，中央税和共享税由中央税务机构负责征收，共享税中地方分享的部分，由中央税务机构直接划入地方金库，地方税由地方税务机构负责征收。

(4) 坚持整体设计与逐步推进相结合的原则。分税制改革既要借鉴国外经验，又要从我国的实际出发。在明确改革目标的基础上，办法力求规范化，但必须抓住重点，分步实施，逐步完善。当前，要针对收入流失比较严重的状况，通过划分税种和分别征管堵塞漏洞，保证财政收入的合理增长；要先把主要税种划分好，其他收入的划分逐步规范；作为过渡办法，现行的补助、上解和有些结算事项继续按原体制运转；中央财政收入占全部财政收入的比例要逐步提高，对地方利益格局的调整也宜逐步进行。总之，通过渐进式改革先把分税制的基本框架建立起来，在实施中逐步完善。

3. 分税制财政体制改革的具体内容①

根据上述指导思想，分税制改革首先要建立社会主义市场经济条件下分税制财政体制的主体框架，分别建立中央财政和地方财政的收支体系，尽可能明确划分中央和地方的收支范围；其次要与中央和地方收支体系相配套，分别建立中央和地方收入征管机构，调动两级政府组织收入的积极性；最后要尽量减少分税制体制对各方面造成的"震动"，妥善处理新旧体制的衔接问题。

分税制财政体制改革的内容，主要有：

(1) 在划分事权的基础上，划分中央与地方的财政支出范围。中央财政主要承担国家安全、外交和中央国家机关运转所需经费，调整国民经济结构、协调地区发展、实施宏观调控所必需的支出以及由中央直接管理的事业发展支出。地方财政主要承担本地区政权机关运转所需支出以及本地

---

① 财政部地方司：《中国分税制财政管理体制》，中国财政经济出版社1998年版。

区经济、事业发展所需支出。中央财政支出包括：国防费，武警经费，外交和援外支出，中央级行政管理费，中央统管的基本建设投资，中央直属企业的技术改造和新产品试制费，地质勘探费，由中央财政安排的支农支出，由中央负担的国内外债务的还本付息支出，以及中央本级负担的公检法支出和文化、教育、卫生、科学等各项事业费支出。地方财政支出包括：地方行政管理费，公检法支出，部分武警经费，民兵事业费，地方统筹的基本建设投资，地方企业的技术改造和新产品试制经费，支农支出，城市维护和建设经费，地方文化、教育、卫生等各项事业费，价格补贴支出以及其他支出。

(2) 按税种划分收入，明确中央与地方的收入范围。根据事权与财权相结合的原则，按税种划分中央与地方的收入。将维护国家权益、实施宏观调控所必需的税种划为中央税；将同经济发展直接相关的主要税种划为中央与地方共享税；将适合地方征管的税种划为地方税，并充实地方税税种，增加地方税收入。中央固定收入包括：关税，海关代征消费税和增值税、消费税，中央企业所得税，地方银行和外资银行及非银行金融企业所得税，铁道部门、各银行总行、各保险总公司等集中缴纳的收入（包括营业税、所得税、利润和城市维护建设税），中央企业上缴的利润等。外贸企业出口退税，除1993年地方已经负担的20%部分列入地方上缴中央基数外，以后发生的出口退税全部由中央财政负担。地方固定收入包括：营业税（不含铁道部门、各银行总行、各保险总公司集中缴纳的营业税），地方企业所得税（不含上述地方银行和外资银行及非银行金融企业所得税），地方企业上缴利润，个人所得税，城镇土地使用税，固定资产投资方向调节税，城市维护建设税（不含铁道部门、各银行总行、各保险总公司集中缴纳的部分），房产税，车船使用税，印花税，屠宰税，农牧业税，对农业特产收入征收的农业税（简称农业特产税），耕地占用税，契税，遗产和赠与税，土地增值税，国有土地有偿使用收入等。中央与地方共享收入包括：增值税、资源税、证券交易税。增值税中央分享75%，地方分享25%。资源税按不同的资源品种划分，大部分资源税作为地方收入，海洋石油资源税作为中央收入。证券交易税中央与地方各分享50%（证券交易税未开征，仍沿用证券交易印花税，从1997年开始，该分成比例调整为中央80%、地方20%。1998年6月改为中央88%、地方12%。从2000年10月1日起将分享比例由中央88%、地方12%，分三年调整到中央97%、地方3%，即：2000年中央91%、地方9%，2001年中央94%、地方6%，2002年中央97%、地方3%）。

关税、海关代征消费税和增值税、消费税作为中央财政固定收入，主要是因为：①上述税种属国家宏观调控税种，这些税种收入如果划归地方，受地方利益机制的影响，可能会不利于国家宏观调控政策的实施。②国家宏观经济政策的变动，会造成上述收入的波动，如果将上述收入作为地方收入，不利于地方收入的稳定，也容易形成国家政策对地方预算平衡的冲击。

出口退税增量改为全部由中央财政负担，主要是因为实行新的收入划分办法后，消费税全部作为中央收入，增值税也大部分作为中央收入，改变了改革前那种征税在地方，退税在中央的状况，同时，由于海关代征进口产品消费税和增值税作为中央财政收入，因此，与此相对应的出口退税也由中央财政承担。

按照资源国有的原则，资源税应当划归中央，但目前我国的实际情况是资源大部分集中在中西部地区，资源大省一般都是财政穷省，因此将资源税划为共享税，除海洋石油资源税划归中央外，其他资源税全部划给地方，以体现对中西部地区的政策照顾。

证券交易税（证券交易印花税）主要集中在上海、深圳两个城市，这部分税收是按交易额分别对证券交易双方征收 3‰ 实现的。尽管证券交易所设在个别城市，但税源来自全国各地，所以这个税种的收入不能全部留在当地，把它列为中央和地方共享税比较适当。

按照上述划分办法，按 1993 年数字计算，中央财政收入占全国财政收入的比重提高到 57.5%。

现行中央、地方财政收支划分如表 3-1 所示。

表 3-1　现行中央、地方财政收支划分

一般预算收入划分	
中央固定收入	关税，海关代征消费税和增值税，消费税，铁道部门、各银行总行、各保险公司总公司等集中缴纳的收入（包括营业税、利润和城市维护建设税），未纳入共享范围的中央企业所得税、中央企业上缴的利润等
中央与地方共享收入	增值税中央分享 75%，地方分享 25%；纳入共享范围的企业所得税和个人所得中央分享 60%，地方分享 40%；资源税按不同的资源品种划分，海洋石油资源税为中央收入，其余资源税为地方收入；证券交易印花税中央分享 97%，地方（上海、深圳）分享 3%
地方固定收入	营业税（不含铁道部门、各银行总行、各保险公司总公司集中缴纳的营业税），地方企业上缴利润，城镇土地使用税，城市维护建设税（不含铁道部门、各银行总行、各保险公司总公司集中缴纳的部分），房产税，车船使用税，印花税，耕地占用税，契税，遗产和赠与税，烟叶税，土地增值税，国有土地有偿使用收入等

续表

支出责任划分	
中央财政支出	国防费,武警经费,外交和援外支出,中央级行政管理费,中央统管的基本建设投资,中央直属企业的技术改造和新产品试制费,地质勘探费,由中央安排的支农支出,由中央负担的国内外债务的还本付息支出,以及中央本级负担的公检法支出和文化、教育、卫生、科学等各项事业费支出
地方财政支出	地方行政管理费,公检法支出,民兵事业费,地方统筹安排的基本建设投资,地方企业的改造和新产品试制经费,农业支出,城市维护和建设经费,地方文化、教育、卫生等各项事业费以及其他支出

资料来源:财政部网站,http://yss.mof.gov.cn/zhuantilanmu/zhongguocaizhengtizhi/zyydfczsz/200806/t20080627_54310.html。

(3)分设中央和地方两套税务机构,分别征税。1993年以前我国只有一套税务征收机构,中央税收主要依靠地方税务机构代为征收。这种办法容易造成收入征管职责和权限划分不清,既不利于保障中央财政收入,也不利于调动地方组织收入的积极性。分税制财政体制规定,与收入划分办法相配套,建立中央和地方两套税务机构分别征税,国家税务局和海关系统负责征收中央级固定收入和中央地方共享收入,包括消费税、铁道营业税、各银行总行和保险总公司营业税、海洋石油资源税、关税、海关代征消费税和增值税、地方和外资银行及非银行金融企业所得税、中央企业利润、增值税、证券交易税、中央企业所得税等其他各项中央预算固定收入;地方税务局负责征收地方级固定收入,包括营业税(除中央的营业税外)、资源税(除海洋石油资源税)、地方企业所得税、地方企业利润、地方其他各项税收等其他地方固定收入。

(4)实行中央对地方的税收返还。为了使财政体制改革顺利运行,分税制财政体制办法实行保证地方1993年既得利益的政策。实行按税种划分收入的办法后,原属地方支柱财源的"两税"收入(消费税和增值税收入的75%,下同)上划到中央,成为中央级收入,如果中央不采取相应补偿措施,必然影响地方的既得利益,为此,分税制体制制定了税收返还的办法。即以1993年为基期年,按分税后地方净上划中央的收入数额,作为中央对地方的税收返还基数,基数部分全额返还地方。为了尽量减少对地方财力的影响,国务院还决定,不仅税收返还基数全额返还地方,1994年以后还要给予一定的增长。增长办法是:从1994年开始,税收返还与消费税和增值税(75%)的增长率挂钩,每年递增返还。关于税收返还的递增率,国务院国发[1993]85号文件规定,按当年全国增值税和消费税平均增长率的1:0.3系数确定。1994年8月,根据各方面的意见和要求,为了更充分地调动各地区组织中央收入的积极性,将税收返还的递增率改为按各地区分别缴入中央金库的"两税"增长率的 1∶0.3 系数确定。即各地区"两税"每增长 1%，中央财政对该地区的税收返还增长 0.3%。

(5) 妥善解决原体制遗留问题。1994 年实行分税制后，原包干体制的地方上解和补助办法基本不变。即：原实行递增上解的地区，仍按原规定办法继续递增上解；原实行定额上解的地区，仍按原确定数额继续定额上解；原实行总额分成的地区和原分税制试点地区，改为一律实行递增上解，即以 1993 年实际上解数为基数，从 1994 年起按 4% 的递增率递增上解。为了进一步规范分税制体制，1995 年对上述办法进行了调整，规定：从 1995 年起，凡实行递增上解的地区，一律取消递增上解，改为按各地区 1994 年实际上解额实行定额上解。

(6) 开始建立规范的转移支付制度。分税制改革前，我国财政体制中存在着中央对地方的体制补助、专项补助以及结算补助等形式，从严格意义上讲，这些都属于转移支付的范畴。但是当时在财政体制中没有明确地提出转移支付的概念，同时，这些补助的确定在技术上也一直沿袭行政性分配的方法，还不够规范和科学。

1994 年分税制建立之初，由于中央财政集中的财力很有限，困难较大，没有能力建立转移支付制度，只能先行建立税收返还制度。经过一年的运行后，在中央财政集中收入的目的基本达到的基础上，从 1995 年起，中央财政开始建立转移支付制度。但是，由于中央财政财力仍然非常紧张，加上数据资料不全，因此，规范化财政转移支付制度的建立只能采取渐进的办法，首先实行"过渡期转移支付办法"，待各方面条件成熟后再逐步过渡到规范的转移支付制度。1995 年，中央财政从收入增量中共拿出 21 亿元用于对地方的转移支付，在 30 个省区中，有 18 个省区获得了中央的转移支付。这一结果基本反映了现实各地区的发展情况，实现了缩小地区间差异的政策目标。1996 年，中央财政对转移支付方案又进行了较大的调整，使之更为科学、合理。当年中央财政从收入增量中共拿出 35 亿元用于对地方的转移支付，获得补助的地区增加到 20 个。[①]

4. 省以下分税制财政体制的建立

在中央与省级分税制财政体制框架确立之后，各地按照中央实行分税制财政体制的要求，根据本地区的情况，制定了切实可行的省对下分税制体制办法，并在因素法、地区间利益调整等方面作了有益的尝试。1994 年底各地基本上都已制定了对下分税制体制，使得分税制在全国范围内迅

[①] 财政部地方司：《中国分税制财政管理体制》，中国财政经济出版社 1998 年版。

速确立并顺利运行。综合各地体制情况,大致呈以下特点:

(1) 收入划分方面。从各地区通行做法看,除了分税制改革上下划的税种外,其他原有的地方税收基本上仍按原收入级次划分,个别地区调整了营业税的划分办法。增值税上划中央75%以后,大部分地区将地方25%部分留归了市县,少部分地区省与市县共享。中央下划的税种及新开征的税收大部分地区都实行了省与市县共享的办法。

(2) 税收返还增量的分配。多数地区按 1∶0.3 系数将中央返还的增量如数返还给市(县),也有相当一部分地区为了达到省级集中财力的目的,集中了部分增量。集中办法主要有三种:①对各市、县统一调整返还系数,如将递增返还系数调整为 1∶0.15。②对市县区别不同情况规定不同的返还系数。③对中央的增量返还在省级与地市间实行总额分成。

(3) 原体制上解补助的处理。多数地区比照中央对省的办法将原体制的上解和补助放在税收返还之外单独处理,体制上解继续递增,体制补助定额结算,也有一些地区作了适当调整。调整的办法主要有两种:①重新计算财政体制收支基数,核定上解、补助或税收返还数。②将原体制上解或体制补助与税收返还相抵,核定税收返还数。

(4) 对地区间财力差异的调整。不少省份在制定对下体制时,对现存的不合理的财力分配格局进行了适当的调整。除了吸取中央分税制改革的思路,在保证地方1993年既得利益的前提下,通过增量分配集中部分财力调节外,有些地区还打破了保地方1993年既得利益的原则,对存量也进行了调整。实行这种办法的主要有广东、江苏、广西等省(自治区)。它们集中财力后,一般都补助给了财力较低的市、县,在一定程度上扭转了原体制下不合理的分配格局。

第三节　1994年税制改革的延续:"费改税"与"税费改革"

面对种种税费关系的混乱状况,从1995年起,我国事实上即开始了旨在治理政府部门乱收费的所谓"费改税"改革的尝试。其中,取得明显成效的当属湖南省的武冈市。①1998年3月，随着新一届政府的组建，作为新一届政府的施政纲领之一，"费改税"又正式纳入了政府议事日程。由此，"费改税"以及后来其内涵与外延加以拓展的"税费改革"，在全国正式拉开了帷幕。

一、对企业乱收费的治理

针对向企业乱收费的问题，中共中央、国务院1997年14号文件《中共中央、国务院关于治理向企业乱收费、乱罚款和各种摊派等问题的决定》要求，坚决取消不符合规定的向企业的行政事业性收费、罚款、集资、基金项目和各种摊派。全面清理按规定未被取消的向企业的行政事业性收费、罚款、集资、基金项目。对不合理的项目要坚决取消并向社会公布；合理的保留，但标准过高的要把标准降下来；重复收取的要予以合并。凡需保留的包括降低标准和合并的项目，要按照管理权限从严重新审批。建立健全向企业的行政事业性收费、罚款、集资、基金项目的审批管理制度。加强对行政事业性收费、罚款、集资、基金的收缴和使用管理的监督，防止截留、挤占和挪作他用。加强监督检查，加大执法力度。要组织力量对重点地区、部门和单位进行重点检查和审计。充分发挥新闻舆论的监督作用。

根据上述《决定》，财政部和国家计委分三批取消了部分不合理的行政事业性收费。1997年12月23日财政部会同国家计委在国务院有关部门自查自纠的基础上，对国务院有关部门直接收取或归口管理的行政事业性收费项目进行了清理，经国务院减轻企业负担部际联席会议批准，决定取消第一批行政事业性收费项目，共计29项，分别涉及工商、建设、外贸、交通、外交、公安、税务和保密8个部门。1998年10月14日财政部、国家发展计划委员会公布取消第二批行政事业性收费项目，共计20项，分别涉及文化、公安、建设、旅游、广播电视、林业和口岸7个部门，自1998年11月1日起执行。1999年12月30日公布取消的第三批收费项目共计20项，分别涉及经贸、交通、劳动和社会保障、新闻出版、海关、环保、外汇和司法部门，自2000年1月1日起执行。

2003年8月，为确保国务院公布取消两批行政审批项目的贯彻落实，

---

① 基本做法是将原村级对农民收取的三项提留和乡镇的五项统筹收费等改为统一征收"农村公益事业建设税"，其税负不得超过农民上年收入的5%。

财政部、国家发展与改革委员会发出通知，要求各地区、各有关部门取消与国务院公布取消的两批行政审批项目直接相关的18项行政事业性收费项目。此次取消的行政事业性收费项目具体包括：公安部门收取的苏蒙朝探亲邀请书工本费、特种刀具生产许可证工本费、匕首佩带证工本费、特种刀具购买证工本费；教育部门收取的自费出国留学人员高等教育培养费；建设部门收取的工程总承包资格审查发证收费；工商部门收取的经济合同鉴证费、指定印制商标单位证书费、《指定印制商标单位证书》验证费，以及国土资源部门、质检部门、食品药品监督管理部门收取的部分费用。

二、农村税费改革

根据农村乱收费、乱集资、乱摊派屡禁不止，农民税外负担沉重，干群关系紧张，群体性事件时有发生，农民、农业和农村问题成为影响中国城镇化、现代化进程重大政治问题的状况，1998年，国务院农村税费改革工作小组成立，开始对农村税费改革工作进行先期调查研究，其办公室设在财政部。

2000年3月2日，中共中央、国务院下发《关于进行农村税费改革试点工作的通知》，决定率先在安徽全省进行农村税费改革试点。2002年3月27日国务院办公厅发布的第25号文件《关于做好2002年扩大农村税费改革试点工作的通知》中将这项改革进一步推广到全国20个省（自治区、直辖市），试点省份分为两类，一类是河北、内蒙古、黑龙江、吉林、江西、山东、河南、湖北、湖南、重庆、四川、贵州、陕西、甘肃、青海、宁夏16个省（自治区、直辖市）、市、自治区，中央财政将向其分配专用于税费改革转移支付资金；另一类是上海、浙江、广东等沿海经济发达省市，它们不享受中央转移支付资金，可以自费扩大改革试点。改革的措施被高度概括为"三个取消，一个逐步取消，两个调整和一项改革"：取消屠宰税，取消乡镇统筹款，取消教育集资等专门面向农民征收的行政事业性收费和政府性基金；用三年时间逐步减少直至全部取消统一规定的劳动积累工和义务工；调整农业税政策、调整农业特产税征收办法，规定新农业税税率上限为7%；改革村提留征收和使用办法，以农业税额的20%为上限征收农业附加税，替代原来的村提留。

2003年3月27日，国务院发出《关于全面推进农村税费改革试点工作的意见》，要求"各地区应结合实际，逐步缩小农业特产税征收范围，降低税率，为最终取消这一税种创造条件"。同年，税费改革在全国推开，中央财政拿出305亿元用于税费改革的专项转移支付。

2004年1月1日，中共中央发布"一号文件"，提出逐步降低农业税税率，当年农业税税率总体上降低1个百分点，同时取消除烟叶外的农业特产税。2004年3月5日，国务院总理温家宝在十届人大二次会议上作《政府工作报告》时宣布："从今年起，中国逐步降低农业税税率，平均每年降低1个百分点以上，五年内取消农业税。"2004年3月23日，中央决定在黑龙江、吉林两省进行免征农业税改革试点，河北、内蒙古、辽宁、江苏、安徽、江西、山东、河南、湖北、湖南、四川11个粮食主产省（自治区）的农业税税率降低3个百分点，其余省份农业税税率降低1个百分点。农业税附加随正税同步降低或取消。到2005年底，已有28个省份免征或取消农业税。2006年全国停征农业税。从公元前594年鲁国实行"初税亩"对土地按亩征收田赋，到2006年全国取消农业税，对当时具有7亿农民的大国而言，具有十分重要的历史意义。

2006年6月30日，国务院总理温家宝主持召开国务院常务会议，部署深化农村税费改革和推进农村综合改革工作，加强农村义务教育综合改革。全面落实农村义务教育经费保障机制改革措施，免除学生学杂费，规范课本等其他收费，坚决制止乱收费。

取消农业税只是农村治理的第一步。由于农村公共物品的供给以及县乡机构人员过于庞大的现实，如果没有大规模的机构改革，农民负担反弹的压力仍然存在。因此目前深化农村税费改革工作的重点，已经逐步转向推进以乡镇机构、农村义务教育体制和县乡财政管理体制为主要内容的农村综合改革。其目的即是保证在县乡机构原有收入来源减少的情况下，如何通过改革保证其依然能够提供有效而充足的公共服务，其范围几乎覆盖农村政治、经济、社会、教育、卫生等各个方面，综合配套的特征极为明显。

三、改进和完善个人所得税制度

另一项主要与城市居民切身利益密切相关的税收——个人所得税的改革进程在这段时间也备受关注。

进入改革视野的首先是提高减除额。我国的个人所得税起征点一直执行1980年制定的800元标准，在20多年的高速经济增长之后，其不合理性非常明显。社会各界对于其改革给予了很大的关注。起征点过低导致承担个税的主要是工薪阶层。由此讨论的焦点集中到减除额究竟应当提到多少，不同地区间的减除额是否应有所差异等。最终，2005年全国人大常委会第十八次会议通过了关于修改《中华人民共和国个人所得税法》的决定，将工薪所得减除费用标准由800元/月统一提高至全国统一的1600元/月，并要求适当扩大自行申报面，明确了扣缴义务人的全员全额扣缴申报制度。两年之后，又根据形势的变化，将减除额调升至2000元/月。

2011年6月30日，全国人大常委会通过修改个人所得税法的决定，自2011年9月1日起将个人所得税减除费用标准由2000元/月提高到3500元/月，并将最低的一档税率由5%调为3%，将现行工资、薪金所得适用的个税税率由9级超额累进改为7级超额累进。这是自1994年现行《个人所得税法》实施以来第3次提高个人所得税免征额。

四、调整出口退税率

2003年，为进一步完善出口退税机制，解决出口欠退税问题，保持外贸和经济持续健康发展，按照"适度、稳妥、可行"的原则，对出口退税率进行了结构性调整，适当降低了出口退税率。对国家鼓励出口的产品退税率不降或少降，对一般性出口产品退税率适当降低，对国家限制出口产品和一些资源性产品取消退税或多降退税率。调整后的出口退税率为17%、13%、11%、8%和5% 5档。

在此之后，由于宏观调控的需要和实现科学发展观的要求，又陆续调整了部分产品的出口退税。2004年对出口货物增值税退税率进行了结构性调整，将出口货物增值税平均退税率由15%降至12%左右。根据宏观调控的需要适时调整了部分商品的出口退（免）税政策，如将集成电路、手持（车载）无线电话、数控机床等部分信息技术产品的增值税出口退税率由13%提高到17%。2005年又调整了部分重点调控产品的出口退税政策。为了控制高耗能、高污染和资源性产品的出口，分批调低或取消了这些产品的出口退税，取消了加工出口专用钢材增值税退税政策。2006年9月进一步取消或降低部分"高耗能、高污染"或容易引起贸易摩擦出口商品的出口退税率，调高部分高科技产品和以农产品为原料的加工品的出口退税率，同时将所有取消出口退税的商品列入加工贸易禁止类目录。自2007年7月1日起取消濒危动植物及其制品等553项"高耗能、高污染、资源性"产品的出口退税；降低服装、鞋帽等2268项容易引起贸易摩擦的商品的出口退税率；将花生、果仁等10项商品的出口退税改为出口免税。

五、增值税转型

根据经济体制的不断完善和经济形势的发展变化,推进增值税转型,将生产型增值税(即对企业新购进固定资产所含增值税款不予抵扣)改为消费型增值税(即允许企业抵扣新购进机器设备所含增值税款),不仅有利于增强企业技术创新的积极性和竞争能力,也有利于提高经济自主增长能力。

自2004年7月1日起,对东北地区的装备制造业等八大行业实现了增值税转型试点,允许纳入试点范围的企业新购进机器设备所含增值税税款在企业增值税额中抵扣,并通过采取投资过快增长行业暂不纳入试点范围和实行增量抵扣等办法,较好地化解了推进改革时面临减少一部分财政收入和在经济局部及部分行业过热状态下刺激投资增长两个突出矛盾。2004年,东北三省一市(大连市)共办理抵扣、退税12.82亿元。2005年符合条件的企业办理抵扣、退税30多亿元。自2007年7月1日起,国家又在中部地区六省的26个老工业基地城市的8个行业中进行扩大增值税抵扣范围的试点。在2008年7月内蒙古东部五盟市的实施8个行业试点和2008年8月的四川汶川地震重灾区全部行业(限制性行业除外)实施改革试点后,2009年起,在全国正式全面实施增值税转型改革。①

六、统一内外资企业所得税制度

从2003年起,将国有工业企业研发费用加计扣除的政策(即企业研究开发新产品、新技术、新工艺所实际发生的费用比2002年度实际发生额增长幅度在10%以上的,除按规定据实列支外,可再按当年实际发生额的50%抵扣当年应纳税所得额)扩大到所有工业企业。对外国投资者并购我国境内非外商投资企业的股权,使境内企业变更设立为外商投资企业,凡外国投资者的股权比例超过25%的,可按现行规定享受所得税优惠待遇。从事股权投资及转让以及为企业提供创业投资管理、咨询等服务的外商创业投资企业,不属于生产性企业范畴,不享受"二免三减半"等优惠

---

① 《财政部、国家税务总局关于全国实施增值税转型改革若干问题的通知》(财税〔2008〕170号)。

政策。

统一内外资企业所得税是新一轮税制改革的核心内容之一。2007年3月16日十届全国人大五次会议表决通过了新的《企业所得税法》，自2008年1月1日起施行。对企业税收实现了"四个统一"：内资企业、外资企业适用统一的《企业所得税法》；统一并适当降低企业所得税税率，统一为25%；统一和规范税前扣除办法和标准；统一和规范税收优惠政策。对国家重点扶持和鼓励发展的高科技产业、农林牧渔业项目以及环保等企业给予税收优惠。而且根据规定，符合条件的小型微利企业，减按20%的税率征收企业所得税。国家需要重点扶持的高新技术企业，减按15%的税率征收企业所得税。为照顾部分老企业适应新的税率环境，依照法律规定，本法公布前已经批准设立的企业，依照当时的税收法律、行政法规规定，享受低税率优惠的，按照国务院规定，可以在本法施行后五年内，逐步过渡到本法规定的税率。《企业所得税法》的表决通过，有利于为各类企业创造统一、规范、公平竞争的市场环境，进一步完善社会主义市场经济体制。

七、调整资源税税额标准，改革消费税制度

2005年调整了部分应税品目资源税税额标准：①提高了河南、山东等15个省煤炭资源税税额标准。②提高了油气田企业原油、天然气资源税税额标准。③提高了锰矿石、钼矿石、铁矿石、有色金属等应税品目资源税税额标准。

从2006年4月1日起，我国消费税制度也进行了重大的改革。改革主要包括两个方面的内容：①对消费税的应税品目进行有增有减的调整。经过调整后，消费税的税目由原来的11个增至14个。②对原有税目的税率进行有高有低的调整。涉及税率调整的有白酒、小汽车、摩托车、汽车轮胎等税目。

消费税改革主要突出了两个重点：①促进环境保护和节约资源。扩大石油制品征税范围、对木制一次性筷子、实木地板征收消费税以及大幅度提高大排量小汽车税率水平都是这方面的具体措施。②合理引导消费和间接调节收入分配。如，对游艇、高尔夫球及球具、高档手表等高档消费品征收消费税，停止对已具有大众消费特征的护肤护发品征收消费税。此次消费税改革是1994年税制改革以来消费税制的一次最大规模的政策调整，有利于增强消费税的调节功能，完善消费税制。

八、燃油税改革

开征燃油税的动议自1994年就已经提出。1999年，全国人大常委会对《中华人民共和国公路法》进行了修改，取消了关于征收公路养路费的相关内容，修改后的《公路法》将养路"费"改为"税"。但由于国际石油价格上涨等原因，此项改革长期未能付诸实施。2007年1月，国税总局将完善燃油税改革列入2007年工作范围。2008年11月26日，国务院常务会议审议燃油税费改革方案，向社会征求意见。

成品油税费改革自2009年1月1日起，取消原在成品油价外征收的公路养路费、航道养护费、公路运输管理费、公路客货运附加费、水路运输管理费、水运客货运附加费六项收费，逐步有序取消政府还贷二级公路收费。将价内征收的汽油消费税单位税额每升提高0.8元，即由每升0.2元提高到1元；柴油消费税单位税额每升提高0.7元，即由每升0.1元提高到0.8元；其他成品油消费税单位税额相应提高。

九、服务业"营改增"

制造业征收增值税和服务业征收营业税所造成的税负不公通过服务业营业税改征增值税来解决。2012年1月1日，"营改增"在上海的"1+6"行业率先试点，其中"1"为陆路、水路、航空、管道运输在内的交通运输业，"6"包括研发、信息技术、文化创意、物流辅助、有形动产租赁、鉴证咨询等部分现代服务业，上海因此减税200亿元左右。2012年8月1日起，北京、江苏、安徽、福建、厦门、广东、深圳、天津、浙江、宁波、湖北等省（市）也相继纳入试点，减税规模达到800亿元。根据国务院部署，2013年8月1日起，交通运输业和部分现代服务业"营改增"试点在全国范围内推开。广播影视作品的制作、播映、发行等也开始纳入试点，更多的服务业行业也在试点营改增，总体减税规模可能接近万亿元（详细分析见第六章）。

十、其他税费改革措施

在税费改革方面，除上述针对企业管理乱收费的治理、农村税费改革外，还在其他方面进行了一些税费改革。

（1）车辆购置费改为车辆购置税。将原征收的两辆购置费改为车辆购置税，从 2001 年 1 月 1 日起执行。车辆购置附加费由交通管理部门负责征集管理，一般汽车交易市场国产车费率为车款的 10%，进口车费率为完税价格的 10%。改革后，车辆购置税对各类企事业单位社会团体、国家机关和个人在购买、进口、资产、受赠、获奖或者以其他形式取得的应税车辆，如汽车、摩托车、电车、挂车、农用运输车，实行从价定率的办法计算应纳税额，税率为 10%。

（2）2004 年 12 月 30 日，财政部、国家发展和改革委员会发布《行政事业性收费项目审批管理暂行办法》，自 2005 年 1 月 1 日起施行。收费项目实行中央和省两级审批制度。国务院和省、自治区、直辖市人民政府（以下简称省级政府）及其财政、价格主管部门按照国家规定权限审批管理收费项目。除国务院和省级政府及其财政、价格主管部门外，其他国家机关、事业单位、社会团体，以及省级以下（包括计划单列市和副省级城市）人民政府均无权审批收费项目。

第四节　分税制改革之后的财政管理体制改革

以构建公共财政基本框架目标的确立为契机，我国在预算管理制度方面推出了一系列改革举措。

一、预算管理改革

（一）部门预算改革

预算是财政资金运行的总枢纽，从 2000 年开始的中央部门预算改革，从规范管理入手，使预算编制和执行更加公正、公平、公开，管理进一步"公共化"，这是构建公共财政框架的重要内容，也是 1994 年实行"分税制"财政管理体制以来，在财政支出管理体制方面所进行的又一项制度创新。

目前在中央及省级政府预算管理中，已基本实现了"一个部门一本预算"、提前编报和批复预算、细化预算、增加透明度、强化预算监督等阶段性工作目标，初步建立起一个统一、规范的部门预算框架。从编制范围看，部门预算涵盖了部门或单位的所有收入和支出，不仅包括财政预算内资金收支，还包括各项预算外收支、经营收支以及其他收支；从支出角度看，部门包括部门或单位所有按功能分类的不同用途的资金；从编制程序看，部门预算是汇总预算，它是由基层预算单位编制、逐级汇总形成的。从细化的程度看，部门预算既细化到了具体预算单位和项目，又细化到了按预算科目划分的各项支出功能。

（二）预算管理技术改革

在推行部门预算的同时，我国在零基预算、政府采购预算、国有资本金预算、绩效预算等预算管理技术方面，也进行了探索。

（1）零基预算（ZBB），是指不考虑过去预算项目和收支水平，以零为基点编制的预算。零基预算主要是作为计划工具，而不是控制或评估的工具。零基预算最早在美国试行。20世纪80年代末至90年代中期，我国在部分省级财政如安徽、河南、湖北、云南以及深圳等地区开始试行零基预算制度，并取得了一定成效。

（2）实行国有资本经营预算，是国家以所有者身份取得企业国有资本收益，用于支持实施产业发展规划、国有经济布局和结构调整、企业技术进步，补偿国有企业改革成本以及补充社会保障。国有资本经营预算包括收入和支出两部分。收入包括企业的分红、国有独资公司上缴利润、国有产权处置收入等。支出包括补充重要国有企业资本金、新的战略投资、一些困难企业的退出成本等。2007年5月30日召开的国务院常务会议，决定从2007年开始在中央本级试行国有资本经营预算。2007年试行的国有资本经营预算将按照"适度、从低"的原则进行，"分红率也将大大低于证券市场的平均分红水平"，从试行范围看，国务院国有资产监督管理委员会监管的中央企业2007年试行，烟草企业2008年也开始试行，而铁道企业暂时不试行。

（3）绩效预算最早在美国等国试行，在编制绩效预算的过程中，要求预算由众多规划项目组成，每个项目需要以绩效目标为基础进行成本估计，择优列入预算。中共十六届三中全会提出"建立预算绩效评价体系"的要求后，近年来，我国在推进财政支出绩效考评方面做了一些探索性的工作，包括制定有关绩效考评管理办法，选择一些预算安排的重大支出项目进行绩效考评试点等。2005年制定了《中央部门预算支出绩效考评管理办法（试行）》，对绩效考评对象的选择、绩效考评指标的制定、绩效考评结果的运用等做出了原则性的规定。

除此之外，还制定了一些针对特定行业的管理办法，如《中央级教科文部门项目绩效考评管理试行办法》、《中央级行政经费项目支出绩效考评管理办法（试行）》等。一些中央部门内部也制定了具体的绩效考评实施办法。从2004年起选择了一些重大项目进行了绩效考评试点工作。如国土资源大调查专项资金、污水处理国债项目、农业科技跨越计划等中央部门预算项目，以及支持边境地区改善基础教育办学条件专项资金、中央与地方共建高校实验室专项资金中央补助地方支出项目。通过几年来的试点，取得了一些经验，为下一步在中央部门推广绩效考评工作，奠定了较为扎实的基础。

在中央财政推进绩效考评工作的同时，一些地方财政部门也积极开展这项工作。如湖南省出台了《湖南省财政支出绩效评价管理办法（试行）》，并选择"贫困地区第二期义务教育工程"等项目进行绩效考评试点；广东省出台了《广东省财政支出绩效评价试行方案》，并选择"高校基本建设财政贴息贷款"等项目进行试点。这些试点工作在加强财政支出管理、提高财政资金使用效率和效益方面，都发挥了积极的作用。

从预算改革趋势分析，实施绩效预算是加强财政支出管理的必然要求。目前，由于各方面条件不够成熟，改革尚处于探索阶段。今后，我国将不断总结试点经验，完善有关制度，按照统一规划、分步实施的原则，逐步建立起与公共财政相适应、以提高政府管理效能和财政资金使用效益为核心，科学、规范的公共支出绩效考评制度体系，为远期引入绩效预算探索道路。同时，在条件成熟时，绩效考评结果要向社会公开，接受社会公众的监督。

中央预算绩效考评工作流程如图3-1所示。

（三）国库集中收付制度

国库是政府预算的重要执行机构，国库管理也是政府宏观管理的重要政策工具。在传统国库制度下，机构设置不到位，在收入方面，多头设置账户，财政资金收入滞后，给财政收入带来了应缴未缴和此项目变为彼项目的问题。在支出方面，财政资金分层次、多重设置银行账户，资金层层转拨，财政资金支付迟缓，资金分散拨款环节多、周期长、资金挪用、浪费和违规使用现象普遍，且财政资金过早流出国库，减少了宏观调控的可用财力。同时，资金运行信息反馈不充分，不能满足政府宏观调控的需要。因而，国库宏观调控职能弱化制约了预算改革进程。

针对传统国库制度存在的问题，我国从2001年推行了国库集中收付

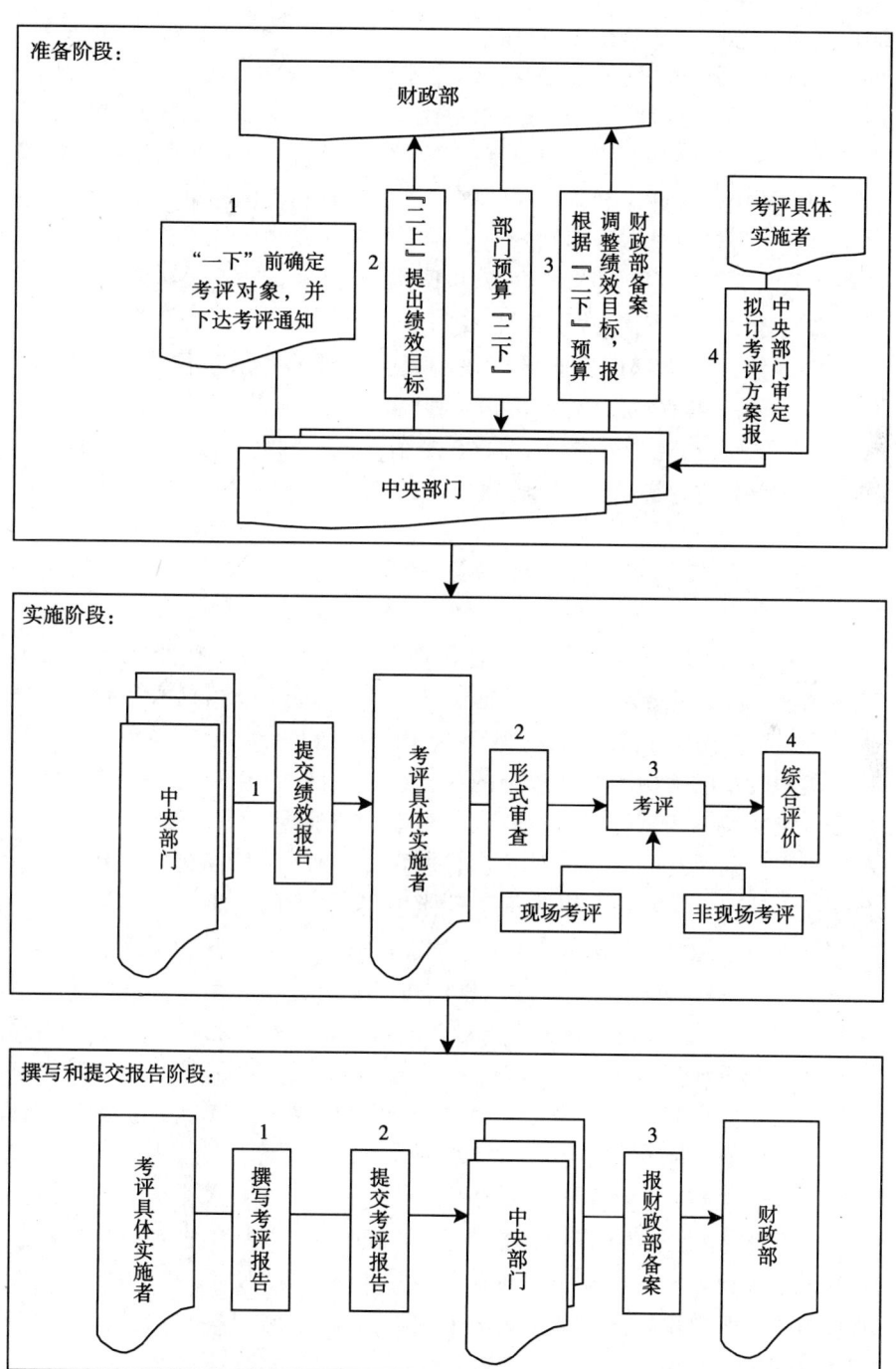

图 3-1 中央预算绩效考评工作流程

制度改革。这次改革按照社会主义市场经济体制下公共财政的发展要求，借鉴国际通行的做法和成功经验，结合我国具体国情，建立和完善以国库单一账户体系为基础，资金缴拨以国库集中收付为主要形式的财政国库管理制度，进一步加强财政监督，提高资金使用效益，更好地发挥财政在宏观调控中的作用。建立的国库单一账户体系包括：①国库单一账户。②零余额账户。③预算外资金财政专户。④小额现金账户。⑤特设专户。改革规范了收入收缴程序，即直接缴库和集中汇缴两种。更为重要的是规范了支出拨付程序，即直接支付和授权支付。

2006年，中央部门实施国库集中支付改革的基层单位达到5300多个，纳入改革的财政资金总量达到4000多亿元。地方36个省、市、自治区、计划单列市，270个地市，1000多个县区，共计16万个基层单位实施了国库集中支付制度改革（詹静涛，2007）。

二、实施所得税收入分享改革

1994年实施分税制财政管理体制改革时曾经设想，按照建立社会主义市场经济体制的要求，打破企业隶属关系，对企业所得税实行分率共享或比例共享，但是由于当时条件还不成熟，暂维持原划分格局不变。随着政府机构改革的实施、企业改革的深化以及地区间经济发展格局的变化，按企业隶属关系等划分所得税收入的弊端日益显现：①强化了政府干预，不利于深化企业改革。②不利于公平竞争。③收入混库问题日益突出，不利于征收管理。④不利于扭转地区间财力差距扩大的趋势。

针对上述问题，在深入调查研究和广泛征求地方意见的基础上，国务院决定，从2002年1月1日起实施所得税收入分享改革，将按企业隶属关系等划分中央与地方所得税收入的办法改为中央与地方按统一比例分享。2002年所得税收入中央与地方各分享50%；2003年以后中央分享60%、地方分享40%。并明确中央因改革所得税收入分享办法增加的收入，全部用于对地方主要是中西部地区的一般性转移支付。为了保证所得税收入分享改革的顺利实施，妥善处理地区间利益分配关系，规定跨地区经营企业集中缴纳的所得税，按分公司（子公司）所在地的企业经营收入、职工人数和资产总额三个因素在相关地区间分配。2002~2005年中央财政因改革所得税收入分享办法集中收入2305亿元，[①]中央对地方一般性

---

① 李萍：《中国政府间财政关系图解》，中国财政经济出版社2006年版。

转移支付比 2001 年增量合计 1972 亿元。

三、改革出口退税负担机制

从国际经验来看，市场经济国家一般将增值税作为中央收入。作为共享收入的国家，一般也先将增值税全部收归中央，扣除出口退税后再将剩余的部分按照地方分享比例转移支付给地方，如德国。实行分税制前，我国的出口退税由中央和地方分担。分税制改革后，出口退税改为中央全部负担，与增值税实行中央与地方共享的体制不符，中央负担沉重，出口欠退税较多。在目前条件下，如果将增值税全部作为中央财政收入，需要对分税制财政管理体制做出重大调整，不仅影响体制的稳定性，而且对地方利益影响较大。

为此，国务院决定，在维持现行增值税中央与地方分享格局的同时，对出口退税机制进行改革，建立中央和地方共同负担出口退税的机制。从 2004 年起，以 2003 年出口退税实退指标为基数，对超基数部分的应退税额，由中央和地方按 75：25 的比例共同负担。中央财政加大对出口退税的支持力度，除及时办理 2003 年当年出口退（免）税外，还通过使用超收收入，利用由于实行国库集中支付改革而增加的中央库款余额，全部偿清了历年欠企业和地方的出口退税。这不仅能够促进外贸体制改革，支持企业正常经营和外贸发展，维护政府的形象和信誉，解决出口退税资金不足的问题，而且可以使出口退税与地方利益挂钩，强化地方政府防范和打击骗取出口退税犯罪行为的责任。

在 2004 年出口退税机制改革取得明显阶段性成效的基础上，针对新机制运行中出现的新情况和新问题，如地区负担不均衡、一些地方政府采取措施干预外贸发展等，财政部在广泛征求地方意见的基础上，经与商务部、国家税务总局等部门充分协商，经国务院批准，在维持 2004 年经国务院批准核定的各地出口退税基数不变的基础上，对超基数部分，从 2005 年 1 月 1 日起，中央、地方按照 92.5：7.5 的比例分担；各省（自治区、直辖市）根据本地实际情况，自行制定省以下出口退税分担办法，但不得将出口退税负担分解到乡镇和企业，不得采取限制外购产品出口等干预外贸正常发展的措施；对所属市县出口退税负担不均衡等问题，由省级财政负责统筹解决；出口退税改由中央财政统一退库，地方负担部分年终专项上解。上述调整对解决地区间负担不均衡问题，维护全国统一市场，确保出口退税资金及时足额到位，促进外贸出口与经济持续健康协调发展具有重要意义。

四、实施"三奖一补"政策

为建立健全激励约束机制、调动地方各级政府缓解县乡财政困难的积极性和主动性，2005年中央财政出台了"三奖一补"激励约束政策，主要内容包括：

（1）强化激励。①对财政困难县政府通过发展经济等方式增加的税收收入以及省市级政府增加的对财政困难县财力性转移支付，中央财政按一定的系数，并考虑各地财政困难程度，给予适当奖励。②对县乡政府精简机构和人员给予奖励。对撤并乡（镇）取得进展的，中央财政根据减少乡（镇）的单位数，适当给予一次性奖励。对积极采取措施减少财政供养人员的地区，中央财政根据减少人数给予一定的奖励。③对产粮大县给予奖励。为鼓励粮食生产，减轻产粮大县财政压力，中央财政对产粮大县考虑粮食播种面积、粮食产量、粮食商品量等因素给予奖励，奖励政策对财政困难县适当倾斜。④对以前缓解县乡财政困难工作做得好的地区给予补助。中央财政对奖励政策实施以前，省市级政府财力向下转移较多、机构精简进度较快、财政供养人员控制有力的地区，给予适当补助。

（2）强化约束。重点强调管好、用好奖励补助资金。①建立地方财政运行监控和支出绩效评价体系，准确、全面地掌握财政运行情况，科学、客观地评价地方缓解县乡财政困难的能力、努力程度和工作实绩。②省、市和县乡财政部门在每年的财政预、决算报告中，分别向本级人民代表大会或人大常委会报告中央奖励补助资金的使用情况和缓解县乡财政困难的措施与成效。省级财政部门将有关情况汇总后报送财政部。③中央财政对地方上报数据资料、奖补资金分配和使用情况进行专项检查。对违反相关规定的地区扣减奖励补助资金，情节严重的，取消其享受奖补政策的资格。

五、推进"省直管县"与"乡财县管"

按照现行"统一领导、分级管理"的分税制财政管理体制原则，省以下财政管理体制由各地在中央统一领导下，根据其实际情况确定。1994年分税制财政管理体制改革以来，中央财政多次下达关于完善省以下财政管理体制的指导性意见。根据中央指导性意见，结合本地实际情况，各地不断调整和完善县乡财政体制，在调整支出责任划分、明确收入划分、建立和规范转移支付等方面做了大量工作，体制管理模式不断创新。

（1）积极推进"省直管县"改革。"省直管县"财政管理体制下，省级财政直接管理地市与县（市）财政，地方政府间在事权和支出责任、收入的划分，以及省对下转移支付补助、专项拨款补助、各项结算补助、预算资金调度等都是省直接对地市和县（市）。地市没有管理县（市）财政的职能，不直接与县（市）发生财政关系。这样一种体制管理模式有利于理顺和规范省以下地方财政分配关系，激发县域经济发展活力，提高财政支出效率。

（2）稳步实施"乡财县管"。为加强县级财政对乡镇的管理，"乡财县管"改革在许多地区展开，主要内容是：在乡镇预算管理权不变、乡镇财政资金所有权和使用权不变和财务审批权不变的前提下，以乡镇财政为主体，由县财政部门管理并监督乡镇财政收支，实行"预算共编、账户统设、收入统管、支出统拨"的财政管理方式。

六、改革转移支付制度促进均等化

2003年以来，中央对地方转移支付规模不断扩大，结构进一步优化，制度更加完善，管理更加规范，地区间基本公共服务均等化效果明显。2006年中央财政对地方转移支付9144亿元，比2002年增加5120亿元，增长127.2%，年均增长22.8%。2006年，中央对地方财政转移支付占地方财政支出总额的比重为30%。其中，中部地区47.2%，西部地区52.5%。[①]

（一）推进部门预算管理改革，强化预算约束

建立和完善基本支出定员定额管理体系，推进实物费用定额试点。部门预算改革的目的，就是通过规范预算编制方法，建立规范、科学的预算分配机制。通过研究制定《中央本级基本支出预算管理办法》，对基本支出预算实行定员定额管理。几年来，通过细化定额项目、完善定额测定方法、扩大试点范围，使基本支出定员定额标准体系的科学性、规范性不断提高。

建立和完善项目支出管理办法，推动项目支出预算滚动管理。项目支

---

① 李萍：《中国政府间财政关系图解》，中国财政经济出版社2006年版。《国务院关于规范财政转移支付情况的报告》，《全国人民代表大会常务委员会公报》，2007年第5期。

出预算采取项目库管理方式,按照项目重要程度,分别轻重缓急排序,使项目经费安排与部门事业发展和年度重点工作紧密结合。每年项目支出预算批复后,按照限定的条件财政部要组织中央部门对已批复预算的项目进行清理,将延续项目滚动转入以后年度,逐步建立项目支出预算滚动安排的管理机制。

稳步推进部门预算支出绩效考评试点工作。研究制定了《中央部门预算支出绩效考评管理办法(试行)》。2006年,按照考评管理办法规定,经部门申请,财政部确定了农业部"农业科技跨越计划经费"等4个项目进行绩效考评试点。2007年,选择了教育部"高校建设节约型校园修购"等6个项目进行绩效考评试点,试点范围逐步扩大,试点的规范性也不断提高。在中央部门试点工作稳步推进的同时,部分省(市)财政部门也成立了绩效考评管理机构,以项目支出为切入点,开展了绩效考评试点工作。

规范预算编制程序。为规范部门预算编制过程中财政部和中央部门的职能和责任,财政部相继制订了《进一步加强和规范中央预算管理的有关规定》、《财政部中央部门预算编制规程 (试行)》等规范性文件,提出"二上二下"的预算编制程序。对预算编制、执行、调整各阶段的时间安排、具体工作任务以及财政部和中央部门、财政部内部各司局的职能权限等做出了具体的规定。

从改革的成就看,2000年所有中央部门和单位按照基本支出预算和项目支出预算试编部门预算,初步实现"一个部门一本预算",并选择教育部、农业部、科技部和社会保障部4个部门作为部门预算试点单位,向全国人大报送。2001年增加到26个部门,2004年增加到34个部门,2006年增加到40个部门。总体来看,经过几年的努力,部门预算编制改革取得了显著的成效。①初步建立起与国家宏观政策及部门履行职能紧密结合的预算分配机制。②预算编制方式发生重大改变,预算编制的准确性进一步提高。③强化了预算约束,预算的计划性和严肃性得到增强。④预算透明度不断提高,强化了全国人大对预算的监督。

(二) 深化国库集中收付制度改革,加强预算执行管理

国库集中支付改革范围扩大到所有中央部门及所属6100多个基层预算单位,实施改革的预算资金达到4600多亿元。36个省、自治区、直辖市、计划单列市本级,270多个地(市),1000多个县(区),超过16万个基层预算单位实施了此项改革。2006年以来,国库集中收付制度改革又进一步深化和完善,将农村义务教育中央专项资金纳入国库集中支付管

理，在中央补助地方专项资金支付管理方面取得了重大突破，为下一步全面加强专项资金管理奠定了基础。

从中央和地方实施国库集中收付制度改革的情况看，经过各方面的共同努力，各项基础工作扎实有效，各项改革工作进展顺利，新制度的优越性开始显现，取得了阶段性成果。①从根本上解决了过去财政资金层层拨付，流经环节过多的问题。②有效地提高了财政资金使用的透明度，有利于从制度上解决以往资金使用过程中存在的截留、挤占、挪用等问题。③提高了资金拨付效率和规范化程度。④促进了预算单位财务管理意识和水平的提高。

（三）大力完善政府采购制度，提高财政资金使用效益

经过多年的努力，政府采购制度改革取得了重大进展，政府采购制度体系不断完善，基本形成了规范化的政府采购管理机制，政府采购行为日趋规范，政府采购规模和范围不断扩大。2006年全国政府采购规模达到3500亿元，在节能、环保等方面较好地发挥了扶持和导向作用。

（四）深化"收支两条线"改革，全面规范管理预算内外资金

2001年，国务院转发财政部《关于深化收支两条线改革，进一步加强财政管理意见的通知》，决定将中央各部门的预算外收入全部纳入专户管理，有条件的纳入预算管理。2002年，将公安部等5个行政执法部门按规定收取的11项行政事业性收费纳入预算管理。2003年，将30个部门的118项收费纳入预算管理。2004年，将26个部门的76项行政事业性收费纳入预算管理，将依法新审批的收费基金全部纳入预算管理。截至目前，国务院批准的收费项目的90%已纳入预算管理，政府性基金则全部纳入预算管理。从2005年起，对原广电总局集中的中央电视台广告收入的预算管理方式进行了改革，由原来的部门集中使用改为纳入预算统筹管理，基本实现了对预算外资金进行规范管理的目的。2007年1月1日起对于社会关注度极高的土地出让收支，要求纳入地方政府性基金管理。2004年，财政部发布的《关于加强政府非税收入管理的通知》，明确了政府非税收入的管理范围，并要求分类规范管理政府非税收入，进一步推动了全面规范管理预算内外资金的工作。

（五）推进"金财工程"建设，提升财政管理信息化水平

2002年，国家信息化领导小组已将"金财工程"列为国家电子政务

主要业务系统之一,"金财工程"正式全面启动。"金财工程"又称政府财政管理信息系统,它是与我国建立公共财政体制框架目标相适应的一套先进信息管理系统,也是我国正在实施的电子政务战略工程建设的重要组成部分。金财工程建设的主要内容包括构建一个应用支撑平台,中央与地方数据处理,内部涉密网、工作专网和外网,预算编制系统,预算执行系统,决策支持系统和行政管理系统等。通过统一平台和技术业务标准、共享数据资源、自动控制与处理等手段,在财政资金运行的各个环节,都可以实现财政管理权限的相互制约,促进财政管理的科学化、规范化,从而催生新的财政管理模式。"金财工程"还可以对财政资金运行事前、事中、事后的全过程进行实时监测,实现阳光下的财政监管,有效防止暗箱操作和人为干扰,使财政的每一笔资金都落到实处,花出效益。财政部将加快推进金财工程建设,计划在3年内初步完成金财工程一期建设,基本建成网络安全可靠、覆盖所有财政资金、辐射各级财政部门和预算单位的政府财政管理信息系统,全面提升财政管理水平。

七、其他改革措施

(一) 实施国债余额管理,有效防范财政风险

2005年12月16日,十届全国人大常委会第四十次会议通过了全国人大常委会预算工作委员会关于实行国债余额管理的意见。自2006年起,参照国际通行做法,我国开始采取国债余额管理方式来管理国债发行活动,以科学管理国债规模,有效防范财政风险。

自1981年恢复发行国债以来,我国一直采取逐年审批年度发行额的方式管理国债。这种管理方式存在五个方面的问题:年度国债发行额不能全面反映国债规模及其变化情况,控制年度国债发行额不利于合理安排国债期限结构,不利于促进国债市场平稳发展,不利于财政与货币政策协调配合,不利于提高国债管理效率。

实行国债余额管理后,借新还旧的发债由财政部在年度国债余额限额内根据财政收入状况和资本市场情况自行运作,既规范了发债行为,又增加了主动性和灵活性,符合国债管理的客观需要,对科学控制国债规模、优化国债期限结构、降低国债筹资成本、提高财政管理透明度、防范财政风险具有重要意义。

根据十届全国人民代表大会五次会议通过的预算报告,2007年中央

财政国债余额限额为 37865.53 亿元，比 2006 年增加 2483.85 亿元。2007年 6 月十届全国人大常委会第二十八次会议审议通过了国务院关于提请审议财政部发行特别国债购买外汇及调整 2007 年末国债余额限额的议案。根据外汇储备增长趋势和货币政策操作需要，拟发行特别国债 15500 亿元人民币，购买约 2000 亿美元外汇，作为组建国家外汇投资公司的资本金来源。发行的特别国债为 10 年期以上可流通记账式国债，票面利率根据市场情况灵活决定。特别国债纳入国债余额管理，为此，2007 年末国债余额限额由年初预算的 37865.53 亿元人民币增加到 53365.53 亿元人民币。[①]

（二）实施国库现金管理，提高库款资金使用效益

国库现金管理是指财政部门在代表政府进行公共财政管理时，预测、控制和管理国库现金的一系列政府理财活动。国库现金管理的目标是在确保国库现金支付需要的前提下，实现国库闲置现金最小化和投资收益最大化。国库现金管理遵循安全性、流动性和收益性相统一的原则。国库现金管理的操作方式主要有发行短期国债等融资活动，商业银行定期存款、买回国债、国债回购和逆回购等投资活动。

2006 年财政部与中国人民银行联合发布了《中央国库现金管理暂行办法》和《中央国库现金管理商业银行定期存款业务操作规程》，制定了《中央国库现金管理商业银行定期存款主协议》等制度，建立了国库现金管理的有关制度。2006 年 8 月 30 日财政部实行买回国债操作，买回年内到期的 3 期记账式国债 186 亿元，相应减少利息支出。2006 年 12 月 6 日招标选择代理银行，并投放定期存款，实现存款收益。2006 年在全国人大规定的国债余额限额内，减少发行国债 325 亿元，减少了国债利息支出。

（三）试行国有资本经营预算，统筹用好国有资本收益

2007 年 5 月 30 日国务院召开国务院常务会议，研究部署试行国有资本经营预算工作，决定从 2007 年开始在中央本级试行国有资本经营预算，地方试行的时间、范围和步骤由各省（区、市）及计划单列市人民政府决定。实行国有资本经营预算，是国家以所有者身份取得企业国有资本收益，用于支持实施产业发展规划、国有经济布局和结构调整、企业技术进步，补偿国有企业改革成本以及补充社会保障。

[①]《全国人民代表大会常务委员会关于批准财政部发行特别国债购买外汇及调整 2007 年末国债余额限额的决议》，《全国人民代表大会常务委员会公报》，2007 年第 5 期。

试行国有资本经营预算，要坚持以下原则：①统筹兼顾、适度集中。统筹兼顾企业自身积累、发展和国有经济结构调整及国民经济宏观调控的需要，合理确定国有资本收益分配比例。②相对独立、相互衔接。国有资本经营预算与政府公共预算分别编制，既保持国有资本经营预算的完整性和相对独立性，又要与政府公共预算相互衔接。③分级编制、逐步实施。按照国有资产分级管理体制，国有资本经营预算分级编制，并根据条件逐步实施。

建立和实施国有资本经营预算制度，统筹用好国有资本收益，是完善社会主义市场经济体制的一项重要举措，对深化国有企业收入分配制度改革、增强政府宏观调控能力、合理配置国有资本、促进企业技术进步和提高企业核心竞争力都具有重要意义。

(四) 建立中央预算稳定调节基金，提高财政运行稳定性

为更加科学、合理地编制预算，保持中央预算的稳定性和财政政策的连续性，2006年中央财政从超收收入中安排500亿元建立中央预算稳定调节基金，专门用于弥补短收年份预算执行收支缺口。中央财政收入预算由财政部在征求征管部门意见的基础上编制，不再与征管部门编制的征收计划直接挂钩。中央预算稳定调节基金单设科目，安排基金时在支出方反映，调入使用基金时在收入方反映，基金的安排使用纳入预算管理，接受全国人民代表大会及其常务委员会的监督。

八、积极推进依法理财和民主理财

实行依法理财与民主理财，建设法治财政，既是实行公共财政制度的必然要求，也是充分发挥公共财政职能作用，促进和谐社会构建的重要保障和途径。近年来，依法理财、民主理财工作大力推进，财政管理的法治化、民主化和公开化水平不断提高。

(一) 加快财税立法进程

通过加快财税立法，不断健全完善适应公共财政要求的财税法律制度，夯实依法理财、民主理财基础。目前，《政府采购法》、《财政违法行为处罚处分条例》等一批适应新形势下财政管理需要的法律、行政法规已颁布实施，并取得了明显效果；内外资两套企业所得税制度已合并，新的《企业所得税法》已由十届全国人大五次会议审议通过，并将于2008年1

月 1 日起实施;《预算法》(修订)、《财政转移支付法》、《税收基本法》等重要的财政法律已列入十届全国人大常委会立法规划,《政府采购法实施条例》、《财政资金支付条例》等财政行政法规也已列入国务院立法工作计划,上述立法项目正在抓紧研究起草过程中。此外,规范财政收入、支出和管理等各方面的财政规章和规范性文件的立法步伐也显著加快。仅 2006 年一年,财政部制定公布的财政规章就有 11 件,制定及与其他部门联合制定的财政规范性文件约 260 件。

(二) 创新和健全制度

通过创新和健全制度,形成了促进依法理财和民主理财的有效机制。为全面推进财政部门依法行政、依法理财,建设法治财政,贯彻执行国务院《全面推进依法行政实施纲要》,财政部制定了《财政部门全面推进依法行政依法理财实施意见》,明确了全面推进依法行政、依法理财的目标、任务和措施,对加强财政立法、完善财政决策机制和程序、健全财政执法制度,规范执行行为、强化财政监督等提出了明确要求。在起草财政法律、行政法规和制定财政规章、规范性文件过程中,坚持按照《行政法规制定程序条例》、《规章制定程序条例》和《财政部门全面推进依法行政依法理财实施意见》规定要求,采取深入基层调查研究、书面征求意见、召开座谈会、论证会等多种方式,广泛听取有关单位和公民个人的意见和建议,力求使财政立法更好地体现民意。

第二篇

机 制

第四章 计划经济时期的财政制度与经济发展

第一节 战时供给财政制度与国家重建

从新中国成立之初到第一个五年计划之前的财政主要功能是应对战争,以保卫新生的人民政权。这个时期财政工作的核心是最大限度地筹集战争资源。

一、财政收支基本情况

(一)财政支出规模和结构

1950~1951年国防战备费占财政支出的比重均高于40%,占各项支出的第一位(见表4-1)。这是由我国当时所处环境所决定的,既要肃清国内残余的敌对势力,解放全中国;又要参与朝鲜战争,保家卫国。没有战

表4-1 1950~1952年国家财政支出构成

单位:亿元、%

年度	国防战备费		行政管理费		经济建设支出		社会文教支出		其他支出	
	总额	比重	总额	比重	总额	比重	总额	比重	总额	比重
1950	28.01	41.1	13.13	19.3	17.36	22.5	7.55	11.1	2.03	3.0
1951	52.64	43.0	17.45	14.2	35.11	28.7	13.44	11.0	3.85	3.1
1952	57.84	32.9	15.49	8.8	73.23	41.6	21.11	12.0	8.32	4.7

注:本表所列示的其他支出含债务支出在内。
资料来源:财政部办公厅:《中华人民共和国财政史料》(第2辑),中国财政经济出版社1983年版,第437、440页。

争的胜利，一切都无从谈起，但是军费开支并不是有多少就用多少的"包用"办法。如何用，用多用少，用迟用早，都要详加审核，而不是"报销"完事，要做到有计划、有步骤地使用财政资金，能省则省。

1952年，当抗美援朝战局趋于稳定时，在和谈可能拖延并能继续应付战争的前提下，国家及时调整财政工作的重点和支出结构："财经工作的重点，应在不放松收入的条件下，转向支出管理；在不放松财政、金融和市场管理的条件下，转向工业、农业、交通等方面。"[1] 编制1952年预算时，把建设放到第一位，军事为第二位，行政为第三位。[2]

在诸多支出项目中，经济建设支出无疑是增长速度最快的，这表明我国在担负沉重的国防任务时，仍然有相当的财力用于国民经济恢复和发展。在经济建设中有70%左右是用于基础设施的恢复和建设，主要投资于交通通信、水利设施和工业建设等事关国计民生的行业和项目。

1950~1952年，用于交通、运输、邮电业的投资占基本建设总投资的22.69%，居各项经济建设支出的首位，其中又以铁路建设为典型。1950年，铁路建设投资2071万元；1951年，计划投资1.86亿元，实际投资1.93亿元，为1950年的931.2%；1952年，计划投资1.85亿元，实际投资1.69亿元，为1950年的815.6%。国家经济建设的第二个重点是水利设施的建设，3年里，全国农林水利投资总额为10.3亿元，占基本建设投资总额的13.14%。[3]

（二）财政收入水平和结构

从表4-2可见，在农业税收占全部财政收入的比重不断下降的同时，企业收入的比重持续上升。农业税收占全部财政收入的比重从1950年的近30%，逐步下降到1952年的不足15%；同期，企业收入上缴比重则从不足15%上升至略高于30%。而工商业税收等收入的比重维持在一个相对稳定的水平。

---

[1] 陈云：《陈云文选》（1949~1956），人民出版社1984年版，第157页。
[2] 《关于1951年度国家预算的执行情况及1952年度国家预算草案编成的报告》，载财政部办公厅：《中华人民共和国财政史料》（第2辑），中国财政经济出版社1983年版，第21页。
[3] 吴承明、董志凯：《中华人民共和国经济史》（第1卷），中国财政经济出版社2001年版，第441、442、478页。

表 4-2　1950~1952 年国家财政收入构成

单位：亿元、%

年度	农业税收		工商业税收		企业收入		债务收入		其他收入	
	总额	比重	总额	比重	总额	比重	总额	比重	总额	比重
1950	19.1	29.3	23.6	36.2	8.69	13.4	3.02	4.6	4.50	6.9
1951	21.7	16.3	47.5	35.6	30.54	22.9	8.18	6.2	13.29	10.0
1952	27.0	14.7	61.5	33.5	57.27	31.2	9.78	5.3	18.98	10.3

资料来源：《中国统计年鉴》(1984)。

（1）农业税收的负担水平。农业税收的占比不断下降，并不意味着农民对国家的贡献在下降，而是国家财政从以农村为中心向以城市为中心转变过程中的必然，是在农民为革命事业和解放战争做出了巨大贡献之后，国家适当减轻农民的负担。国家一方面降低农业税的计征税率（后来因朝鲜战争的爆发又有所增加），另一方面按常年应产量征收，做到"增产不增税"，极大地鼓励了农民的生产积极性。新中国成立初期农业税收的负担水平如表 4-3 所示。

表 4-3　全国农业税负担情况

年度	1949	1950	1951	1952
农业人口（万人）	44726	46059	47626	49191
耕地面积（万亩）	146822	150534	155507	161878
实际产量（粮，亿斤）	1847.1	2195.4	2493.2	2924.2
计税产量（亿斤）	1809.6	1860.0	2090.4	2347.2
计税产量占实际产量（%）	97.97	84.72	83.84	81.19
实征税额（粮，亿斤）	248.5	269.7	361.5	357.8
税额占计征产量的（%）	13.7	14.5	17.3	15.1
税额占实际产量的（%）	13.5	12.3	14.5	12.2
人均农业税（市斤）	56	59	76	73
亩均农业税（市斤）	17	18	23	22

资料来源：中华人民共和国财政部《中国农民负担史》编委会：《中国农民负担史》（第 4 卷），中国财政经济出版社 1994 年版，第 119 页。

（2）企业收入上缴。在国家财政收入中，1950 年，企业收入为 8.69 亿元，只占全部财政收入的 13.4%；1951 年分别上升至 30.54 亿元和 22.9%；1952 年，企业收入增至 52.57 亿元，是 1950 年的 6 倍多，占全部财政收入的比重达到 31.2%。这意味着，国营企业以及其他社会主义性质的企业在国民经济中扮演着越来越重要的作用,其经济实力和财政贡献正在逐步上升。

(3) 工商业税收。国家要求各级党政部门把完成税收任务视为一个严重的政治任务来对待,确保顺利完成任务。1949年,全国城市工商业税收仅为农业税收的34.02%;1950年,这一比重上升为109.30%;1951年,更是升至185.30%。如此大幅度的税收增长,主要得益于税收征管的加强。原国民政府的税制是"三三四"制,即当时政府真正能够掌控的税收收入只有应收收入的30%,另外税务人员和其他政府官员中饱私囊占了30%,资本家偷逃税款占了40%。而新中国通过建立严格的稽征管理制度,组织群众协税护税等措施,把原国民政府收不上来的税收应收尽收。当时部分资本家说新中国的税务人员是"三不通":一不通人情;二不通贿赂;三不通上下。这生动地说明了当时税务人员廉洁奉公的优良作风,确保了国家税收收入及时、足额入库。

二、国民经济的迅速恢复和发展

新中国通过统一财经工作、平衡财政收支、稳定金融物价等政策措施,建立了一套适应新形势下国民经济发展需要的财经制度,并在实践中不断加以调整和完善,使人民摆脱了恶性通货膨胀的困扰,为生产生活秩序的正常化提供了强有力的制度保障。不仅实现了国民经济的恢复和发展,也为我国其后的经济发展和社会主义改造提供了条件。主要体现在以下几个方面:

(一) 物价稳定,人民生活得到保证

财政收支平衡带来的直接效果就是"由通货贬值而来的物价高涨因素,已经不存在了……1950年3月以后,国内市场的性质已经改变,官僚资本操纵下的以投机和破坏国民经济为目的的市场,已经基本改变为在国营经济领导下的以服务于人民生活与恢复及发展生产为目的的市场了。"[①]

在1950年3月之后,物价基本保持稳定。全国批发物价指数,以1950年3月为100,则同年12月为85.4,1951年9月为101.3,1951年12月为100.3,1952年6月为95.2。全国零售商品的价格指数,以1950

[①] 陈云:《中华人民共和国过去一年财政和经济工作的状况》,《人民日报》,1950年10月1日。

年为 100，1951 年为 112.2，1952 年为 121.1。物价稳定，尤其是粮食、日用品等价格稳定，使广大人民群众从恶性通货膨胀的恐慌中解脱出来，使其对人民币充满信心。老百姓不再竞相争购实物，而是把钱存到银行，使银行存款激增，到 1952 年底，全国存款比 1949 年底增加了 76.5 倍之多。①

（二）工农业生产的恢复和发展，改善人民生活水平

3 年恢复时期，在党和人民政府的正确领导下，我国在恢复和发展工农业生产方面取得了巨大成绩，到 1952 年底，我国工农业生产均创历史最高水平。

（1）农业生产的恢复和发展。得益于土地改革的胜利完成、大规模的农田水利设施建设、农业生产技术的改进和提高农产品收购价格等多方面积极因素，我国农业生产迅速得到恢复和发展，并超过历史最高水平。例如，1952 年农业生产总值达 484.0 亿元，比 1949 年增加了 48.4%，比解放前的最高水平增长了 18.5%；粮食产量达 16392 万吨，棉花产量达 130.4 万吨，分别比 1949 年增加了 44.8% 和 193.7%，比解放前的最高水平分别增长了 9.3% 和 53%。②

在发展生产的基础上，农民的收入水平和购买力也得到了较大幅度的增长。如表 4-4 所示，1952 年农民净货币收入 127.9 亿元，较 1949 年增

表 4-4　1949~1952 年农民货币收入和消费品购买力增长情况

项目＼年份	1949	1950	1951	1952
农民净货币收入（亿元）	68.5	87.4	111.4	127.9
以 1949 年为 100	100	127.6	162.6	186.7
农民人均净货币收入（元）	14.9	18.7	23.6	26.8
以 1949 年为 100	100	125.5	158.4	179.8
农民消费品购买力（亿元）	65.3	80.7	102.1	117.5
以 1949 年为 100	100	123.6	156.4	179.9
农民人均消费品购买力（元）	14.2	17.3	21.6	24.6
以 1949 年为 100	100	121.8	152.1	173.6

资料来源：董志凯：《1949~1952 年中国经济分析》，中国社会科学院出版社 1996 年版，第 319 页。

---

① 董辅礽：《中华人民共和国经济史》（上），经济科学出版社 1999 年版，第 109~110 页。
② 国家统计局：《光辉的三十五年》，中国统计出版社 1983 年版，第 51~60 页。

加了86.7%；同期农民消费品购买力为117.5亿元，较1949年增长了79.9%。农民的生活水平有了明显的改善和提高。

（2）工业生产的恢复与发展。1952年工业生产总值达343亿元，比1949年增长144.9%，年均增长34.8%，其中现代工业达220.5亿元，年均增长40.7%。同期，各种主要工业产品的产量也有较大幅度增长，绝大多数超过新中国成立前的历史最高水平。

在工业生产恢复的同时，城市就业人数不断增加，职工生活水平有所提高。1952年全国职工人数已达1603万人，较1949年增加了794万人。不仅就业人数不断增加，职工工资水平也有较大幅度增加，1952年，全国各地区职工的平均工资比1949年增加了60%~120%，已经达到或超过抗日战争以前的水平。[1] 相应地，城市居民的购买力水平和生活水平都有一定程度的提高。据调查，1936年全国每一职工（包括家属在内，下同）平均消费额为140元左右（按1957年物价计算，下同），1952年增加到了189.5元，增长了35%左右。[2]

（三）国民经济结构发生重大变化

在短短的三年时间里，国民经济得到迅速恢复和发展的同时，国民经济结构也发生了重大变化。国营经济日益壮大，在整个国民经济中占据领导地位。工业在国民经济中的比重有显著提高，并且我国原来十分薄弱的重工业和现代工业也得到一定程度的增长。

（1）国营经济日益壮大。新中国成立以后，通过没收官僚资本、处理帝国主义在华企业、投资新建国营企业等措施，国营经济迅速壮大，确立了其对国民经济的领导地位。在工业方面，国营工业在工业总产值的比重由1949年的26.2%上升至41.5%；在商业方面，国营及合作社商业在批发总额中由1950年的23.8%增至1952年的63.2%，在零售总额中由1950年的16.4%增至1952年的42%。在1952年，国营企业在外贸、金融、铁路运输等方面基本上占据绝对优势地位。

（2）工业在国民经济中的比重有显著提高。工业总产值从1949年的140亿元，上升为1952年的349亿元，占同时期社会总产值的比重也从25.1%升至34.4%。同时，工业结构也发生重大变化，现代工业占工业总产值的比重从1949年的56.4%增至1952年的64.2%；同时期重工业由

---

[1] 董辅礽：《中华人民共和国经济史》（上），经济科学出版社1999年版，第112页。
[2] 国家统计局：《伟大的十年》，人民出版社1959年版，第188页。

26.4%上升为35.5%。

(四) 文化、教育、卫生事业有了较快发展

新中国成立初期，在财政经济面临重重困难之时，国家仍然非常重视文化、教育和卫生事业的发展，人民健康水平逐步提高。

在文教领域，各级学校教育规模有了大幅度提高，1952年小学生在校人数比1949年增加了109.5%，中等学校增加了148%，高等学校增加了63.2%。另外，国家还大力发展业余教育和举办群众性扫盲活动。

在卫生事业方面，我国医疗条件有了明显改善，1952年医院和疗养院的病床数比1949年增长了114.7%，其中妇幼保健方面发展更快。多年来困扰广大人民群众的天花、霍乱、鼠疫等烈性传染病也基本上得到控制。人民的健康水平普遍有所提高。

第二节 "一五"时期财政运行与经济建设

1953~1957年，在中国共产党和人民政府的正确领导下，经过全国人民的艰苦奋斗，我国超额完成了第一个国民经济五年计划，国民经济较快发展，为社会主义工业化奠定了坚实的基础。

一、基本建设投资超额完成[①]

"一五"时期，国家原定全民所有制基本建设投资为427.4亿元，实际完成588.47亿元。国家财政超额完成第一个五年计划的收入任务，是基本投资建设超额完成的重要条件之一。在国家全部基本建设拨款中，国家预算内投资为531.18亿元，占90%以上。在财政基本建设拨款中，用于经济和文化事业的基本建设拨款为496.01亿元。

5年里，在实际完成的基本建设投资总额中，工业部门占56%，农林水利部门占8.2%，运输邮电部门占18%。其中在工业部门的基本建设投资总额中，重工业占85%，轻工业占15%。当"一五"计划结束时，我国

---

① 项怀诚：《中国财政50年》，中国财政经济出版社1999年版，第126~127页；柳随年、吴敢群：《中华人民共和国经济史简明教程》，高等教育出版社1988年版，第128页。

新增固定资产达到492.18亿元,5年的建设成果超过了旧中国建设的1.5倍。

在施工的工矿建设单位达1万多个,其中限额以上为921个,比原计划增加了227个。到1957年底,全部建成投产的有428个,部分投入生产的有109个。平均每两天就有一个现代化的限额以上的大型工矿单位动工兴建,平均每三到四天就有一个现代化的大型工矿企业建成投入生产。这921个限额以上的建设项目,有许多是过去没有的新兴工业或新的生产部门,如飞机、汽车、发电设备、重型机器、新式车床、精密仪器、电解铝、无缝钢管、合金钢、塑料、无线电和有线电器材等的制造和生产。这些新型企业及公用事业项目的建立,改变了解放前中国经济和文化落后、部门残缺不全的状况,为实现整个国民经济技术改造和文教科学事业的发展创造了条件。

二、工业生产迅速发展

1957年工业总产值达783.9亿元,比1952年的343.2亿元增长了128.6%,年均增长率为18.0%,高于计划规定的14.7%。如表4-5所示,工业总产值的增长速度要明显快于社会生产总值和农业生产总值,正因为如此,工业总产值占工农业生产总值的比重从1952年的43.1%上升至1957年的56.7%。

表4-5 1953~1957年我国经济的增长速度

单位:%

项 目	1957年比1952年增长	年均增长率
社会生产总值	70.9	11.3
国民收入	53.0	8.9
工农业总产值	67.8	10.9
工业总产值	128.6	18.0
农业总产值	24.8	4.5

资料来源:《中国统计年鉴》(1981)。

在工业部门内部,重工业产值的比重从1952年的35.6%提高到1957年的48.3%。1957年生产资料生产比1952年增长2.1倍,生产资料生产占工业总产值的比重也从1952年的35.6%提高到1957年的48.3%;1957年机器制造工业占工业总产值的比重为9.5%,比1952年的5.2%有了明显的提高。

工业生产的迅速发展，尤其重工业优先发展战略的推动，使旧中国遗留下来的落后面貌发生了根本性转变，我国初步建立了相对完整的工业体系，为社会主义工业化奠定了坚实的基础。

三、国民经济的全面发展

在工业迅速发展的同时，农业、交通运输和科教文卫等领域也有不同程度的增长。①

在农业领域，5年内，除了1955年丰收之外，其余几年都是平年或歉收，但是农业生产还是有了较快的发展，农业总产值年均增长4.5%，主要的农作物产量也有很大的提高。国家在发展工业的同时，并没有忽视对农业生产的投入。1954年6月，中共中央在批准农村工作部《关于第二次农村工作会议的报告》中指出，在实行计划经济建设，发展工业特别是重工业的同时，必须使农业真正获得与工业相适应的发展。1956年，为了扶持农业上《1956~1967年全国农业发展纲要》，国家财政在兴修农田水利、推广新式农具、扩大优良品种和防治病虫害等方面加大投入，尤其是在支持建立为农村合作社服务的农业"四站"（技术推广站、良种推广站、畜牧兽医站和植物检疫站）和农田水利建设方面安排了较多的支出。"一五"时期，财政支农资金达99.58亿元，占财政支出总计的7.54%。

5年内，运输邮电部门的基本建设投资占总投资的比重为19.2%，仅

---

① "一五"计划相当成功。国民收入年均增长率为8.9%（按不变价格计算），农业产出和工业产出每年分别以3.8%和18.7%的速度递增。由于人口年增长率为2.4%，而人均产出增长率为6.5%，这就意味着每隔11年国民收入就可以翻一番。与20世纪前半叶中国经济增长格局相比〔当时产出增长速度仅和人口增长速度相当（两者年增长率均为1%左右）〕第一个五年计划具有决定性的加速作用。就是同20世纪50年代大多数新独立的、人均增长率为2.5%左右的发展中国家相比，中国的经验也是成功的。例如，印度也是大陆型的农业经济国，最初的经济状况和中国相似，但它在50年代的人均产出增长率还不到2%。

以国民收入作为衡量一国发展状况的标准，其局限性是显而易见的，对低收入国家来说尤其如此。人均寿命——唯一能显示一国健康状况的最佳数字，从1950年的36岁延长到1957年的57岁，比当时低收入国家人均寿命长15岁。同期，小学学生占全体学龄儿童的比例从25%猛增到50%，中学和大学在校学生人数也有较大增加。国家新建职工住宅面积近1亿平方米，城市住房条件得到改善。按不变价格计算，个人消费支出也有较大幅度提高。现代经济部门的名义工资提高了40%以上，而这些工人的生活必需费用仅提高了10%，因此工资实际提高了30%。通过增加生产和适当提供农产品和工业品的交换比价，农民收入也提高了20%。见费正清、罗德里克·麦克法夸尔：《剑桥中华人民共和国史（1949~1956）》，上海人民出版社1990年版，第164~165页。

次于工业部门。不但加强了原有的交通路线,而且增加了大量的新交通线。邮路和电信线路也增长非常快,1952年全国只有约59%的乡通邮路,到了1957年底99%的乡都已经通邮。

5年内,科教文卫事业也有了很大的发展。1949~1957年,我国平均每万人中的大学生从2.2人增加到6.8人,增长了209%;中学生从23人增加到110人,增长了378%;小学生从450人增加到994人,增长了120.9%。1957年全国科研机构共有580多个,研究人员2.8万人,比1952年增加了2倍多。1957年全国工业工程技术人员达到17.5万人,比1952年增长了2倍。

总而言之,第一个五年计划时期的经济发展,是我国历史上一个非常成功的发展时期,在一个半封建、半殖民地的国家,根据马克思主义的基本原理,把社会主义理想变成了现实。"一五"计划的超额完成,为社会主义工业化建设奠定了坚实的基础,国民经济的全面发展,则充分显示了我国社会主义制度的优越性。

四、财政与经济发展

从1949年新中国成立到1956年,中国共产党领导全国人民有步骤地实现了从新民主主义社会到社会主义社会的转变,实行计划经济,并建立起高度集中的经济管理体制。这是历史与现实的选择,尽管之后经历多次挫折,我国社会主义经济建设和社会发展仍然取得了巨大成就。其中,与计划经济体制相适应的财政体制发挥了积极的作用。"一五"时期,国家通过高度集中的财政体制,为社会主义工业化建设筹集了巨额资金,投资兴建了大量的国营企业。并且,积极配合生产资料私有制的社会主义改造,建立起全民所有制和集体所有制经济,国有经济掌握着国家的经济命脉,成为国民经济的主导力量。

在高度集中的经济体制下,国家利用特殊的财政收入机制,大而宽的财政支出机制,进行大规模的经济建设,建立起比较完整的国民经济体系,尤其是工业体系,把我国从一个贫穷落后的农业国,变成了初具规模、走上工业化道路的新兴社会主义国家,经济社会全面发展。

高度集中的财政体制,在取得巨大成绩的同时,也深深地打上了"二元"的烙印,其运行机制的突出特征是"生产建设型财政+国有制财政+城市财政",即它专注于生产建设领域,而不是整个公共服务;它的覆盖范围是有选择的,而不是全面的;它所提供的财税待遇是有薄有厚的,而不是一视同仁的。故而，它是一种"取自家之财，办自家之事"的财政运行格局。很显然，这样的财政运行机制以及作为其结果的财政运行格局，不能说是"公共性"的，至少"公共性"是打了折扣的，而且是不可持续的。20世纪50年代后，一方面由于高度集中的体制抑制了微观经济主体的积极性和创造性，经济效率低下；另一方面由于巨大的新增人口不仅抵消了经济增长，也构成了社会福利和就业制度的沉重负担，民众对国家福利支出的需求和国家实际供给能力之间逐渐形成尖锐的矛盾。高度集中的计划经济体制将因为财政压力而不得不进行改革，这也就是我国20世纪70年代以来包括财税体制在内的经济体制变革的起点，亦是我们今天建设"公共财政"的制度背景。

第三节 传统体制下中国财税体制的特征

传统的财税体制是计划经济体制的一个重要构成部分，后者的总体特征是政企不分和"统收统支"。在全能主义国家观的指导下，国家以政治力量统合一切领域，以至淹没了企业与个人在经济和社会领域的自主空间。在经济领域内，国家既是主导资源配置和社会分配的力量，又是强制经济系统实现综合平衡的力量。这样，所有当代市场经济下的资源配置和经济调控手段（包括财政手段）都没有用武之地。国家财政不仅要负责满足从国防安全、行政管理、公安司法到环境保护、文化教育、基础科研、卫生保健等方面的社会公共需要，负责进行能源、资源、通信和江河治理等一系列社会公共基础设施和非竞争性基础产业项目的投资，而且要承担为国有企业供应经济性资金、扩大再生产资金以及弥补亏损的责任，甚至为国有企业所负担的诸如职工住房、医疗服务、子弟学校、幼儿园和其他属于集体福利设施的投资提供补贴，等等。

"大而宽"的财政支出格局是由"大而宽"的政府职能范围决定的，后者正是经典社会主义体制本身要求政府事无巨细、包揽一切的体现，它也保证国家能够尽可能地掌控和汲取社会资源，以满足实现工业化目标所需的巨额资源之需。虽然国家财政涉及的范围极其广泛，但它的经济功能却极为有限，全社会如同一个大工厂，国家财政只不过是它的簿记与出纳机构。具体而言，传统体制下中国财税体制的基本特征，可概括为以下几个方面：

一、生产建设性

计划经济体制下的企业基本没有投资权,实际上亦没有能力扩大再生产。国家财政代替企业成为社会的投资主体,也是社会再生产的主要构成要素。这主要表现在两个方面:①

(一) 基本建设拨款

基本建设拨款,是国家预算无偿拨给各部门、各单位用于固定资产扩大再生产的款项。包括固定资产的新建、改建、扩建和恢复等。其中既有对生产部门的拨款,也有对非生产部门的拨款。如图 4-1 所示,我国 1956~1978 年基本建设拨款支出居整个财政支出之首,常占到国家财政支出的 40% 左右。

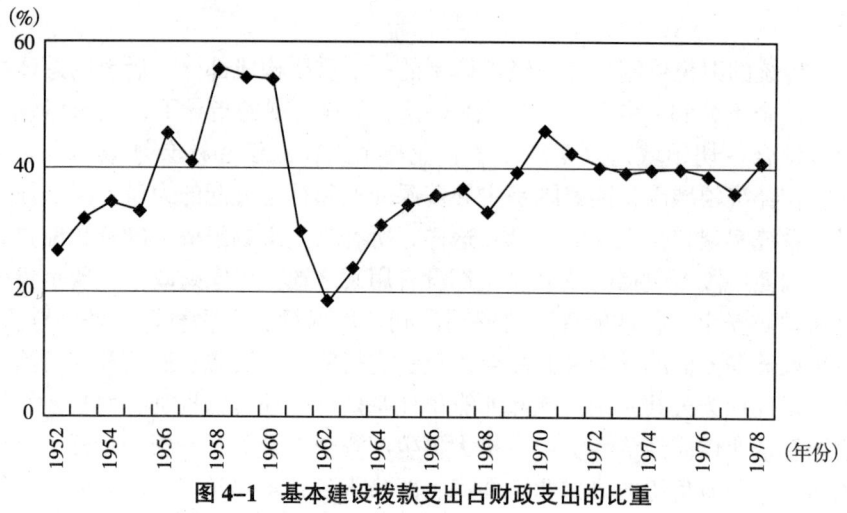

图 4-1 基本建设拨款支出占财政支出的比重
资料来源:《中国统计年鉴》(1991)。

高额的基本建设拨款支出,对国家财政收支以及整个国民经济运行产生了决定性影响。在有的年份,甚至出现了先确定基建盘子、再安排其他财政支出的反常现象。财政对各部门、各地区、各单位基本建设拨款的

---

① 高培勇、温来成:《市场化进程中的中国财政运行机制》,中国人民大学出版社 2001 年版,第 4~6 页。

多少,在很大程度上决定该部门、地区、单位的经济发展速度、规模和结构。

受急躁冒进、急于求成思想的影响,加之基本建设投资责、权、利的脱节,在那个年代,普遍存在着所谓"投资饥渴症"。基本建设规模膨胀,成为国民经济比例关系失调、经济发展大起大落的主要原因。在1958年、1960年、1962年、1966年、1976年等基本建设拨款剧烈变动的年份,也往往是国民经济波动起伏较大的时期。陈云同志有关"一要吃饭、二要建设","基本建设要和国力相适应"等重要的论断,主要就是针对上述状况提出的。

(二) 企业流动资金

除基本建设拨款支出之外,国家财政还承担为国有企业供应流动资金的任务。流动资金是企业用于购买原材料等劳动对象、支付工资和其他生产费用的资金。当时的流动资金,分为定额流动资金和非定额流动资金两部分,分别加以管理。定额流动资金,指企业正常生产经营所需的资金,由财政部门定期核定。非定额流动资金,是指企业季节性、临时性资金的需要。国有企业定额流动资金主要由财政无偿拨付。非定额流动资金几经变革,主要由银行通过信贷方式供应(见表4-6)。由此形成的流动资金支出,往往占国家财政支出的20%上下。

表4-6 国有企业流动资金供应管理体制的演变(1951~1978年)

时期	管理体制
1951~1954年	实行定额流动资金由财政和银行分别供应
1955~1957年	自有流动资金计划定额全部由财政供应
1958年	恢复定额流动资金由财政和银行分别供应
1959~1961年	流动资金全部由银行供应,即"全额信贷"
1962~1965年	定额流动资金全部由财政供应
1966~1971年	在核定流动资金占用总额内,由财政和银行分别供应
1972~1978年	恢复定额流动资金由财政供应

前文已经提到,计划财税体制无所不包,除生产建设之外,还承担了大量的社会发展事业。这一财税体制的核心目标,依然是优先保证工业化所需的建设性资金。因此,执政党所承诺的一切民生改善都被压低到最低

限度。① 官方意识形态把这一切说成是为了实现长远的利益而不得不做出的眼前的牺牲,号召并强制人民接受这样的安排。官僚部门在官方意识形态的思想武装下,成为这一体制的强大维护力量。

文献考察表明,1956 年以后,城市职工经常性的工资升级便被中止。1957~1977 年,只有 1959 年、1963 年和 1971 年进行了小范围、小幅度的工资升级工作。其中,1959 年的升级面仅有 2%;企业的留利率也一直很低,1978 年只有 3.7%。1952~1978 年,城市职工的年平均工资只增加了 170 元,年均增长率为 1.3%。而且,其中有 13 年还是较上年下降的。1978 年,农民的家庭人均纯收入只有 133.57 元。若按 1952 年价格计算,则 1952~1980 年的各个"五年计划"时期,农村集体人均年实际收入不超过 60 元,不到同期国家部门人均年度实际工资的 1/10(见表 4-7)。从无论城镇职工的收入增长水平,还是农民的收入增长水平,显然都与那一时期投资增长率相距甚远。在这个意义上,我们将计划经济体制下的财政称为"生产建设财政"。

表 4-7　职工实际和名义工资与农村集体收入

单位:元/年

年度	分类	国家部门年度平均工资		农村集体人均收入	
		名义	实际(1952 年的价格)	名义	实际
1952 年		446	446	—	—
1953~1957 年("一五"时期)		559	522	41.75	38.8
1958~1962 年("二五"时期)		546	461	42.90	35.8
1963~1965 年		651	530	48.70	39.2
1966~1970 年("三五"时期)		623	525	59.5	50.1
1971~1975 年("四五"时期)		614	513	63.80	54.4
1976~1980 年("五五"时期)		672	529	74.20	60.2

注:职工的实际工资=名义工资/生活费用指数。农村地区由于没有合适的价格指数,故采用普通零售价格指数。

资料来源:德怀特·H.伯金斯:《中国的经济政策及其贯彻情况》,载 R.麦克法夸尔、费正清:《剑桥中华人民共和国史:中国革命内部的革命》(1966~1982 年),中国社会科学出版社 1992 年版,第 517 页。

---

① 在依靠内部力量走上社会主义道路的那些国家,这是一个普遍的现象。霍布斯鲍姆这样描述苏联的情况:"简单地说,苏联体系的设计用意,在于尽快将一个极落后、开发度极低的国家,早早送上工业化的大道。它也假定,它的人民将满足于一种最基本的生活水准,只要有足以保证其生存所需,最起码的社会物质条件,一切都好说话。至于这些基本生活程度的高低,则全看这个进一步工业化的体系,在其全面总增长的巨流中,能够流漏下多少给人民消费了。"见艾瑞克·霍布斯鲍姆:《极端的年代》(下),中译本,江苏人民出版社 1999 年版。

二、"先扣后分"性

财政职能范围和财政支出格局的"大而宽"在财政支出规模上的反映，就是"超常"状态。财政支出规模的"超常"，反过来又要求政府把几乎所有的社会资源集中到自己手里，形成"超常"水平的财政收入。在计划经济体制下，国家财政依靠一套特殊的机制达到最大化财政收入的目标。这可以概括为以下几个方面：[①]

（一）以农补工、以乡补城

除了直接缴纳公粮并负担一些附着于消费品价格中的间接税之外，计划经济体制下农村居民纳税的主渠道，是当时实行的农副产品统购统销制度。1953年颁布的《关于实行粮食的计划统购和计划供应的命令》，赋予了政府按相对偏低的垄断价格统一收购和销售农副产品的权力。在对农副产品实行统购统销的条件下，农民剩余的农副产品，只能按照国家规定的相对偏低的价格标准统一卖给国有商业部门。国有商业部门所执行的统购价格同市场价格（影子价格）之间的差额，事实上是对农民所创造的社会产品征收的暗税。通过这一渠道，政府不仅掌握了货币流向农民"口袋"的闸门，而且，随着低价的农副产品销往城市，工业原材料的投入成本因此直接降低，城市居民亦因此获得实物福利（生活费用降低）并间接降低了工业的劳务投入成本。由于工业主要集中在城市地区，这种以农补工的收入机制，客观上导致经济剩余从乡村向城市流动，形成乡村对城市的补贴。据统计，通过农副产品低价统购这一形式，从新中国成立以来到改革开放之前的20多年间，农民承担了总额约6000亿元的"价格暗税"。

（二）压缩消费、促进积累

以农补工、以乡补城的农产品统购统销机制，并没有直接导致城市居民和职工的收入增长。国家通过严格的工资管制，达到压缩消费促进积累的目的。城市职工除了负担附着于消费品价格中的间接税之外，其承担税负的主渠道，是当时实行的八级工资制。1956年出台的《国营企业、事业和机关工资等级制度》，赋予了政府统一掌管城市职工工资标准、统一组

[①] 高培勇、温来成：《市场化进程中的中国财政运行机制》，中国人民大学出版社2001年版，第13~15页。

织城市职工工资调配的权力。在八级工资制度下，政府通过压低工资标准，减少升级频率的办法，将城市职工的工资水平控制在偏低状态。偏低的城市职工工资水平同正常的工资水平（与经济发展水平相匹配或市场工资水平）之间的差额，事实上是城市职工所缴纳的暗税。通过这一渠道，政府不仅掌握了货币流向城市职工"口袋"的闸门，而且，随着城市职工工资水平的人为降低，工业的劳务投入成本又一次被降低了。

在工业原材料的投入成本和劳务投入成本被人为降低的同时，那一时期的工业品实行计划价格制度。工业品的计划价格又长期偏高于农副产品的统购价格（所谓工农产品"剪刀差"）。于是，在低成本和高售价的基础上，工业部门获得了较高的利润。

借助以上渠道实现的工商业利润，同样地并未直接导致城市职工的高收入。在始自新中国成立初期且几十年未变的财政统收统支管理体制下，国有经济单位（其中主要是国有工商业企业）的纯收入，基本上都交由财政集中支配，其本身能够自主支配的财力极其有限。于是，通过财政上的统收，"汇集"在国有经济单位中的高利润便转移到了政府手中，形成了财政收入的主要来源。正是凭借这样一种特殊的财政收入机制，我国财政收入占 GDP 的比重，才得以在相当长的时期保持30%以上（1978 年为31.2%）的高水平。这一特殊的财政收入机制如图 4-2 所示。

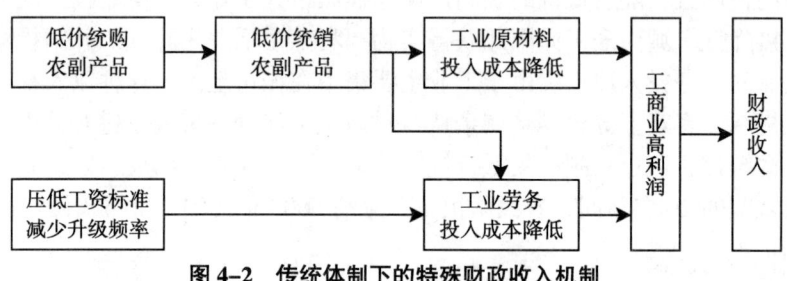

图 4-2　传统体制下的特殊财政收入机制

在计划经济体制下，经由上述特殊机制所形成的财政收入，其最大部分"被引向生产资料部门，而没引向能生产出更多消费品的工厂"。从表 4-8 大致可以看出，"投资的 3/4 用来制造机器，目的是要制造更多的机器，或用来进行该部门的基础建设"。[①]

[①] 德怀特·H.伯金斯：《中国的经济政策及其贯彻情况》，载 R.麦克法夸尔、费正清：《剑桥中华人民共和国史：中国革命内部的革命》（1966~1982 年），中国社会科学出版社 1992 年版，第 497~568 页。

表 4-8　部门基础建设投资（1953~1976 年）

单位：%

年份	1953~1973 年	1958~1962 年	1963~1965 年	1966~1970 年	1971~1975 年	1976~1980 年
重工业	38.7	54.9	48.0	54.5	52.1	48.0
建筑业	3.9	1.4	2.2	1.9	1.7	1.9
地质勘探	2.6	1.2	0.4	0.5	0.7	1.3
运输业	16.4	13.8	13.3	16.4	18.9	13.5
小计	61.6	71.3	63.9	73.3	73.4	64.7
轻工业	6.8	6.5	4.1	4.7	6.1	6.9
农业	7.6	11.4	18.4	11.4	10.3	11.0
商业	3.9	2.0	2.6	2.3	3.0	3.9
教育、卫生	8.1	3.9	6.0	3.0	3.3	5.7
市政公共事业	2.6	2.3	3.0	1.9	2.0	4.2
其他	9.4	2.6	2.0	3.4	1.9	3.7
小计	38.4	28.7	36.1	26.7	26.6	35.4
总计	100.0	100.0	100.0	100.0	100.0	100.0

资料来源：《中国统计年鉴》（1981）。

畸高的投资率并未达到预期的效果，即一定的投资水平并未产生相同的生产水平。在此期间，既定的投资水平造成的产量增长越来越小，国民收入增长率明显地下降。由于投资率提高以及 20 世纪 60 年代后期国防支出的增加，消费资金几乎没有可增长的余地。

（三）重利轻税、以利代税

既然通过以上诸环节价格暗税的"必要扣除"，能够将全社会创造的剩余在工商业企业利润上缴这一环节方便地收取上来，那么，相对来说，作为取得财政收入的另一种手段——"明税"就显得烦琐和没有必要。

在国民经济恢复和社会主义改造时期，政府还比较重视税收，不仅将其视作积累国家经济建设资金的重要途径，而且注意发挥税收调节功能，支持国民经济的恢复与社会主义改造。但是，到了 1956 年，随着社会主义改造任务的完成和大一统的公有制的形成，经济理论界出现了"非税论"的思潮。普遍的看法是，在社会主义制度建立之后，国家和企业之间的分配已经成为同一所有制内部的事情，无论是征收税收，还是收取利润，都不会改变或影响同属全民所有制、彼此都姓公的性质。所以，公有制内部的分配可以不通过也无须通过税收来进行。于是，1958 年便在部分城市搞了所谓"利税合一"试点，试图取消税收，以利润上缴作为国家从国有企业取得财政收入的唯一形式。其结果,当然是以失败而告终。但是,"非税论"的影响并没有就此排除。不久,便以另一种形式——过分强调税制简化表现出来。1958年、1973年的税制改革,都是以合并税种、简化税制为重点的。特别是在1973年的税制改革之后,中国大地几乎只剩下了工商税、工商统一税两个税种。税收在财政收入以及国民经济中的地位和作用均处于下降之势,这成为20世纪80年代两步"利改税"的制度背景。

三、赢利性

(一) 传统财政赢利性的制度原因

上文已经提到,鉴于重工业优先发展战略配置资源和控制经济剩余的需要,国家不仅对重工业及为其服务的基础设施部门、重要的商业部门、轻工业部门和服务业等部门企业实行国有化,为压低劳动力再生产费用,对服务业和小型商业也进行国有化和合作化。这样,国有企业自然地成为财政收入的主要提供者,国有企业的上缴利润也随之成为财政收入的主要来源(见图4-3)。

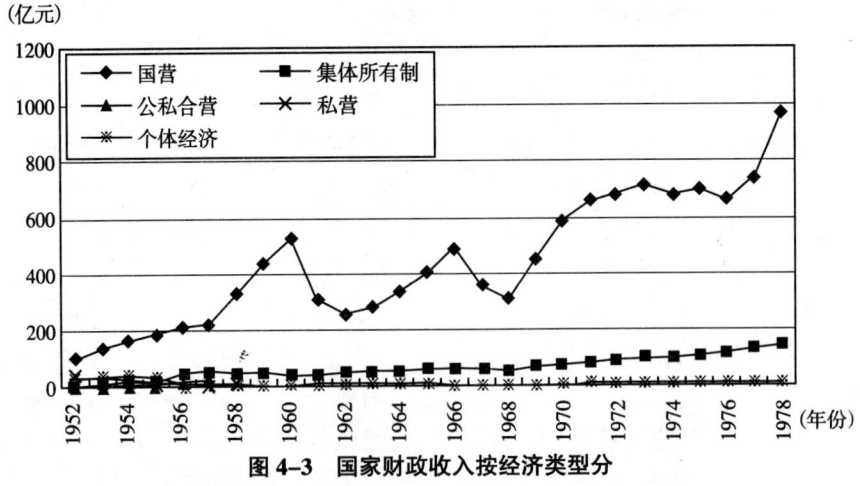

图4-3 国家财政收入按经济类型分

资料来源:《中国统计年鉴》(1991)。

图4-3只是大致描述了传统经济体制条件下特殊财政收入机制的基本构架。进一步看,"以利为主"的财政收入机制的维持与正常运转,离不

开以下两大制度的支撑：

（1）国营企业利润全额上缴制度。以低价收购农副产品和低工资制、工商企业获得高利润为基础，国家财政对国有企业实行统收统支的管理制度。也就是，企业创造的利润（纯收入）基本全部上缴国家财政。企业扩大再生产等方面的资金需要，则由国家财政酌情拨付。1950~1978年，国家财政管理体制、国有企业财务管理体制虽多次调整，但这一特殊财政收入机制的基础条件之一未发生大的变化。

（2）国有企业固定资产折旧上缴财政。在传统经济体制下，不仅国有企业实现利润基本全部上缴财政，而且，企业固定资产折旧亦由财政集中。从经济性质上讲，固定资产折旧是固定资产消耗的价值补偿，属补偿价值，应留给企业用于维持简单再生产的正常进行。国有企业固定资产折旧上缴的财政收入机制，为后来大量国有企业设备老化、技术改造力量不足、生产经营陷入困难留下了隐患。这一状况直到1978年改革开放后才得以改观。

因此，国家要取得财政收入，国有企业就要赢利；国家要最大程度地取得财政收入，国有企业就要最大程度地赢利。这是计划经济体制下特殊的财政收入机制所决定的。其根源不只在于计划经济体制，按科尔奈的理论来推导，这可以追溯至经典社会主义体制的要求本身。再进一步推论，赢利性大概是所有经典社会主义国家财税体制的共性。

既然制度上要求国有企业最大程度地赢利，其后果必然是国家大举进入竞争性行业；哪个行业赚钱，国家就涉入哪个行业；[①] 越是赚钱的行业，国家越要垄断起来；这就是我国经济领域行政性垄断的历史起源。为了赚取更多的垄断利润，负有维护产权和市场秩序之责的政府，却制造大量不公平竞争的法律法规、与民争利，在为国有企业创造更多机会和便利的同时，其他性质企业的生存空间逐步缩小甚至消失。

（二）财政赢利性的负面影响

财政的赢利性特征，为中国社会的长远进步，带来了极其负面的影响：[②]

---

① 薄一波的回忆录中记录了一个相当生动的例子。新中国成立之初，当中国政府在工作中落实《共同纲领》提出的"公私兼顾、劳资两利……使各种社会经济成分在国营经济领导之下，分工合作，得处其所，以促进整个社会经济的发展"这一原则时，当时在商业部工作的苏联专家对此很不理解，不懂"为什么国营贸易部门能赚的钱，白白让私营工商业赚去，主张凡是能赚钱的买卖，国营贸易都要干"。但是不久以后，中国也很遗憾地走上了苏联老大哥的老路。

② 高培勇：《市场经济体制与公共财政框架》（作者于2000年1月16日在中共中央学校为"省部级主要领导干部财政专题研讨班"作公共财政理论专题讲座的报告稿），《税务研究》，2000年第3期。

(1) 作为社会管理者的政府，拥有相应的政治权力。拥有政治权力的政府，一旦直接进入市场参与竞争，追逐盈利，它就免不了"手脚并用"——动用除经济资源之外的政治权力去实现追逐利润的愿望。其结果必然是发生权钱交易并因此而滋生政府部门的腐败行为，干扰或破坏市场的有序运行。

(2) 一旦政府出于盈利目的而作为竞争者进入市场，市场与政府分工的基本规则将会被打乱。由于政企不分，本应着眼于满足社会公共需要的政府行为，很可能异化为追逐私人利润的企业行为。其结果或是因财政性资金用于牟取利润项目而使社会公共需要的领域出现"缺位"，或是因牟利性支出项目的设置而不得不增加向社会成员征收的收入。其中的任何一种结果出现，都会损害而不是增进社会成员的切身利益。

(3) 只要政府活动超出满足社会公共需要的界限而延伸至竞争性领域，作为社会管理者的政府同作为其管理或服务对象的各个经济行为主体之间便有了亲疏之别，包括财政收支在内的整个政府行为，就免不了对各个经济行为主体的差别待遇。如对由政府出资的企业或项目，在财政收支的安排上给予特殊的优惠。而对非由政府出资或对由政府出资的企业或项目构成竞争关系的企业或项目，在财政收支的安排上给予特殊的歧视。其结果，着眼于满足社会公共需要的财政收支活动，会因厚此薄彼而违背市场正常和正当竞争的公正性。

四、非普遍性

普遍性原则（Generality Rule）是代议制政治制度下政府所应遵循的基本原则之一，它要求政府平等地对待每个公民、企业及组织。这一原则可应用到政府行为的各个领域，包括法律和管制、税收、公共服务和社会保障等。例如，在公共物品的提供上，普遍性原则要求公民所得的公共服务应当均等化，不因性别、种族、地域、出身等条件而受到优待或歧视；要求任何一个层级的政府所提供的服务，在所涉及的辖区内须是标准化的。在税收和补贴方面，普遍性原则要求同等条件的社会成员或企业，应当承担同等的纳税义务，享有同等的财政补贴；普遍性原则还要求公共物品的生产不影响收入和财富的分配，政府不能把公共服务生产的利益或成本集中于任何特定的个人、产业或地区。

普遍性原则在公共政策领域的运用，不仅有利于增进经济和政治效率，也符合当代分配正义的伦理规范。因为，从长期来看，普遍性原则的应用通过限制政治过程中可选择的公共政策的范围,也就是说,将那些带有歧视性特征的公共政策排除在外,而杜绝了处于政治优势的团体对其他团体施加歧视的可能性;由于普遍性原则的运用限制了歧视,社会成员将更容易在公共物品的融资和利益分配上达成更识;还会因此减少人们相互结盟以竞争公共服务和租金的非生产性努力,潜在地提高社会的总体经济效率。[1]

尽管经典社会主义国家承诺,新制度将是一个消灭了剥削和差别的人人平等的大同世界,但是各经典社会主义国家的政治经济实践中,却始终伴随着普遍存在的区别与歧视。在我国的传统财税体制上的突出表现是:

(一) 所有制差异

在上文所描述的特殊的财政收入汲取机制下,改革开放以前我国财政收入的结构呈现两大特征:一是税利并存,以利为主;二是来自国有经济单位的缴款占大头。如在1978年,以全国财政收入总额为100%,来源于国有经济单位上缴的利润和税收分别为51%和35.8%,两者合计86.8%。如果在此基础上,再加上集体经济单位上缴的部分,那么,整个财政收入的来源结构,几乎是清一色的公有制了。

这并不能说明非公有制企业受到了优待,恰恰相反,它主要是政策上抑制非公有制经济发展的结果。事实上,计划体制下税收政策的基本取向是"区别对待"——私营企业的税负重于集体企业,集体企业的税负重于国有企业。与此同时,非公有制经济长期处于不平等地位,在融资渠道、投资方向、进出口权等方面均受到程度不等的歧视性待遇。

相比之下,国有经济的巨大贡献是与国家长期的政策倾斜分不开的,国有经济无论在资金与原材料供应、设备配置、产品销售等方面均享有其他经济成分不可企及的特权,国有企业职工更是各项社会福利措施的直接受惠者,实际上已形成了一个庞大的既得利益集团。这使得在随后的改革过程中,国家不得不斥巨资维持亏损国有企业的生存,以保证国企职工的就业和福利。甚至还通过财政税收渠道,将非公有制经济创造的剩余大量转移,用于补贴亏损的国有经济。

此外,生产建设性财政的性质也表明,主要来源于国有制的财政收入又主要被用到国有制企业的生产建设以及职工福利中去。如果从国有制经

---

[1] Buchanan James M. and Roger D. Congleton: Politics by Principle, not Interest: Toward Nondiscriminatory Democracy, Cambridge University Press, 1998.

济的视角来总结的话，这种分所有制区别对待的财政结构，显然具有"取自家之财，为自家之用"的特征。

（二）身份差异

上文提到经典社会主义体制试图取消市场在资源配置中的协调作用，而代之以官僚协调的计划机制。权力介入并主导社会和经济领域的后果之一，就是社会资源的流动主要按权力规则运转。它催生并强化了计划体制下的传统身份分层制度，这一制度与社会主义意识形态所宣扬的人人平等的理念相去甚远。

所谓中国传统的身份制度，就是较多地依据人们的先赋地位而将人们区分为不同身份群体的制度，本质上它是传统农业社会留下的痕迹。在计划经济体制下，中国人的身份可从三个方面来界定：①以户籍制度区别农民与非农民身份。②在城市的正式就业者中，以档案编制区分一个人是干部身份还是工人身份。③就业于不同单位的人，又因各单位之间在资源、地位、声望等方面的差异而被赋予不同单位工作人员的身份。

身份分层是一种封闭性较强的分层制度，而干部的分层又是其中的本位体系，因为其他的社会分层是依据干部的垂直分层而划分的。[1]尽管一部门社会资源的分配具有平等性，特别是在基本的生活消费品方面，经典社会主义国家的确努力履行它们所声称的平等主义目标。但是，仅靠这种保障并不足以实现有尊严的生活。导致真正的个体间物质差异的那些资源的分配，却依照着权力与官阶的高低而流动。在官僚阶层的消费中，更主要的部分则是那些与其官阶身份配套的利益，各种津贴、职务消费和以权力换取的利益。权力成为了衡量社会成员身份地位的基本测量指标，这可以说是经典社会主义体制最遭人诟病之处。这一特殊的激励机制，客观上将人们束缚在政治性的框架里，导致了大家熟知的"官本位"现象盛行。作为弱势群体，计划经济体制下的中国农民被长期排斥在工业化的进程之外，城乡的二元结构和户籍制度极大地限制了农业人口的选择，使他不得不接受由此而引致的巨大的机会不平等。在城市，单位和档案制度将个人符号化，个人依其才华、努力和机遇而实现社会流动的条件十分有限。

---

[1] Buchanan James M. and Roger D. Congleton: Politics by Principle, not Interest: Toward Nondiscriminatory Democracy, Cambridge University Press, 1998.

（三）城乡差异

计划体制下的政府职能囊括了社会投资、生产和消费的方方面面。财政除承担国防、外交、行政经费等一般公共支出外，在投资与生产方面，履行"生产建设财政"的职能。此外，还几乎包揽了科技、教育、文化、卫生等所有的社会事业。而且，与统收统支，高就业、低工资体制相适应，国家财政为城镇职工建立了"从摇篮到坟墓"的社会保障制度。国有企业职工住房、医疗、离退休金等虽由企业支付，但是，在财政统收统支体制下，企业的支付与财政拨款无异。至于行政事业单位职工的福利，更是由财政直接支出。

然而，这种无所不包的服务，并非人人都有权获得。同样是中国公民，同样是纳税人，广大农村居民从来没有享受过与城市居民同等的服务。因为，这些福利是完全附着在一纸城市户口本上的。1958年，全国人大常委会通过了《中华人民共和国户口登记条例》，从此开始了城乡分隔的历史。政府一方面通过财政、工农产品价格"剪刀差"和农产品统购统销政策限制了农民的收入，保证农业剩余尽可能地输往城市和工商业。另一方面，又通过严格的户籍制度，限制农村人口向城市迁移，保证城市能够减轻人口负荷成本而高效率运转。这一政策将广大农村居民牢牢地束缚在土地上，对他们来说，基本公共服务均等化是想都不敢想的事情。

每当遇到天灾人祸，农村居民"二等公民"的身份就更加显露无遗。例如，在1959~1961年三年困难时期，大约有3000万农村人口被动员去从事群众性的后院土法炼铁、水泥制造、建筑和水利工程等工作，造成1961年的农业产出比1957年降低了31%。由于城市可以优先分配到粮食，致使数百万的农村居民死于饥馑。[1] 而且，为了确保占总人口比重百分之十几的城市人口用粮，在"大饥荒"期间，又以牺牲农村人口为代价，大幅度增加粮食收购量，从而导致"大饥荒"主要发生在农村，特别是极度贫困的农村地区。[2] 20世纪80年代以后，随着大批知青返城，城市就业压力凸显，为了保证城市人口的就业机会，进城务工的农民又被当作"盲流"和"外来人员"而遭到种种不公正的待遇。

然而，事实证明，城市并未在对乡村的剥夺中繁荣起来，工业也未因

---

[1] 安格斯·麦迪森：《中国经济的长期表现》（公元960~2030年），第2版，中译本，上海人民出版社2008年版，第74页。

[2] 胡鞍钢：《中国政治经济史论》（1949~1976），清华大学出版社2007年版，第360~361页。

对农业的剥夺而兴旺。1958~1978年，国民经济在一次次的政治运动中一波三折，到了几近崩溃的边缘。直到近些年来，农村居民的利益才真正受到关注，户口的重要性才开始弱化，中国政府才提出"让公共财政的阳光照耀农村大地"。

五、高度集中性

财政是政权的经济基础，鉴于国民党政府溃败后国民经济一派萧条、物价飞涨，原根据地和解放区的财政经济工作各行其是，早在解放战争期间党中央就着手进行统一财经的工作。统一财经工作，实际上是确立国家统一后的财经管理体制。中央人民政府正式成立以后，也主要是抓了一个财政问题。[①] 1950年3月，政务院发布了关于统一国家财政经济工作的十条决定，奠定了以集中统一为基础的财经管理体制的雏形。统一财政管理，主要是统一财政收支，旨在为有计划的经济建设创造条件，其工作重点是统一收入，保证中央财政的需要。

统一财经的工作沿用根据地时期的规矩，即"统一领导、分级管理"。由于统一财经后，有些方面集中过多的缺点暴露出来，所以，政务院又通过了一系列旨在分权给地方的文件。但在实际工作中，没有照顾中央和地方的积极性，调动企业积极性的努力同样不够。尽管在随后的时期里一直试图在分权上对体制进行调整，但是正如上文所言，这种努力与社会主义体制本身所要求的集中计划在根本上是冲突的，因此，中国的传统财政管理体制基本上还是一个高度集中统一的管理体制。

财政管理体制上的高度集中、统收统支，主要表现在国家与国有企业之间的分配关系和中央与地方之间的分配关系两个方面，在国有企业财务管理体制、预算管理体制、税收管理体制、基本建设财务管理体制等方面都有所体现。[②]

（一）国有企业财务管理体制

国有企业财务被视为国家财政的基础环节，据此构建起来的国有企业财务管理体制理所当然地采取了统收统支的办法。前面曾说过，在那个年

[①] 毛泽东于1950年三四月份在政治局会议上的讲话。
[②] 高培勇、温来成：《市场化进程中的中国财政运行机制》，中国人民大学出版社2001年版，第20~22页。

代，国家与国有企业之间的利润分配关系，虽在不同时期实行的具体办法带有差异，如国民经济恢复时期，利润全部上缴；"一五"计划时期，在利润上缴的同时，推出了企业奖励基金制度；"大跃进"时期，发展为企业利润留成制度；三年调整时期，重新恢复企业奖励基金制度；"文化大革命"时期，又倒退为企业利润全部上缴。但从总体上看，20多年间始终没有摆脱僵化的统收统支模式：利润全上缴，亏损国家补，投资国家拨，福利按工资比例提。

(二) 预算管理体制

预算管理体制作为财政管理体制的核心环节，其根本任务是在中央与地方以及地方各级政府之间划分预算资金管理权限。在传统体制下，预算管理以企事业单位行政隶属关系为标准，划分中央与地方财政收支范围。即凡属于中央管理的企事业单位、行政机构，为中央财政收支范围。凡属于地方管理的企事业单位、行政机构，为地方财政收支范围。事实上，这也是新中国成立以后企事业单位隶属关系频繁上收下划的重要原因。一讲放权，一大批企事业单位便下放地方；一讲集中，一大批企事业单位又上收中央。在预算管理极限划分上，主要管理权限集中在中央，地方管理权限较小。尽管1950~1978年预算管理体制曾有过多次调整，有所不同的仅在于中央集中的程度，中央与地方关系的格局并无实质性变化。在机动财力的安排上，给地方一定的预备费，超收分成，支出结余也留给地方财政。不过，这些资金数额很小。在预算外资金安排上，为满足各部门、各地区和各单位某些预算难以顾及的需要，将一部分财政性资金由其自收自支，自行管理。不过，到改革开放之前，预算外资金占预算内资金的比例不大。在民族地区预算管理权限上，给民族地区较多的照顾，如民族地区预备费为预算支出的5%，高于一般地区；每年增加一笔民族自治地方补助费，作为解决一些特殊性开支的专款；民族自治地方财政收入超收分成部分，全部留用，中央不参与分成等。

(三) 税收管理体制

在税收管理体制设置中，税收管理权主要集中于中央，地方税收管理权较小。具体地说，立法权集中于中央，地方没有立法权，税收条例、实施细则都由中央颁布，各地区只能制定某些具体执行办法；解释权与立法权相对应，也集中于中央；开征权、停征权由中央统一掌握，地方无权开征新税，未经中央批准，也不能停征已开征税种。下放地方管理的地方性税种,各地区有较大管理权限,但不能随意停征;税目税率调整权,以中央为主,地方有一定调整权,如农业税的地区差别比例税率,各地区可根据上级下达的平均税率,结合实际情况确定;减免税权主要由中央和省、市、自治区两级掌握,各地区有一定的减免权。

(四) 基本建设财务管理体制

财政对基本建设实行无偿拨款管理体制。如前所述,在传统体制下,基本建设支出居财政支出首位,财政成为社会投资主体,基本建设财务管理体制对国民经济运行以及国民经济发展计划的制订都具有举足轻重的影响。

新中国成立以后,对基本建设财务管理体制改革曾进行过多次尝试:1954年,中国人民建设银行成立,隶属财政部,专门办理基本建设拨款;1958年,试行投资包干体制。当时规定,在年度确定的基本建设投资额的基础上,在不降低生产能力、不推迟交工日期、不突破投资总额、不增加非生产性建设比重的条件下,将基本建设投资交由建设部门和单位统一掌握,自行安排,包干使用。原定建设工程竣工之后,投资如有节余,仍留给建设部门和单位另行使用,节约数额多,本部门、单位基本建设规模可以相应扩大。同年,中国建设银行被撤销;在国民经济调整时期,1962年恢复中国建设银行;1970年4月,中国建设银行并入中国人民银行;1972年4月,恢复建设银行建制。总之,这一时期基本建设财务管理体制,没有突破财政按国民经济计划无偿拨付基建投资的模式,中国建设银行几经沉浮,也只是专门办理财政基本建设拨款的部门,虽有一定监督功能,但与真正意义的银行相距甚远。

这种体制致命的弱点是基本建设投资责、权、利脱节,缺乏内在的投资约束机制。在此体制下,基建投资项目由计划部门审批、立项,列入国民经济计划,财政部门按国民经济计划编制国家预算,安排基本建设支出,将资金拨付给中国建设银行。中国建设银行根据审批的基本建设计划,为建设单位提供资金,并监督资金使用。建设项目成功,皆大欢喜。一旦失败,计划、财政、建设银行很难单独承担责任。建设部门或单位,更没有基本建设投资风险之虑。因而,争项目、争投资、基本建设规模失控,成为那一时期的顽症。

六、非规范性

在计划经济体制下,由于财政的基础是"取自家之财,为自家之用",因而收支两面的制约都很松懈。鉴于利润上缴比税收方便,就采取以利代税的办法,弱化税收在收入中的地位与作用。为了实现工业化的目标和兑现政治诺言,就将消费压缩再压缩,毫无节制。30 年的中国财政收支运行中,中央与地方的收支划分频繁变动,没有稳定性可言。

政府收钱、花钱的行为如此随意,又没有可以遵循的规矩,就更谈不上透明化。其第一个原因是没有走向规范化与法治化,税收收支计划比税收收支法律更有效力。传统财税体制的一个突出特征,就是"人治"痕迹明显,直到 1978 年,财政收支领域几乎没有一项法规、制度完成立法程序成为国家正式法律。税收、企业收入、预算、基本建设财务等主要环节的依据大都是行政法规。

第二个原因是财政权不统一,而是由各部门分享,国库里的钱就成为各部门竞相争夺的"公共池塘资源"。而各级人民代表大会在预算问题上缺乏发言权,对"公共池塘资源"的日渐枯竭无能为力。

第三个原因是计划体制将各种资金统得过死,为应付日常生产中的机动资金需要,导致了"预算外资金"的产生。随着这种不受监督、游离于预算外的政府收支规模的扩大,为日后的财政管理带来了很大的难题。财政收支运行非规范性的后果之一是:财政税务部门不能总揽政府收支,使各个政府职能部门的行政、执法同其经费供给之间建立起直接联系,为日后"以权谋钱、以权换钱"等腐败行为的滋生埋下了祸根。

第五章 体制变换期的财政制度与经济发展

总体看来,"文革"十年间,经济形势起伏不定,财政体制频繁更易,财政工作虽然遭遇诸多困难,但也面临新的生机。

第一节 计划经济末期的财政与经济发展

1966年"文革"伊始,动乱主要还是集中于上层建筑领域,经济建设还是正常的,仍然保持20世纪60年代前半期调整国民经济的好势头。同往年相比,1966年的经济仍有较大幅度增长,各项生产建设都完成或超额完成了国家计划。1966年,全年工农业总产值为2534亿元,比1965年增长了17.3%。其中农业总产值为641亿元,超额完成计划6.8%,比1965年增长了8.6%;工业总产值为1686亿元,超额完成计划11.5%,比1965年增长了20.9%。基本建设投资总额为209.42亿元,比1965年增长了16.6%。国家财政收入558.7亿元,比1965年增长了24.4%,支出为541.6亿元,收支节余17.1亿元。[①]

1967年和1968年,是"文革"最动乱的年代。政治局势的动乱,打乱了正常的社会、生产和工作秩序,国民经济处于无政府或半无政府状态,经过数年调整获得的大好形势被断送了。财政经济状况和财政工作陷入了混乱之中。

[①] 王年一:《大动乱的年代》,河南人民出版社1988年版,第356页。

一、计划末期的国民经济

经济形势的恶化，最直接地表现在一系列指标的变化上。首先，生产连年下降。工农业生产大幅度下降，1967年工农业总产值比1966年下降了9.6%，1968年又比1967年下降了4.2%。1967年和1968年，工业企业全员劳动生产率分别比1966年、1967年下降了19.2%和7%。国家预算内基本建设投资额完成得很差，1967年比1966年下降了33.7%，1968年比1967年又下降了16.9%。基本建设新增固定资产交付使用率，1967年只有50.6%，1968年降为45.9%，是新中国成立以后最低的两年。生产和经济效益的急剧下滑，使国民收入受到很大损失。1967年比1966年减少99亿元，1968年又比1967年减少72亿元。这直接导致国家财政陷入严重困境。1967年的财政收入只有419.36亿元，比1966年锐减139.35亿元，减少25%；1968年继续减为361.25亿元，比1967年减少58亿元，减少13.9%，基本上倒退回1961年困难时期的收入水平。这一期间的困难局面，迫使中央财政与地方财政之间，不得不暂时再次实行"收支两条线"的统收统支办法，以应付非常局面。由于政局相对稳定，经过努力，1969年的生产情况主要是工业生产情况有所好转，基本上刹住了前两年生产下降的趋势。财政收入虽未达到1966年（558.71亿元）的水平，但比1968年（361.25亿元）增长很多，达到526.76亿元。

其次，基本建设投资结构失衡。"左"倾思想泛滥，打乱了国民经济规划。从1969年起，由于片面强调战备需要，加强"三线"建设，提出了"靠山、分散、进洞"的错误方针，国家预算内的基本建设投资一增再增。1969年和1970年两年的基本建设拨款猛增到206.22亿元和298.36亿元，这两年的基本建设拨款占当年财政支出的比重分别达到39.2%和45.9%，是"大跃进"以后出现的第二次高峰。在基本建设投资安排中，用于重工业的部分猛增，使农、轻、重结构在工农业总产值中起了很大的变化。此外，"重'重'轻'轻'"的投资结构，直接导致生产性建设挤占非生产性建设，与1968年相比，1970年的生产性建设投资比例由80.7%上升到88.3%；非生产性建设投资比例则降为11.7%。这就不可避免地引起了国民收入中积累和消费比例关系又一次严重失调。与1968年相比，1970年的积累率由21.1%激增至32.9%。这一情况在随后的年度中还继续有所发展。

伴随着财政收支格局失衡而来的是财政管理体制遭到严重破坏。首先，财政管理指挥体系大大削弱。1967年初，国家财政大权一度被"财政部造反司令部"夺去，7月1日，中共中央、国务院及时发出《关于对财政部实行军事管制的决定》，并在李先念主持的国务院业务组的领导下，全国财政工作才得以在混乱局面中有效运行。即便如此，整个财政金融工作仍处于被动和遭受困扰的状态。地方各级财政、税务、中国建设银行，撤的撤，并的并，大大削弱了财政管理职能作用的发挥。其次，"革命大批判"造成了财政管理思想的混乱。财政工作被诬蔑为执行的是"一套修正主义的纲领"。合乎马克思主义分配原理的社会主义积累，被斥为"利润挂帅"；多年来行之有效的财政规章制度和专业管理与群众管理相结合的工作方法，被斥为"修正主义的管、卡、压"等，是非颠倒了，思想搞乱了，于是，一度出现了"制度无用"、"税收无用"、"抓业务危险"等论调，财政管理工作的正常开展遭遇重重困难。

此外，国家财经纪律受到严重践踏。无政府主义的泛滥，导致有章不循，各行其是的现象到处都是。例如，收入方面，侵占截留国家财政收入，化预算内资金为预算外资金以及扩大成本范围者有之；公开抗税不交和超越权限减税免税者有之。支出方面，基本建设投资"大敞口"，花钱"大撒手"，施工吃"大锅饭"的情况相当普遍。种种情况，实际上造成了许多合理的财政规章制度"不破自废"的严重后果。

二、财政运行的起伏波动

（一）财政收支：向"力保平衡"的转变

"文革"十年间，虽然政治动荡不安，经济起伏变化，但财政收支仍然达到了一定规模，在保证国家重点建设资金的需要上尽了极大的努力。1966~1976年的11年间，国家财政收入共计7225.27亿元，财政支出共计7244.16亿元；11年收支相抵，赤字18.89亿元（见表5-1）。

从表面看，十年间的财政收支相抵，只有赤字约19亿元，似乎问题不大，但实际上，这种平衡是在紧缩支出、许多事业停办缓办、勒紧裤带过日子的情况下进行的，而且是采取了非常措施，动员全社会财力才得以实现的，是极不正常的。新中国成立的前36年中，国家曾有3次被迫采取冻结银行存款的措施，以应付财政经济困难。而其中有两次就是在"文革"期间实行的，一次在初期的1967年，另一次在末期的1976年。

表 5-1　1966~1976 年国家财政收支状况

单位：亿元

年　份	总收入	总支出	收支差额
1966	558.71	541.56	+17.15
1967	419.36	441.85	−22.49
1968	361.25	359.84	+1.41
1969	526.76	525.86	+0.90
1970	662.90	649.41	+13.49
1971	744.73	732.17	+12.56
1972	766.56	766.36	+0.20
1973	809.67	809.28	+0.39
1974	783.14	790.75	−7.61
1975	815.61	820.88	−5.27
1976	776.58	806.20	−29.62
合计	7225.27	7244.16	−18.89

资料来源：《当代中国》丛书编辑部：《当代中国财政》（上卷），中国社会科学出版社 1988 年版，第 258 页。

（二）被扭曲的生产建设财政支出

"十年内乱"对国家财政的严重破坏，表现在诸多方面。其中最重要的是两个方面：

（1）基本建设战线长，超过了财力、物力承受范围，使大批工程不能迅速形成综合生产能力，而预算内基本建设拨款又占据了财政支出的高额比例。从表 5-2 中可见，自 1969 年起，每年度预算内基本建设拨款占财政支出的比例都高于"一五"时期和三年调整时期，到"文革"后期才逐步趋于"一五"时期的较为合理的水平。

表 5-2　国家预算内基本建设拨款占财政支出情况

单位：%

年份	预算内基本建设拨款占财政支出比例
"一五"时期	37.6
三年调整时期	30.1
1969	39.2
1970	45.9
1971	42.3
1972	40.3
1973	39.2

续表

年份	预算内基本建设拨款占财政支出比例
1974	39.6
1975	39.8
1976	38.6

资料来源：《当代中国》丛书编辑部：《当代中国财政》（上卷），中国社会科学出版社1988年版，第261页。

同"一五"时期比较，"四五"时期（1971~1975年）全国基本建设投资总额增加了两倍，但建成投产的项目增加还不到1/4。"四五"时期全国施工的大中型项目2963个，建成投产的只有742个。已经形成的固定资产也不能提供更多的积累。例如，1966~1976年，国家用于"三线"建设的投资达1300亿元以上，占全国投资的42%，但由于建设项目上得过快、过猛，许多项目难以正常生产获利。1976年，"三线"企业每百元固定资产增加的产值只有71元（全国是103元），每百元产值提供的积累只有14元（全国是24元），均远低于全国的平均水平。所有这些，固然有当时政治因素的影响，但无论从经济观点还是从财政观点来看，效益都是比较差的。

（2）投资结构畸形发展，"农、轻、重"比例严重失调。全国投资总额中，"一五"时期，重工业只占36.1%，"三五"、"四五"时期却达到了51.1%和49.6%。因而，在工农业总产值中，1966~1976年，重工业的比重由32.7%上升到38.9%，农业的比重由35.9%下降到30.4%。工业内部则由于过分突出钢铁和机械加工工业，不仅轻重工业比例失调，重工业内部的加工工业和原材料工业也不相适应了。从数据上看，十年中重工业产值构成的变动趋势是，制造工业的比重由50.5%升为52.8%，原材料工业则由38.3%降为34.9%。主要产业部门之间的比例严重失调，给国民经济的发展造成了严重困难，这给未来的调整埋下了一个攻坚难点。

"文革"十年留下的大量此类"欠账"，使后来的财政分配增加了巨大负担。国家不得不花费大量财力用于"还账"。"还账"诱发的一个后果就是财政收支陷入紧张格局，直接导致1979年和1980年出现了巨额财政赤字。

不过，即便"文革"十年留下了种种"欠账"，财政极度紧张，但客观地看，财政并非无所作为。在困境中，国家多次采取增收节支的措施，财政除了保证国家最低限度的经常性开支外，还发挥分配、监督的职能作用，集中有限财力，在支持经济建设和工农业生产方面也取得了一些明显的成就。

十年间，农业领域兴建了大批水利工程，农业现代化的装备水平也有了较大提高，粮食生产因而保持了比较稳定的增长。工业方面，建设了一批大型工业企业，最突出的是石油工业的迅猛发展。国家原油产量在1976年达到8700多万吨，相当于1967年的6.7倍。中国由贫油国一跃成为自给自足的产油国。随着原油产量的增加，石油化学工业也在这个时期迅速崛起。冶金、机械、煤炭、电力等工业则兴建了一批新的大型企业。种种成就，是全国人民承受极大灾难和付出巨大代价获得的。

三、混乱中的整顿

1969年经济的回升，助长了经济建设中"急于求成，盲目追求高指标、高速度"的"左"倾思想再度抬头，再加上1970年对国际形势的误判，把对付国外敌人的突袭和大规模入侵当作压倒一切的中心任务，直接导致了这一年初全国计划会议制订出了脱离实际的国民经济计划。1970年和1971年的经济冒进，给财政工作增加了不小的压力。

（一）从"平衡"走向新的"失衡"

1971年9月，周恩来在毛泽东的支持下，开始对经济工作进行整顿，国家财政形势一度出现转机。

从总体来看，"文革"后期的财政收入水平，与前期一样，呈一种起伏不定的态势。1971~1973年的三年间，财政收入呈上升趋势，收支平衡，并略有节余（见表5-1）。但是，1973年底至1974年初，所谓"批林批孔"运动展开后，政治运动的干扰，使已经出现转机的各项工作，又重新陷入了困难之中。刚有起色的财政经济工作，也再次受到严重冲击。1974年1~5月，全国财政收入比1973年同期减少5亿元；财政支出比1973年同期增加25亿元，恶化的财政经济状况，到了当年年底也未能扭转。1974年，全年财政收入仅为783.14亿元，比1973年减少了26亿多元，出现赤字7.61亿元。[①]

1974年底，由于周恩来病重，邓小平在毛泽东的支持下，开始着手对多方面的工作进行整顿。全国形势在很短的时间里明显好转，国家财政

---

① 《当代中国丛书》编辑部：《当代中国财政》（上卷），中国社会科学出版社1988年版，第244页。

经济在全面整顿中也出现了新的转机。1975年，工农业总产值增长较快，比1974年增长了11.9%，财政收入也略有增加，达到了815.61亿元，财政支出820.88亿元，收支相抵，尽管还有赤字5.27亿元，但从总的情况来看，财政工作在各个方面都得到了改善和加强，整个国民经济在摆脱停滞倒退之后，又回到了恢复和发展的道路上。① 这是一次新的转机。

可是，随着毛泽东无法容忍邓小平系统纠正"文化大革命"的错误，在批邓后，又错误地撤销了邓小平在党内外的一切职务，全国经济再度陷入混乱之中。"正气被压下去了，邪气又冒上来了"，已经纠正的错误政策和错误做法重新抬头，国民经济又被逼近崩溃的边缘，1976年，经济效益全面下降，财政收入只有776.58亿元，比1975年减少了39亿元，比1974年的水平还低。当年财政收支相抵，不仅没有结余，赤字达29.62亿元。为了应对困难局面，国家不得不再次采取特殊措施，冻结国营企业事业单位和国家机关等在银行的存款，以渡过财政难关。这是"文革"期间国家再一次采取冻结银行存款措施，也是最后一次。

（二）"三个突破"和"一个窟窿"

1971年9月以后，由周恩来主持中央日常工作，提出要整顿经济。

为了贯彻周恩来关于整顿的精神，财政工作从思想上、管理上和组织上采取了一系列整顿措施。但是，正当财政工作开始进行整顿之时，1972年初，周恩来首先察觉到国民经济出现了"三个突破"问题。② 所谓"三个突破"，就是到1971年底，全民所有制职工突破5000万人（实际达5318万人），工资支出突破300亿元（实际达302亿元），粮食销量突破800亿斤（实际达855亿斤）。这一问题引起了注意，可惜的是，由于"四人帮"的干扰，在1972年一年中，问题不但没有缓解，而且还有所发展。到了1972年底，全民所有制职工人数增加到5610万人，工资支出增加到340亿元，粮食销售量增加到927亿斤。结果，为了解决好粮食销售量增加的问题，这一年除了增加进口粮外，还不得不挖出了国家的粮食库存。③ "三

---

① 《当代中国丛书》编辑部：《当代中国财政》（上卷），中国社会科学出版社1988年版，第257页。

② 也有一种说法是"四个突破"，即上述"三个突破"外加"货币发行量突破了警戒线"。当时，针对严峻的形势，周恩来曾说："不只三个突破，货币发行量也突破了。""票子发多了，到了最大警戒线。三个突破不如这一个突破。"参见《周恩来选集》（下卷），第464~465页；引自王年一：《大动乱的年代》，河南人民出版社1988年版，第368页。

③ 《当代中国丛书》编辑部：《当代中国财政》（上卷），中国社会科学出版社1988年版，第252~254页。

个突破"问题非但没有解决好,反而又增加了"一个窟窿",形成了"三个突破"+"一个窟窿"的局面。经济形势又陷入了被动之中。

从深层面分析,出现"三个突破",主要是由于基本建设规模过大,战线过长,根子则在于"急于求成"思想抬头。1969~1971年,经济好转,财政收入增加,国家预算内基本建设投资年年大幅增长,致使积累占国民收入的比重,到1971年已高达34.1%。这不但引起职工人数、工资支出和粮食销量增加过多,导致"突破"容易下降难的局面,而且还引发了钢材、木材、水泥紧缺,市场紧张,货币回笼困难,银行不得不大量增发钞票。整个国民经济发出了危险的信号。

从1972年起,特别是1973年,国务院先后采取各种措施,力图解决"三个突破"问题。这些措施包括:大力发展粮食生产,控制职工人数和吃商品粮的人口,核减农村不合理的粮食销量,压缩民工过高的粮食补助,加强劳动工资管理,控制各地区、各部门和各单位的工资总额,等等。与财政直接相关的是控制基本建设规模的扩大,加强基本建设的管理。1972年5月,国务院针对当时的基本建设存在"战线长、浪费大、制度松弛"等现象,提出了如下8条意见:①加强基本建设的计划管理和拨款监督。②用自筹资金安排的基本建设投资、材料和设备必须落实。各省、自治区、直辖市都要按国家核定的指标,严加管理,不得超过。③必须按照基本建设程序办事。④认真做好勘察设计工作。⑤基本建设项目所需设备,实行成套供应。⑥加强施工管理,提高投资效果。⑦加强经济核算。⑧积极进行基本建设投资大包干的试点。1972年11月,财政部又发出通知,规定从1973年起,中央各主管部门都要编制年度基本建设财务计划。为了促进建设单位和施工单位实行经济核算,对于原来实行经常费办法的建筑安装企业,一律改按取费制度办理,国家不再直接拨给经常费。所有这些,都有利于恢复过去行之有效的基本建设工程"四算"[①]与基本建设拨款"四按"[②]的成功经验,在一定程度上强化了基本建设的管理。

经过1972年和1973年的努力,虽然经济工作中还存在不少问题,但"三个突破"膨胀的势头得到了有效的遏制。1973年,国内粮食也实现了收支平衡,对财政的压力有所减轻。工农业总产值比1972年增长了9.2%,财政收入达809.67亿元,比1972年增长了5.6%,收支相抵后结

---

① "四算":基本建设项目有概算、施工有预算、成本有核算和竣工有决算。
② "四按":基本建设按计划拨款、按预算拨款、按基本建设程序拨款和按基本建设进度拨款。

余 0.39 亿元。

（三）财政压力的累积

"文革"十年间，从总的情况看，虽然经济形势一直起伏不定，但财政形势似乎没有发生巨大的变化。1966~1976 年，财政赤字年份为 4 年，盈余年份为 7 年。从当时领导层所偏好的财政收支平衡政策的治理角度来看，情况似乎应该不坏。但是，如果深入探究一下收支差额的具体数目以及各年度的财政形势，可以发现，情况并不那么简单。

首先，从财政盈余的角度看，在收支盈余的 7 个年份中，最多的年份为 1966 年，达 17.15 亿元，然后是 1970 年的 13.49 亿元和 1971 年的 12.56 亿元。1966 年的收支盈余格局，大多被认为与当时的政治形势尚无太大关系；1970 年和 1971 年的财政形势较好，与这两年的经济上的冒进主义关系甚大。当时普遍存在积累率过高，基本建设投资规模过大的现象。1971 年还实行了基建投资、物资分配、财政收支的大包干（权力下放），直接导致了基本建设规模和重工业生产的急剧膨胀。反映在财政收支差额上，则是延续了 1968 年、1969 年以来的财政盈余格局。除了 1966 年、1970 年、1971 年外，其余 4 个年份，每年财政盈余最多不超过 1.5 亿元，大多在 1 亿元以下。以当时中国的经济总量而言，这样一个财政收支差额，显然是财政极力平衡收支而得到的结果。

从财政赤字的角度看，虽然在这 11 个年份中，赤字年份只有 4 个，但都是比较特殊的年份（1967 年、1974 年、1975 年、1976 年）。1967 年，受政治斗争形势的影响，经济形势开始趋于恶化，财政形势也受到波及。这一年，财政收支格局一下子转变为赤字达 22.49 亿元，而 1966 年的财政收支盈余为 17.15 亿元。1974 年后，在所谓"反击右倾翻案风"的冲击下，此前经济整顿工作的成效被打了折扣，经济形势重新陷入困境，财政形势也趋于恶化。1974~1976 年，财政收支差额日渐扩大。1976 年赤字达 29.62 亿元，比 1968~1973 年财政收支累计盈余的总和（28.95 亿元）还大。

这一财政格局，反映了"文革"十年以来所累积的财政压力正在不断加大。在财政收支平衡思想的主导下，如何化解这种财政收支失衡所产生的压力，显然也是紧随其后的全面经济整顿工作所不能不予以考虑的一个重要方面。在这一意义上，可以说，财税新体制的胚胎，在旧体制中已经开始萌芽了。

第二节　改革大潮来临前的变动

一、全面整顿经济

"文革"后期，财政压力的累积与寻求化解之策，逐渐成为改革旧体制的动力源。扭转财政经济形势，成为催生新体制的一个强劲动力。

"文革"期间，国家财政遭到严重破坏。1971年底，曾开始对财政工作进行了第一次整顿。整顿之后，1973年整个国民经济形势和财政形势趋于好转。但是，1974年受"四人帮"的干扰，经济重陷低谷，1975年起，邓小平开始主持中央工作，着手全面整顿。

全面整顿是以铁路运输的整顿为起点的。邓小平当时曾指出国民经济的薄弱环节是铁路运输问题，根据1975年二三月间的全国工业书记会议所反映的情况，中央作出了《关于加强铁路工作的决定》，强调要改进铁路管理体制，经过一两个月的整顿，铁路运输的形势明显改观，对全国工交战线产生了重要影响。

1975年5月，根据铁路整顿的经验和钢铁生产存在的严重问题，又提出了整顿钢铁工业的办法。经过近一个月的整顿，钢铁生产形势开始好转。6月，欠产严重的几个大钢厂，生产状况逐步好转，全国钢的平均日产量超过了全年计划平均日产水平。经过几个月的整顿，1975年上半年，全国工业总产值完成全年计划的47.4%，财政收入完成全年计划的43%，收支平衡，略有结余。为了抓好整个工业的整顿，1975年7月中旬起，国家计委起草了《关于加快工业发展的若干问题》。邓小平对此极为重视，要求在《工业七十条》的基础上制定这一文件。文件后来被改写成二十条，对整顿企业管理、挖潜革新改造、采用先进技术等18个问题作了规定。[①]这个文件在征求意见的过程中受到普遍欢迎，对工业整顿产生了积极的影响。

[①] 王年一：《大动乱的年代》，河南人民出版社1988年版，第526~527页。

二、加强财税工作

根据邓小平"全面整顿"的指示,财政管理工作也采取了一系列整顿措施。全国财政经济形势又焕发出新的生机。

(一) 财政工作逐步走向正常轨道

1975年初,四届人大决定撤销财政部军事管制委员会,恢复"文革"前的司、局组织建制,从组织架构上逐步把财政工作纳入了正常轨道。

几乎同时,国务院也发出了《关于进一步加强财政工作和严格检查1974年财政收支的通知》。通知规定:①凡属任意减免税收,扣留国家收入,乱摊生产成本,虚报企业亏损以及化大公为小公的,都要清理收回,补交国库。②对各项开支,特别是基本建设拨款,必须逐笔核算,不准采取预算外支出转到预算内开支,不准用任何手法转移资金。③1974年国家预算内的基本建设拨款结余,除经中央批准结转使用的以外,全部上缴中央财政。未完工程需要的拨款,在1975年基本建设计划内统一安排。[①]这些措施的贯彻落实,对扭转财政收支的不正常情况和纠正违反财经纪律的现象,起到了很好的作用。

(二) 改进税收管理工作

1. 全国税务工作会议与税收管理体制改革

为了消除"税收无用论"的影响,1975年4月召开的全国税务工作会议着重讨论了税收的地位、作用以及如何加强税收工作等问题。会议在揭露几年来削弱税收管理,政出多门,制度混乱,偷税、漏税现象严重等问题的基础上,强调必须加强税收工作,充分发挥税收的作用。要求各级财政税务部门,加强税收管理工作,采取有力措施,坚决堵塞漏洞,维护国家财政收入。

为改变"文革"十年中税收管理的混乱状况,国务院于1977年11月向全国转发《关于税收管理体制的规定》,明确规定了国务院、财政部和省、自治区、直辖市的税收管理权限。省、自治区、直辖市不得超越管理权限不适当地层层下放,不得任意扩大减税、免税范围,不得任意停征税

---

① 《当代中国丛书》编辑部:《当代中国财政》(上卷),中国社会科学出版社1988年版,第255页。

种、税目。财政部还根据一些企业单位偷税、漏税的情况作出规定：①对工业企业的自销产品，一律按照实际销售价格征收工业和商业两道工商税；对低价自销和削价私分的商品，一律按照国家规定的价格征收工业、商业两道工商税。②工业企业倒卖非本企业生产的产品，一律按临时经营征收工商税，情节严重的，加成或加倍征税。③对机关、团体、部队、企业、事业单位，自行到农村采购应税未税的农、林、牧、水产品，都要依法征收工商税。

2. 税务机构的恢复与税收的快速增长

为了进一步落实全国税务工作会议的精神，1975年7月，财政部发出通知，要求清理漏欠税款，进一步整顿和加强纳税纪律。财政部税务局也在1975年恢复了"税务总局"的名称，以加强对全国税收工作的领导。

上述规定的贯彻执行，体现在税收上，最直接的反映是，1977年的税收完成了468亿元，比1976年多收了60多亿元，1978年完成了519亿元，同比增加了51亿元。"文革"十年期间，税收收入相对来说比较稳定，基本上年年有所增长，但像1977年、1978年这两年每年增加五六十亿元的情况，却是少见的。

第三节　市场化改革初期的放权让利

1978年，党的十一届三中全会确立了对内搞活、对外开放的重大战略方针，把全党的工作重点转移到社会主义现代化建设上来。经过了"十年浩劫"，国民经济遭受严重破坏，经济社会发展几乎停滞不前。不仅人民生活没有显著提高，而且，我国与其他国家（地区）的经济社会发展差距也在日益扩大。在这种长期未摆脱贫困的内部压力与发展差距日益扩大的外部压力的双重作用下，唯有改革才有出路。

当时的制度环境是沿袭多年的高度集中的计划经济体制。这种经济体制经过几十年的实践，暴露出不少弊端，其中最突出的弊端是它在很大程度上压抑了地方、企业、个人的积极性。因此，需要对症下药，一是将更多的决策权下放给地方政府和生产单位，二是给予地方、企业和劳动者个人以更多的利益。这两条简单地归纳起来，就是放权让利。

计划经济体制最大的特征是高度集中，这在作为计划经济体制一部分的财税体制上表现得更为突出。财权以及财力高度集中于中央，十分不利于其他利益主体积极性的发挥,要想调动积极性,就必须在财权以及财力分配上进行突破,改变以往的利益分配格局。尤其是改革初期,放权让利激发了各方面发展经济、提高人民生活水平的积极性,这自然需要一定的财权和财力作为支撑。因此,各方面普遍要求财税体制率先进行改革。

改革是一种制度创新,除了依赖强烈的政治意愿外,还需要选择恰当的改革策略。以放权让利为起点的改革,不可能同时一下子消除多年来传统经济体制积累的种种问题,需要从能够有利于整个经济体制改革的某一环节入手,以此带动进而推动改革的顺利进行。放权让利带来的各方面利益格局的重新调整,各方面对财权与财力的渴求,以及从有利于整个经济体制顺利推进的角度,自然使财税体制成为了改革的突破口。

20世纪70年代末,"十年浩劫"和"大跃进"遗留下的矛盾堆积如山,国民经济和国家财政受到严重破坏。加之多年来实施的重工业优先、"轻""重"失衡的赶超战略,导致国家对农民、居民以及社会的大量"欠账"。例如,1978年全国农民人均年收入为125元,相比1966年的106元,仅增加了19元,年均增加不足2元;1976年,全民所有制职工人均年工资为605元,相比1966年的592元,还下降了13元;与此同时,在"三五"、"四五"时期,科教文卫等社会事业支出占总支出的比重也由60年代初的10.5%下降到8%左右。

一、分配上向农民、城市职工和企业适度倾斜

在这场由中央政府主导的放权让利式的制度变革中,政府是推动改革的主体,改革的大部分成本自然也需由政府来承担。减少财政在国民收入分配格局的份额,通过政府还权于企业、让利于居民的一系列"还账"举措,激发各利益相关主体的改革积极性,从而恢复几乎被传统计划经济体制所窒息了的国民经济活力,便成为改革之初的思路和选择。

(一)提高农产品收购价格,增加农民收入

我国的减税让利先从农村开始。1979年,以农村联产承包责任制为突破口,国家大幅提高了粮、油、棉、麻、猪、牛、羊、鱼、蛋、甘蔗、甜菜、桑蚕茧等主要农副产品的收购价格。当年全国农副产品收购价格总

指数（包括牌价、议价和超购加价）比 1978 年上升 22.1%。①农副产品价格提高，农民收入增加（据测算当年增加 70 多亿元）；与此同时，政府还通过实施对低产地区农业税的起征点制度，较大幅度调减了农业税负担（当年免征 47 亿元），并通过适当提高农村社队企业工商所得税的起征点，适当放宽新办社队企业减免税期限等办法，减轻农村社队企业的各项税负（当年各项减免税为 20 亿元）（高培勇，1999）。

（二）提高城市职工工资，改善居民生活

在增加农民收入的同时，政府也逐步放松了对城市职工的工资管制。不仅恢复了企业和行政事业单位的奖金制度，实行副食品价格补贴制度，还进行了职工工资同企业经济效益挂钩浮动的试点。因而，在那几年，城市职工工资收入有了较大幅度提高。据统计，1978~1984 年的六年间，国有制职工年平均工资水平提高了 60.6%。即使扣除物价上涨因素，提高的幅度也达到 33.9%。

（三）调整企业利润分配体制，促进企业提高经济效益

农副产品收购价格提高后，农副产品的销售价格并未随之提高，购销价格倒挂，商业部门的利益受损。为了弥补高额的损失，国家财政向商业部门拨付了价格补贴。在增加补贴、维持企业既有利益的同时，高度集中的国有企业利润分配体制开始松动。1978 年 11 月，国务院批转财政部《关于国营企业试行企业基金的规定》，企业在全面完成产量、质量、利润（包括实现利润和上缴利润）和供货合同四项计划指标后，可以按照职工工资总额的 5%提取企业基金，主要用于职工福利、奖金和提高生产基数水平。原有国有企业统收统支体制被打破，国营企业初步掌握了一定的财力。不过，企业掌握的财力仍然偏小，难以促进企业经济效益的长期提高。1979 年，我国在部分企业中开始推行全额利润留成试点。1980 年进行基数利润留成加增长利润留成试点，并进一步扩大了试点范围。1981 年又针对上述办法作了调整，提出了国家对企业和主管部门，根据不同情况实行"基数利润留成加增长利润留成"、"全额利润留成"、"超计划利润留成"、"上缴利润包干、超收分成留用"、"亏损补贴包干、减亏分成或留用"等多种形式的利润留成和盈亏包干办法。国有企业的财权和财力进一步扩

---

①《中华人民共和国国家统计局关于 1979 年国民经济计划执行结果的公报》，1980 年 4 月 30 日，国家统计局网站，http://www.stats.gov.cn。

大，企业留利占实现利润的比重，从 1978 年的 2%、1979 年的 7.6%上升至 1982 年的 21.1%。这对打破高度集中的国民收入分配格局并激发企业提高经济效益的积极性，发挥了很好的作用。

企业基金制度和利润留成制度，初步打破了过去统收统支的分配模式，在一定程度上承认了企业的自主利益，调动了企业改善经营管理、发展生产的积极性。有了一定的自主财力，在一定程度上调动了企业改善管理、发展生产的积极性。但是，这并没有从根本上改变政府与企业的分配关系，企业的行政隶属关系依然存在。

二、"利改税"：规范国家与企业分配关系

伴随着经济体制改革的逐步深化，我们对国有企业的性质和地位开始有了新的认识。国有企业逐步脱出政府附属物的桎梏，而演变成为具有相对独立性的经营实体。于是，对于政府与国有企业的分配关系，需要一种适当的方式来加以稳定。为此，国务院决定在 1983 年 1 月和 1984 年 10 月，分两步对国有企业实行"利改税"改革，以此规范政府与企业之间的分配关系，实现从"利润上缴"经"税利并存"完全过渡到"以税代利"。

（一）重塑政府与企业分配关系：市场化改革的现实要求

在计划经济条件下，国有企业与财政的关系是一种指令性的计划分配关系。国有企业主要通过利润的方式将收入上缴财政。相应地，税收在调节国有企业与国家财政之间仅起辅助作用。

从 20 世纪 70 年代末拉开改革开放序幕，到 80 年代初期"利用商品交换、价值规律的计划经济"和"计划经济为主，市场调节为辅"的探索，发展到 1984 年《中共中央关于经济体制改革的决定》确立"有计划商品经济"，再到 1992 年邓小平南方谈话后确立"社会主义市场经济"。虽然中国社会经济转型的最初定位并没有明确为建立市场经济体制，但中国改革依然踏向了通往市场经济的道路。

在这个过程中，随着市场因素的逐步引入，计划经济下国有企业与财政的分配关系开始发生变化。国有企业需要从财政的附属依赖转变到确立独立商品生产经营者和市场竞争主体地位，走上市场化经营的道路；国家财政与企业的关系，也应从指令性的直接干预转变为与市场化趋势相适应的指导性间接调控。因此，重塑政府与企业之间的分配关系成为市场化改革的现实要求。

(二) 利税改革：政企分离的开端

早在改革初期，国家就开始酝酿调整政府与企业分配关系。为调动企业生产积极性，政府恢复了企业利润留成制，通过企业基金制和企业留利制，稳定了计划经济中财政与企业的关系。在那时，尽管尚未打破旧有的分配体制，但这种对政府与企业分配关系的探索与实践，为下一步的"利改税"创造了前提条件。

1979年，国家先是在湖北省光化县对15户县办工业企业进行"利改税"的试点。1980年，进一步将试点范围扩大至广西壮族自治区柳州市的市属工业企业。同时，上海市、四川省的部分工业企业也陆续进行了试点。到1981年底，全国共有18个省、市、自治区的456户工交企业试行了"利改税"（郝昭成等，1993）。"利改税"的试点办法在全国有30多种。这些办法的共同特点是，以所得税为主要税种，国家首先通过征收55%左右的所得税参与企业的利润分配；征收所得税后的利润，或者全部留归企业自行安排使用，或者采用诸如调节税、资金占有费、资金分红等形式，由国家进一步参与分配。试点过程为"利改税"政策的出台与实施提供了丰富且宝贵的经验。

根据国务院、财政部的部署，在全国广泛试点的基础上，作为企业改革和城市改革的一项重大举措，"利改税"实行"分步到位"的改革思路：第一步实行税利并存，扩大上缴税收的比重，待条件成熟后，再过渡到实行完全的"利改税"。

1. 第一步"利改税"

1983年，国务院决定在全国试行国营企业"利改税"，即将新中国成立以后实行了30多年的国营企业上缴利润的制度改为缴纳企业所得税的制度。第一步"利改税"的主要内容包括：①对有盈利的国有大中型企业（包括金融保险机构），根据实现的利润，按55%的税率缴纳所得税。企业缴纳所得税后的利润，根据不同情况，分别采用递增包干上缴、固定比例上缴、定额包干上缴和缴纳调节税等方法上缴国家财政一部分，余下的作为企业留利。②对有盈利的小型国有企业，根据实现的利润，按照8级超额累进税率缴纳所得税。缴纳所得税之后，由企业自负盈亏，国家不再拨款，但对税后利润较多的企业，国家可以收取一定的承包费，或者按固定数额上缴一部分利润。对营业性的宾馆、饭店、招待所和饮食服务公司按15%的税率缴纳所得税。③对县以上供销社，以县公司或县供销社为单位，按8级超额累进税率缴纳所得税。④军工企业、邮电企业、粮食企业、外贸企业、农牧企业和劳改企业暂不实行"利改税"办法。⑤经财政部门审查同意后，国有企业的各种专项贷款可用缴纳所得税之前的新增利润归还。⑥企业税后留用利润，按规定要建立新产品试制基金、生产发展基金、后备基金、职工福利基金和职工奖励基金。前三项基金的比例不得低于留利总额的60%，后两项基金的比例不得高于留利总额的40%。

2. 第二步"利改税"

为了进一步为企业自主经营、自负盈亏创造条件，充分调动企业和职工的积极性，1984年10月起，在全国推行了第二步"利改税"的改革。"利改税"的第二步改革，是在第一步"利改税"的基础上，对国有企业所得税和调节税的进一步改革和完善，其核心内容是将国营企业原来上缴国家的财政收入改为分别按11个税种向国家交税，从而完成了第一步"利改税"的税利并存向完全的以税代利的过渡。

第二步"利改税"实际上包括国有企业"利改税"和工商税制改革两部分，其主要内容包括：①改革工商税，将原来的工商税按纳税对象"一分为四"，即产品税、增值税、盐税和营业税。对某些采掘企业开征资源税，同时恢复和开征房产税、土地使用税、车船使用税、城市维护建设税等税种。②将国有大中型企业征收所得税后的利润上缴形式，改为征收调节税。按照一户一率的原则，根据企业的实际情况分别核定税率。③对国有小型盈利企业改按新的8级超额累进税率缴纳所得税，不征调节税。一般由企业自负盈亏，国家不再拨款。但对税后利润较多的企业，国家可以收取一定数额的承包费。④营业性的宾馆、饭店、招待所和饮食服务业，也改按新的8级超额累进税率缴纳所得税。⑤继续实行企业用贷款项目投产后新增利润，在缴纳所得税前归还贷款的政策。

实施第二步"利改税"和工商税制改革，是我国改革开放以后第一次、新中国成立以后第四次大规模的税制改革（金人庆，2000）。此后经过进一步地完善税制，我国初步建立起了包容32个税种的工商税制整体框架。由此，我国的税制建设开始进入健康发展的新轨道，从而完成了由单一税制向复合税制的转变，并进一步加快了中国财政体制适应市场化进程的历史转变。

（三）"利改税"：为下一步税制改革奠定基础

站在今天的时点上评价"利改税"在中国财税体制改革进程中的历史地位，可以说，始于20世纪80年代的"利改税"是我国国家财政与国有企业分配关系史上的一次重大变革,对整个财税体制改革、经济体制改革及制度创新产生了相当深远的影响。

1. "利改税"体现了财税运行机制的新变化

实行"利改税"后,不仅以税收形式规范了政府与企业的分配关系,也增加了企业自我改造、自我积累和自我发展的能力。更重要的是,"利改税"顺应了国民经济市场化进程中的财税运行机制变化的大趋势,是财政退出企业直接经营过程,并最终把企业推向市场的突破口,成为财政对企业由指令性的直接调控向指导性间接性调控转变的起点(赵梦涵,2003)。以国有企业所得税(当时称为"国营企业所得税")的开征为标志,政府改变了直接干预的方式管理企业,而是通过法律的形式确立处理政府与企业分配关系的基本准则,对于此后实现政企分开、两权分离,培育市场主体,建立现代企业制度等一系列制度变革具有奠基性意义。

2. "利改税"奠定了现行税制的基础

在我国现行税制体系中,相当部分的重要税种都是从此次改革的基础上发展演变而来,因此,"利改税"使得中国财政收入开始呈现明显的公共化特征。通过1980年、1984年的两步"利改税",动摇了利润上缴在财政收入中的原有地位。税收占政府财政收入的比重由1978年的45.9%上升到1981年的53.6%,到1985年、1986年,该比重上升为90%以上;相应地,利润上缴占政府财政收入的比重由1978年的50.5%下降为1985年后的5%以下。税收收入替代利润上缴成为财政收入的最主要方式。利润是产权收益的一种方式,是所有者分享企业收益的一种分割方式。税收则是企业、居民等为政府提供公共产品而支付的价格,是与市场经济相适应的财政收入的主要形式。因此,税收取代利润成为国有与企业利益分配关系的主流,也就意味着作为公共管理职能的政府与作为国有企业所有者的逐步分离。这种将"国家"性质的利润上缴转变为"公共"性质的税收的变化,鲜明地表现出我国财政收入在市场化改革作用下的公共化趋势(张馨,2004)。但是,由于受到当时客观经济和社会条件的制约,以及"利改税"制度设计自身的局限,"利改税"在推动税制建设,重构财政运行机制的同时,也产生了一些新的问题,既定的改革目标并未完全实现。

从理论准备上看,"利改税"的终极目标是实现完全的以税代利,企图用单一的税收形式完全代替利润上缴形式。这就使国家以行政管理者的身份替代了资产所有者的身份,混淆了社会主义国家的两种身份和两种职能。由于否定了上缴利润形式,也就弱化了国家作为资产所有者的职能,这就不利于国家对国有资产的管理（高培勇，2005）。从某种程度上，造成了"过犹不及"的局面。

从实际操作上看，也存在许多有待改进的地方：①所得税的税率过高，国营企业的税负重；因而法律约束不严造成税收减免多。②征收所得税后，又征收调节税，而且调节税是每户一率一法，征收随意性大。③实行税前还贷的办法，实质上是用财政资金替企业归还贷款，出现企业争贷款，银行保收益，国家财政收入减少的局面。企业和银行自我约束机制软化，易于诱发投资膨胀。正是由于"利改税"存在这样或那样的问题，为进一步全面推进税制改革埋下了伏笔。

第四节 工商税制改革：改革开放的重要推动器

一、改革开放呼唤现代税收制度

1978年以后，在逐渐引入并强化市场配置社会资源的过程中，国民经济发生了巨大改变，所有制结构呈现多元化趋势。外资、中外合资以及私营企业多种经济成分蓬勃发展，合作、合伙、独资等多种经营方式并存。导致全民所有制（国有制）经济成分比重下降，其他多种所有制经济成分比重上升。此外，国有企业作为参与市场竞争的经济主体，逐步走向独立，接受市场信号的导向。计划经济下主要依赖利润方式调节企业与财政分配关系的做法已不合时宜。

在经济体制改革大背景下，政府调控逐渐由直接调控向间接调控转变，主要通过市场参数（包括税率、汇率、利率等方式）调节微观主体企业的运行是现实的必然选择。在价格不能大动的情况下，税收应更多地被赋予组织政府财政收入、调节政府、各类企业、个人等多方利益、贯彻执行经济政策的职能。工商税收在经济中的作用，重新被定位。

但是，1973年简并的税制是与产品经济相适应的单一税制。税率、税目粗，范围不全面，税负与企业盈利不匹配，难以满足经济体制改革中税收应承担的调控要求。为了推进改革，确立面向市场的调控规则，就需要一种多税种、多层次、多环节发挥调节作用的复合税制。

二、工商税制改革正式启动

在改革开放初期,我国工商税制的改革,是以建立和健全涉外税制为起点的。

(一) 建立和健全涉外税制,调节外资经济

1980年9月,全国人民代表大会公布了《中华人民共和国中外合资经营企业所得税法》和《中华人民共和国个人所得税法》。1981年,《中华人民共和国外国企业所得税法》出台,并且规定,涉外企业沿用修订后的工商统一税,照章缴纳车船使用牌照税和城市房地产税。于是,我国涉外税制初步建立,将开放后数量日增的外国企业和外国在华工作人员纳入征税范围,初步适应了外资经济蓬勃发展对税制建设的要求,保障了对外开放后国家的经济利益。

(二) 原工商税"一分为四",调节产供销关系

改革之前的流转税,经过多次简并后只剩下"工商税",税目、税率简单,无法适应产品性能和产销多样化的征税需要。1984年9月,国务院颁布了产品税、增值税、营业税和盐税4个条例(草案),将原工商税"一分为四"。

产品税是从原工商税中分解出来,针对烟、酒、手表、化妆品、焚化品等20多种特定产品征收的税。本着调节产品利润,合理企业负担的原则,按照产品和产品类别设置了税目以及分档定率。

增值税是为适应商品经济的调整,促进专业化分工协作,解决重复征税矛盾,针对产品新增价值和附加值所征的税。当时将机械、钢铁、钢材、西药、自行车、电风扇、缝纫机、印染丝织品等产品纳入征税范围,按产品销售额征税,以不同范围、不同扣除方法扣除已税部分,消除重复征税带来的税负不公。

恢复和改进营业税。主要针对商业、交通运输、金融保险、邮电电讯、建筑安装服务等行业征收,增加对商业批发营业税的征收,结束了近30年商业批发不征税的做法,税目由5个增加到11个,税目税率由按行业设置改为按项目设计。

调整盐税。从工商税中单独制定税收条款,恢复盐税的独立性。为了适应价格的变化调整了盐税税额,缩小了工业用盐的免税范围。

(三) 开征资源税，调节级差收入

为合理利用自然资源，调节企业因为自然资源差异而获得的级差收入，1984年10月，我国开征了资源税。主要是针对开采原油、天然气、煤炭和金属矿产品的企业和个人所征的税。由于当时金属矿产品的价格尚未合理调整，暂缓征收。自然资源的级差收入综合反映在产品销售利润上，因此确定依照产品销售利润率设计税率。在缴纳产品税收，产品销售利润率在12%以下不征资源税，销售利润率超过12%的部分，则按三个不同的档次，按销售利润每增加1%，税率增加0.5%、0.6%、0.7%，分档累进计算，依据销售收入额计征。1986年改进计税方式，由按照销售利润率超率累进计征改为从量定额征收。

(四) 开征和恢复地方税种，完善税收制度

地方经济在改革开放得到不断发展，地方经济成分、产业结构和生产分工逐渐呈现多元化和复杂化趋势。同时，向地方放权让利的改革过程中，地方政府承担了更多的支出责任，对财力的需求加大。要因地制宜地发展地方经济，就需要开征和恢复地方税种，以使地方获取更为稳定的收入。

地方税制改革的内容包括：扩大地方税的征收范围，加强地方的税收自主性。地方税的征收原则和税率最高限额决定权在中央，但开征、停征、减免税以及具体征税规定则由省、市、自治区根据实际情况而定。恢复城市房地产税、车船使用牌照税、印花税、特种消费税和集市交易税。新开征土地使用税和城市建设税。至此，地方税收体系的雏形建立起来。

三、多层次复合税制逐步形成

经过工商税收改革以及同一时期的"利改税"，我国初步建立起了包含32个税种的工商税制框架（如图5-1所示），一个适应多种经济成分、多种流通渠道、多种经营方式，以流转税和所得税为主体的复合税制体系基本上成型，税制建设开始进入健康发展的新轨道。这不仅适应了经济体制改革的要求，同时也推动了经济体制改革的深化。

更为重要的是，在这一过程中，政府对新形势下税收调节经济的功能有了进一步的探索和实践。例如，在转轨阶段主要以产品税保证国家财政收入的稳定性，并以价格配合调价市场供求；以增值税调节企业税负，促

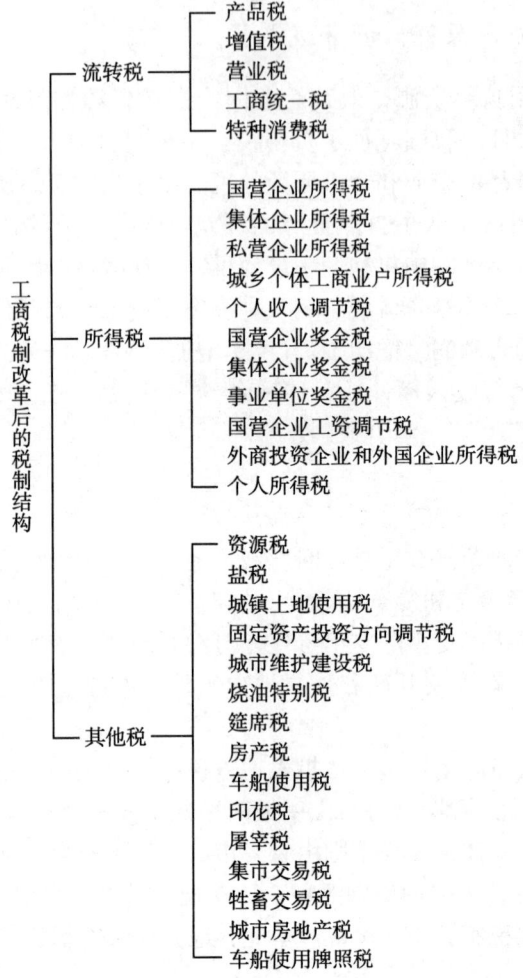

图 5-1 两步"利改税"后的我国工商税制结构

进专业化分工；运用资源税调节级差收入，促进资源的合理利用；运用特种行为税，以抑制某些经济行为；依赖所得税调节企业、个人所有分配等。如何依照各种税种不同功能寻求不同发展阶段多税种的最优组合成为设计税制的目标（贾康、阎坤，2000）。

第五节　调整支出结构：减少经济建设支出

与计划经济条件下政府包办社会各项事业的"大而宽"的职能范围相适应，其财政支出格局也同样带有事无巨细、包揽一切的特征。这一时期的中国财政被冠以"生产建设财政"的称谓。其主要表现是：财政作为社会投资主体，基本建设拨款支出规模浩大，通常占到政府财政支出的40%左右；财政承担无偿拨付国有企业流动资金的任务，在大多数年份，由此形成的流动资金支出，往往占到财政支出的20%；此外，财政还几乎包揽了科技、教育、文化、卫生等全部社会事业，并为城市职工建立了"从摇篮到坟墓"的社会保障制度。与此同时，主张并坚持实现财政总收支的年度平衡，是当时奉行的一贯政策，一度被认为是社会主义优越性的体现之一。

然而，随着改革的逐步深化，这种与计划经济时代相适应的"大而宽"的"生产建设财政"格局，面临着严峻挑战。

一、财政困境："建设财政"难以为继

1978年，伴随放权让利的经济体制改革，财权财力大规模由中央政府向地方政府、从政府向企业转移。财政收入增长乏力，与此同时，体制改革、经济增长的要求以及国家政策规定的各种义务使得财政支出急剧增加，国家财力不堪重负，实现财政收支平衡困难。

国有制企业的利润上缴一直是计划经济年代财政收入的主要来源。从"二五"到"五五"时期，国有制企业提供的财政收入一直占财政收入80%以上。在改革开放以后，多种经济成分蓬勃发展。从20世纪70年代末到80年代初，非国有制企业的快速发展却没有贡献相应的税收收入。作为财政支柱的国有制企业提供的财政收入比重仍高达78.7%；非国有制企业提供的比重仅占21.3%。再加上政府推动改革而实施的减税让利政策，故而，自70年代末起，我国财政收入一直增长缓慢。1979~1982年，财政收入分别为1146.38亿元、1159.93亿元、1175.79亿元和1212.33亿元，增长绝对数几乎停滞。

而到20世纪80年代末至90年代初，国有企业由于经营机制、管理

机制问题效益不佳,出现了通常所说的国有企业"1/3 在明亏、1/3 在暗亏、1/3 在盈利"的局面;乡镇企业也因为缺乏规模经济以及官僚体制倾向纷纷倒闭破产,国有企业和集体企业无法再为政府贡献高额持续的税收收入。预算内收入占 GDP 比重迅速下降(如表 5-3 所示),预算内收入占 GDP 比重由 1978 年的 31%迅速下降为 25%左右;到 1987 年后,降至 15%左右。政府可支配的社会资源的比例持续下降。

表 5-3　1979~1990 年财政收入占 GDP 的比重

年　份	财政收入（亿元）	国内生产总值（亿元）	财政收入/国内生产总值
1979	1146.38	4038.20	28.4
1980	1159.93	4517.80	25.7
1981	1175.79	4862.40	24.2
1982	1212.33	5294.70	22.9
1983	1366.95	5934.50	23.0
1984	1642.86	7171.00	22.9
1985	2004.82	8964.40	22.4
1986	2122.01	10202.20	20.8
1987	2199.35	11962.50	18.4
1988	2357.24	14928.30	15.8
1989	2664.90	16909.20	15.8
1990	2937.10	18547.90	15.8

资料来源:《中国统计年鉴》(1994)。

计划经济下财政大包大揽的格局难以为继。1979 年、1980 年分别出现了 135.41 亿元、68.9 亿元的巨额财政赤字。而财政收支失衡的压力反映到财政支出上,就是在全社会固定资产投资支出中,预算内投资所占比重迅速且持续下跌(如表 5-4 所示),预算内投资占全社会固定资产投资从计划经济时期的 30%左右下降为 20 世纪 80 年代中期的 10%左右,甚至降到 5%以下的水平。

表 5-4　预算内投资/全社会固定资产投资总额

单位: %

年　份	预算内投资/全社会固定资产投资总额
1981	28.1
1982	22.7
1983	23.8
1984	23.0

续表

年份	预算内投资/全社会固定资产投资总额
1985	16.0
1986	14.6
1987	13.1
1988	9.3
1989	8.3
1990	8.7
1991	6.8
1992	4.3
1993	3.7

资料来源:《中国统计年鉴》(1994)。

在财政收入无法实现短期快速增长的情况下,适时调整财政支出格局,将有限的资源用到"刀刃上",成为探索解决财政困难之路。"一要吃饭,二要建设"的口号,形象地反映了当时财政支出结构的调整与财政的转型。

二、解困之道:调整财政支出结构

在财政收入规模短期内不可能有较大改观的情况下,扭转财政困难的着眼点便被转移至财政支出结构的调整上。其基本的做法是,对财政支出结构"有保有压":投向传统生产领域的支出减少,而能源交通和基础设施成为了支出重点。这种调整,以今天的眼光看,多多少少具有了公共化的意味。

(一) 传统生产领域投资减少

在计划经济体制下,政府通过计划方式直接配置整个社会绝大部分的资源。故而,财政支出中包含了大量投资性支出的内容。20世纪70年代末,带有计划经济性质的生产建设支出占财政支出的比重达60%以上(贾康、阎坤,2003)。其中,全民所有制企业的生产建设资金(包括企业挖潜改造资金、企业流动性资金等)也主要由财政提供。如在1978年,生产性流动资金支出为66.6亿元。

随着经济体制改革的深入,市场因素逐步占据主导地位。在大部分的社会资源经由市场提供的情况下,财政逐渐开始从竞争性行业退出,财政支出对传统生产领域的投资也随之减少。如对企业流动资金的财政拨款,就由 1978 年的 66.6 亿元下降为 1981 年的 22.84 亿元,到 1984 年,更降到了 9.96 亿元。这种趋势,伴随国有企业的改制以及国有银行的市场化改革而渐渐增强。

(二) 预算内支出重点投向能源交通和基础设施

相应地,预算内财政投资的重点转向了对能源交通和基础设施领域的投入。诸如市政道路、水、电、气等基础交通设施,连接省、市等之间的高速公路、铁路、环保、城市营运支出等方面的能源交通和基础设施,属于典型的公共物品。这些物品,对于一个发展中国家实现经济腾飞来讲,是不可缺少的基础条件。而它们大都属于资本密集型行业,在投资前期要求有大量资本成本投入,建设周期长,投资形成生产能力和收回投资要历经多年,往往成为制约经济发展的"瓶颈"。因此,能源交通和基础设施属于市场失灵的范围,属于政府进行干预的领域。在压缩传统领域投资的同时,财政加大了对这些领域的投入。

(三) 财政支出走上自发公共化进程

从 20 世纪 70 年代末到 80 年代的财政支出格局的调整,虽然是为缓解当时财政困境的一时之策,但当我们从改革开放以来财税体制的变迁过程看,这些调整,在整个经济体制改革的不断推动下,孕育着一些有别于传统计划经济体制下财税体制的新因素,成为一种新的财税体制形成的种子。实质上,财政在经济体制改革过程中对"一要建设"、"二要吃饭"两者关系的处理上,逐步摆脱计划经济的影响,从"一要建设、二要吃饭",甚至不顾"吃饭"而要"建设"的状态转变为只是集中于市场失灵的领域,反映了一个基本事实,那就是,在经济体制改革的推动下,财税体制正自发地朝着公共化方向变革。而这种变革,又进一步有力地推动了经济体制改革的实践。

第六节 财会制度改革:构建市场基础

现代企业制度的一个重要环节,便是企业财务会计制度。当时我国实行的财务会计制度,基本上是在计划经济年代形成的。随着市场化的进程，财务会计制度与市场经济体制的矛盾越来越尖锐。突出的问题是，财务会计制度不统一、不规范，企业财务会计管理权限小，同国际通行会计惯例的差距大，直接制约了对外经济技术的交流与合作。因此，企业财务会计制度的改革很快被提上了议事日程。

作为计划经济年代国家财政基础环节的企业财务会计制度，它的调整，所牵涉的不仅是国有企业制度本身，而且也包括财政运行机制。事实上，财务会计制度的改革就是作为整体财政运行机制改革方案的一个组成部分而设计、提出的。从这项改革的初衷和意义看，它实质是在构建财税体制的微观管理基础。

一、计划经济财会模式弊端凸显

从某种意义上讲，计划经济是在国有制基础上建立的全社会范围的大企业（吴敬琏，2003）。全国经济由国家统一领导，国有企业并不是独立的主体，而是附属于国家财政。国家财政不仅负责生产领域外的分配领域，还包括生产领域内的分配关系，形成了一个包括国家预算、银行信贷和企业财务在内的社会主义财政体系。[①] 因此，国有企业的计划、生产、销售等均纳入计划管理；企业的财务会计管理实质上也是构成财政管理体制的重要部分，属于全社会传统公共财务管理。伴随国有企业下放，市场因素逐步地发育，计划经济财会模式的弊端凸显。

原有的国有企业财务会计管理体制和会计核算体系是在计划经济体制下制定的，片面地服从国家计划以及宏观财政财务政策，许多的财务会计制度和政策不能客观、真实地反映企业的财务状况和经营成果，造成企业资产不实、盈亏虚假；原有企业会计制度按照所有制、分部门分别制定，使得不同行业的企业之间会计信息无法比较，考评国有企业绩效、制定相关激励和惩罚措施非常困难；会计考核指标体系是按照国有企业完成国家计划等进行考核，无法适应经济体制改革中企业独立市场行为的要求。

二、配合财税体制改革，改革财会制度改革

伴随着财税体制改革的进程，建立与财税体制相吻合的新的财会制度就成为必然。

[①]《经济与管理大辞典》，中国社会科学出版社1985年版，第422页。

从国家层面看,"利改税"改革使得政府与国有企业之间的财政分配关系日益远离计划经济体制下的分配模式,政府与国有企业之间的分配关系逐渐以税收的形式加以法制化和规范化。作为真实反映企业经营情况和利润信息记录的会计制度,不仅是政府征税的微观基础,也是政府相关部门制定宏观经济管理政策的基本依据。

从企业层面来看,经济体制改革使国有企业慢慢成为自主经营、自负盈亏、参与市场竞争的主体。企业要在竞争中立足,需要有真实可靠的财会信息为依据,并能通过这些信息,改善内部管理,制定可行的经营决策,提高企业的竞争力,并反映真正的经营成果,据实向政府缴纳税收(或利润)。除此之外,在改革开放所带来的国内经济国际化的过程中,逐步增强会计信息的可比性,还可大大减少国际商务中的交易成本。

(一)《会计法》:确立会计行为的基本规范

1985年1月,第六届全国人民代表大会常务委员会第九次会议审议通过了《中华人民共和国会计法》(以下简称《会计法》)。于1985年5月1日起实施的《会计法》是我国会计工作的根本大法,是会计行为的基本规范。它对其他会计法规、制度起统驭作用。这是新中国第一部《会计法》,对我国会计管理体制、会计工作职能、会计核算、会计监督等基本内容做出规定。此后,《会计法》历经了两次修改。

1993年12月29日,第八届全国人民代表大会常务委员会第五次会议通过了《关于修改〈中华人民共和国会计法〉的决定》。修改的内容主要包括:①确立会计工作在发展社会主义市场经济的地位和作用。②突出企业领导人的责任。③扩大《会计法》的适用范围。④完善相关会计准则。

中共十四大后,我国改革开放和社会主义市场经济进程加快,对会计工作提出了更多更新的要求。所有制结构和投资主体的多元化、筹资活动的多样性,要求有关经济责任人和政府部门在经济活动中和宏观调控中更加注重运用会计信息,因此,需要进一步以法律形式确立和规范会计信息生成、披露标准,做到会计有法必依、执法必严、违法必究。

以此为背景,1999年10月31日,全国人民代表大会常务委员会第十二次会议通过了修订的《会计法》。其主要的修订内容大致包括:①突出了规范会计行为、保证会计资料质量的立法宗旨。②突出本单位负责人对单位会计工作和会计资料真实性、完整性的责任,规定国有大、中型企业必须设总会计师。③对公司、企业会计核算做出特别规定。④进一步加强会计监督制度。⑤对会计从业资格管理做出规定,并修改、加强了相关法律责任的内容。

(二)"两则两制":基本实现国内会计与国际会计惯例接轨

在实施《会计法》、奠定符合新形势要求的会计制度的基础后,财政部继续推进会计制度的改革。按照社会主义市场经济的要求,建立适合中国国情、与国际会计准则相协调的会计准则体系成为改革的目标。1992年,财政部发布了《企业会计准则》、行业会计制度、《企业财务通则》和行业财务制度,简称"两则两制"。"两则两制"的主要内容包括:

(1)规定或重申了会计核算的一般原则。第一次强调会计核算不再是为了满足国家计划的需要,而是为了满足包括国家在内的投资者、债权人以及社会各方面的需要,体现了在市场经济条件下,国有企业享有独立地位,国家是国有企业投资者,具有所有者的身份;基本统一不同所有制、不同行业、不同经营方式、不同行业的会计政策,体现市场经济下社会资源流动、在社会范围内合理评价企业财务状况和经营成果对会计信息的需要。

(2)借鉴国际通行会计惯例,在许多重大方面实现了国际会计管理协调一致。例如,确立国际通行的"资产=负债+所有者权益"会计平衡式,在此基础上建立以资产负债表、利润表、现金流量表为核心的会计核算体系。这样才能科学地反映企业的资产规模、债权、债务以及所有者权益的结构和质量,为企业管理者决策、企业所有者监督、银行以及市场资产评估企业提供基础性的数据指标,是合理界定产权、构建现代企业制度,引导企业有效利用资源、推动财税和金融体制改革的微观基础。

(3)会计制度设计中引入企业激励和控制原则,在确保企业资产、资金管理独立的同时,保障国家作为所有者的权益。新的会计制度取消了沿用多年的专户存储制度,允许企业自主调配资金;实行资产保全原则,即设立企业必须有符合法定要求的资本,资本金不能以任何方式抽回;提取折旧、资产盘亏不得核减资本。上述条款对于增强国有企业独立自主地位,保证国有资产的保值增值,保障国家在内的所有者权益意义重大。改革成本管理,采用制造成本法,遵循配比原则,将当期发生的管理费用和销售费用直接计入当期损益,真实地反映企业当期成本和经营状况。

三、适应市场经济的财会模式逐步确立

以"两则两制"为标志的企业财务会计制度改革,完成了我国财务会

计制度模式的转化，基本实现了中国会计核算制度与国家会计惯例相协调，为改革开放背景下，促进国内外商品、资本的自由流动，推动国内国有企业改革，加强企业成本意识，激励考核以及政府部门审查税基、保护国家税收利益提供了会计核算的微观基础。

除此之外，"两则两制"的实施，正值我国市场经济和证券市场进入一个新的快速发展期。国有企业正按照建立现代企业制度的要求转化经济资源配置，通过证券市场筹集更多的资金。市场经济财会模式的确立、更为透明公正公开的会计信息的披露环境、真实可靠的会计信息，客观上为证券市场的发展、引导投资信贷以及社会资源配置发挥了积极的作用。

第六章 市场经济发展中的财税制度

1978年，我国开始推行改革开放政策，最初是针对高度集中的计划经济而进行的体制调整。其基本思路，是通过"减税让利"和"放权让利"，处理好政府与国有企业、中央政府与地方政府的关系，以达到调动企业和地方政府积极性和促进经济发展的目的。这种改革思路被称为"行政性分权"，其所采用的主要手段，则是对国有企业和地方财政实行"承包制"。

但是，在政企不分的制度背景下，将国有企业下放地方政府管理的同时，对企业和地方政府实施的"放权让利"极大地削弱了中央政府的宏观调控能力，在很大程度上导致了"地方封锁"和"诸侯经济"的局面。"行政性分权"的改革思路，难以从根本上解决财政体制面临的种种问题。也就是说，作为计划经济体制重要组成部分的财政体制，无法通过其内部的调整，解决计划经济所带来的问题。[①]

以1992年邓小平同志南方谈话为契机，中国共产党第十四次代表大会明确提出中国经济体制改革的目标是建立社会主义市场经济体制。与此相适应，作为经济体制的重要组成部分，财税体制改革的目标也随之确立：建立与社会主义市场经济体制相适应的财税体制。自此，中国财税体制改革开始摆脱"行政性分权"的束缚，进入以"制度创新"为特征的崭新阶段。

1992年10月，中共第十四次人民代表大会在北京召开，江泽民代表十三届中央委员会作《加快改革开放和现代化建设步伐，夺取有中国特色社会主义事业的更大胜利》的报告，报告明确提出了我国经济体制改革的目标是建立社会主义市场经济体制。社会主义市场经济体制是同社会主义基本制度结合在一起的。

1993年3月29日，八届人大一次会议通过了宪法修正案，将《宪法》

---

① 杨之刚：《公共财政学：理论与实践》，上海人民出版社1999年版。

第十五条："国家在社会主义公有制基础上实行计划经济。国家通过经济计划的综合平衡和市场调节的辅助作用，保证国民经济按比例地协调发展。""禁止任何组织或者个人扰乱社会经济秩序，破坏国家经济计划。"修改为："国家实行社会主义市场经济。""国家加强经济立法，完善宏观调控。""国家依法禁止任何组织或者个人扰乱社会经济秩序。"

宪法修正案的通过为包括财税体制在内的更深层次的经济体制改革奠定了法律基础。按照建立社会主义市场经济体制的要求全面推进制度创新是1994年财税体制改革的基本背景。

第一节 分税制改革的宏观背景

20世纪80年代末90年代初，中国的中央财政陷入了严重危机，由于财政收入占GDP比重和中央财政收入占整个财政收入比重迅速下降，中央政府面临前所未有的"弱中央"状态。[①] 中央财力的薄弱，使那些需要国家财政投入的国防、基础研究和各方面必需的建设资金严重匮乏。这场财政危机，让党中央、国务院痛下决心，一场具有深远影响的分税制改革在中国拉开了序幕。[②]

1994年的财税体制改革，还与当时特殊的宏观经济背景有密切的关系。1992年，以邓小平南方谈话为契机，中国经济一举扭转了1989年以来低速徘徊的局面，在1991年国内生产总值增长9.3%的基础上，1992年经济增长率达到14.2%；1993年经济增长再次加速，第一季度为15.1%，第二季度为16.4%。伴随着经济的过快增长，1993年上半年开始，经济生活中的过热势头开始出现。其具体表现主要是"四高"（高投资增长、高货币投放、高物价上涨和高贸易逆差）、"四热"（房地产热、开发区热、集资热和股票热）、"两乱"（金融秩序混乱、市场秩序混乱）。

全国零售物价上涨幅度较大，如大城市生活物价便上涨22%，使群众受到很大的压力。物价快速上涨主要是由于投资需求过大，使得生产资料

[①] 赵忆宁：《分税制决策背景历史回放》，《瞭望新闻周刊》，2003年第37期。
[②] 20世纪80年代以后，中国出现持续性的高速经济增长。1980~1990年，国内生产总值平均增长率为9.5%。经济的高速增长并没有带动和促进国家财力的同步增长。当时，财政部透露，政府财政收入占国内生产总值之比，由1978年的31%下降到1992年的14%，中央财政收入比例的不断下降，已经严重削弱了中央政府对宏观经济的调控能力。

价格大幅度上涨造成的。1993年1~5月，原材料、燃料、动力购进价格指数同比上涨31%，生产资料价格指数上涨43%，相当一部分企业生产成本明显增加，建设项目造价大幅度提高，导致下游企业产品价格不断攀升。

在这种情况下，1993年6月24日，中共中央、国务院联合发出《关于当前经济情况和加强宏观调控的意见》（中发［1993］6号），以整顿金融秩序为重点，提出了16条措施。其中明确指出：当前经济中出现的矛盾和问题，从根本上讲在于原有体制的弊端没有消除，社会主义市场经济体制尚未形成，那种盲目扩张投资、竞相攀比速度、缺乏有效约束机制等问题没有得到根本解决。在这种情况下，解决当前的问题必须采用新思路、新办法，从加快新旧体制转换中找出路，把改进和加强宏观调控、解决经济中的突出问题，变成加快改革、建立社会主义市场经济体制的动力。在深化改革中，特别要加快金融体制、投资体制和财税体制的改革。

正因为如此，1994年的财税体制改革，尤其是税制改革中税制的设计，与当时的宏观经济形势有着密切的联系。于是，财税体制改革被赋予了控制投资需求的过快增长、抑制经济过热的任务。

一、财税改革的重点内容

1993年11月14日，中共十四届三中全会审议通过了《中共中央关于建立社会主义市场经济体制若干问题的决议》（以下简称《决议》），该《决议》专设"积极推进财税体制改革"一节，将财税体制改革的重点内容确立为如下三项：①

---

① 1992年12月29日，中共中央政治局常委、国务院总理李鹏与出席全国财政会议的财政厅局长和税务局长座谈时指出：财税改革是整个经济体制改革的重要组成部分，其核心是按照社会主义市场经济的要求，正确处理国家与企业、中央与地方的利益分配关系，为市场发育和企业之间的公平竞争创造良好的外部条件，改进和加强宏观调控。因此，改革要加快进行。1993年4月19日，国务院在机构改革中将国家税务局改名为国家税务总局，并升格为国务院直属机构。1993年4月下旬，中共中央总书记江泽民先后三次主持召开中央财经领导小组会议，听取国家税务总局局长金鑫等关于税制改革等问题的汇报，研究税制改革工作。中央财经领导小组在听取了上述汇报以后，充分肯定了中国改革开放以来税制改革取得的明显进展和税收工作发挥的重要作用。同时指出：现行税制已经不适应经济发展的需要，对于理顺中央与地方以及国家、企业、个人的分配关系，难以起到有效的调节作用。因此，必须加快税制改革。这次会议的决议明确提出：税制改革涉及面广，影响大，既要积极，又要稳妥；要同投资体制、企业体制、财政体制等方面的改革协调配套进行。为了加强对财税体制改革的领导，决定由中共中央政治局常委、国务院副总理朱镕基负责，研究制定改革的具体方案和步骤。在改革中，要注意把握以下原则：一是要有利于加强中央的宏观调控能力；二是要有利于发挥税收在调节个人收入和地区经济发展差距方面的作用；三是要体现公平税负，促进平等竞争；四是要体现国家产业政策，促进经济结构的有效调整。参见刘佐：《社会主义市场经济体制中的税制改革》，《当代中国史研究》，2003年第5期。

(1) 把现行地方财政包干制改为在合理划分中央与地方事权基础上的分税制，建立中央税收和地方税收体系。维护国家权益和实施宏观调控所必需的税种列为中央税；同经济发展直接相关的主要税种列为共享税；充实地方税税种，增加地方税收入。通过发展经济，提高效益，扩大财源，逐步提高财政收入在国民生产总值中的比重，合理确定中央财政收入和地方财政收入的比例。实行中央财政对地方的返还和转移支付的制度，以调节分配结构和地区结构，特别是扶持经济不发达地区的发展和老工业基地的改造。

(2) 按照统一税法、公平税负、简化税制和合理分权的原则，改革和完善税收制度。推行以增值税为主体的流转税制度，对少数商品征消费税，对大部分非商品经营继续征收营业税。在降低国有企业所得税税率，取消能源交通重点建设基金和预算调节基金的基础上，企业依法纳税，理顺国家和国有企业的利润分配关系。统一企业所得税和个人所得税，规范税率，扩大税基。开征和调整某些税种，清理税收减免，严格税收征管，堵塞税收流失。

(3) 改进和规范复式预算制度。建立政府公共预算和国有资产经营预算，并可以根据需要建立社会保障预算和其他预算。要严格控制财政赤字。中央财政赤字不再向银行透支，而靠发行长短期国债解决。统一管理政府的国内外债务。

根据《决议》的要求，1993年11月25日和26日，国务院总理办公会议和国务院常务会议先后审议并原则通过了国家税务总局草拟的《工商税制改革实施方案》和增值税、消费税、营业税、企业所得税、资源税、土地增值税六个税收暂行条例。1993年12月15日，国务院颁布了《关于实行分税制财政管理体制的决定》（国发［1993］85号文），决定从1994年1月1日起改革地方财政包干体制，实行分税制财政管理体制。

二、1994年财税体制改革的配套措施

(一) 在"两则"基础上规范国有企业利润分配

在计划经济体制下，国有企业利润上缴是财政收入的重要组成部分。改革开放以来，随着外资企业、集体企业、私营与个体经济的发展，多种所有制并存的局面逐步得以确立。在这种情况下，如何处理国家与国有企业的利润分配关系不仅关系到国有企业自身的改革，也是建立符合社会主

义市场经济要求的财税体制面临的重大问题。

1994年的税制改革，在《企业财务通则》和《企业会计准则》的基础上，推出了规范、稳定的国有企业利润分配制度，对国有企业实行了利润分流，即国家分别作为社会管理者和资产所有者向国有企业征收所得税和收取投资收益。而此次改革中内资企业所得税的统一，合理规范了所得税税基（如取消税前还贷、固定资产投资借款利息进成本等），免除了原对国有企业征收的利润调节税和国家能源交通重点建设基金、国家预算调节基金，为各种所有制成分的内资企业创造了公平竞争的外部环境，对于政企分开和转换国有企业经营机制奠定了税制基础。

(二) 规范财政与中央银行的关系

1994年财税体制改革还包括明确规定禁止财政向中央银行透支，财政赤字只能通过发行国债的办法加以弥补。在此之前，我国的财政赤字既可以通过向中央银行透支或借款的方式弥补，也可以通过发行国债的方式弥补，而且往往以前一种方式为主。采用向中央银行透支或借款的方式弥补财政赤字，容易引发通货膨胀，难以体现中央银行货币政策的独立性。禁止财政向中央银行透支，规范了财政与中央银行的关系，有利于财政政策与货币政策更好地发挥作用，对于建立与社会主义市场经济体制相适应的财政运行机制具有特别重要的意义。

第二节　构建公共财政框架

1994年的财税改革，固然使中国财税体制走上了制度创新之路，但并没有解决全部的问题。因为，说到底，一方面，1994年财税改革所覆盖的，只是体制内的政府收支，游离于体制之外的政府收支，则没有进入视野；另一方面，1994年财税改革所着眼的，主要是以税制为代表的财政收入一翼的制度变革，财政支出一翼的调整，虽有牵涉，但并未作为重点同步进行。

随着1994年财税改革成果的逐步释放，蕴涵在游离于体制之外的政府收支以及财政支出一翼的各种矛盾，便日益充分地显露出来并演化为困扰国民收入分配和政府收支运行过程的"瓶颈"。于是，在20世纪90年代后期，以规范政府收支行为及其机制为主旨的税费改革以及财政支出管理制度的改革，先后进入中国财税体制改革的重心地带，并由此将改革带上了整体框架的重新构造之路——构建公共财政体制框架。

1998年末，每年一度的全国财政工作会议召开。在这一次会议上，收获了一个非同小可、具有划时代意义的重要成果——"构建公共财政基本框架"的目标得以正式确立，并由此开启了全力和全面建设公共财政的时代。[①]有别于以往，除了经常性的工作之外，这次会议被赋予了一个特别重要的使命——为中国财税体制改革的总体目标定位。时任中共中央政治局常委、主管财政工作的国务院副总理李岚清到会，并且代表中共中央明确宣布，要"积极创造条件，逐步建立公共财政基本框架"。

李岚清在会上指出，保证公共支出应当作为财政的首要任务，这是实行社会主义市场经济的基本要求。在财力有限和需求不断增长的条件下，应当合理确定公共支出的范围，并实施坚决而有效的管理。要通过财政立法，贯彻公平分配，依法理财，依法监督，以促进收入分配公平合理、社会保障能力增强、市场竞争有序进行。国家主要通过预算、税收政策、国债等，参与调节宏观经济，促进地区经济协调发展。各级财政对国有企业，要从直接管理向间接管理转变，对国有资产应实行国家统一所有、政府代表分级分类监督、企业依法自主经营的方法，促使国有资产保值、增值。同时继续有重点、有步骤地调整财政支出结构，逐步向公共财政的职能转变。[②]

时任财政部部长的项怀诚也在会议上提出，要转变财政职能，优化支出结构，初步建立公共财政的基本框架。他认为，从总体上讲，调整和优化支出结构，实现财政职能转变，建立公共财政的基本框架，必须符合市场经济的一般规则。财政预算的范围、结构和方法必须与政府职能的范围和方向相适应，要充分体现满足社会公共需要、服从政府职能转变以及与我国国情及财力水平相适应的原则。调整和优化支出结构要有紧迫感。财政资金要逐步退出生产性和竞争性领域，各级财政都要大幅度减少财政预算中的生产性基建投资和企业挖潜改造资金；调整下来的资金要用于保证国有企业下岗职工基本生活和再就业经费等目前急需安排的重点

---

① 其实早在1994年前后，在一次财政改革的电视讲座中，时任财政部副部长的项怀诚便明确提出过"公共财政"概念。时隔4年之后，1998年上半年，当面临东南亚金融危机袭扰的时候，转任财政部部长的项怀诚又强调了这个概念（贾康，2001）。这些，对于公共财政走入改革实践层面，显然是一种极好的铺垫。

② 孙杰、李建兴：《李岚清在全国财政工作会议上要求深化改革振兴财政确保明年财税目标实现》，《人民日报》，1998年12月16日。

支出。①

1998年全国财政工作会议正式确认公共财政建设目标，意味着有关社会主义市场经济条件下财政改革方向的争论告一段落，这是我国改革开放进程中具有里程碑意义的事件，表明我们对财政与市场经济关系，财政在我国经济和社会转型时期的功能，有了更高层次的认识。

正是从那个时候起，作为整个财税体制改革与发展目标的明确定位，带有整体改革布局性质的公共财政框架的构建，正式进入财税体制改革的轨道和政府的议事日程之中。②

第三节　调整支出结构：构建社会保障网

调整财政支出结构，推行公共财政建设的一个重要体现，就是财政对社会保障制度改革的大力支持。所谓社会保障制度，是指公民在年老、失业、疾病等原因，暂时或永久丧失劳动能力时，从社会获得基本生活保障的制度。社会保障制度一般由政府按国家有关法律制度组织实施，主要包括社会保险、社会救济、社会福利和优抚安置等。列入社会保险的项目主要有养老保险、失业保险和医疗保险等。

众所周知，市场经济离不开完善的社会保障制度。搞市场经济，就要建立完善的社会保障制度。从20世纪80年代起，我国就根据经济体制改革及商品经济、市场经济发展的需要，着手社会保障制度的改革。1994年财税改革以后，改革的力度和步子明显加大。随着围绕公共财政建设而采取的若干重大改革举措的实施，我国社会保障制度的改革也取得了重要进展。

---

①《项怀诚同志在全国财政工作会议上的讲话（1998年12月13日）》，《中国财政年鉴》(1999)。

② 新中国成立以来财政体制改革经历了供给财政、建设财政和公共财政三个阶段。供给财政制是从战争时期财政演变而来的，总的方针就是毛泽东主席提出的"一切为了前线"、"发展经济，保障供给"。建设财政大体从1953年开始，一直到1998年前后。从建设财政到公共财政的转变，包括观念、制度和分配结构，已经取得长足的进步，但尚未完成，它是今后财政改革的总方向。2000年党中央在中央党校首次举办了省部级主要领导干部财税专题研讨班，江泽民、胡锦涛、朱镕基、李岚清等党和国家领导人都有重要讲话，李岚清同志讲的就是公共财政。在中国财政史上，这次专题研讨班具有里程碑的意义。建立与社会主义市场经济相适应的公共财政，这个改革的大方向党中央已经明确。见项怀诚：《十思堂上思财政》，《中国财经报》，2008年4月10日。

一、社会保险体系中的财政职责

(一) 养老保险

为适应市场经济发展，改变企业职工养老保险由国家、企业承担的办法，加快企业制度改革，培育劳动力市场，国家于1982年在四川省自贡市进行了养老保险社会统筹的试点。1991年6月，国务院颁布《关于企业职工养老保险制度改革的决定》，要求改变养老保险完全由国家、企业包下来的办法，实行国家、企业、个人三方共同负担，职工个人也要缴纳一定的费用。

1997年，国务院颁布的《关于建立统一的企业职工基本养老保险制度的决定》规定，基本养老保险实行社会统筹与个人账户相结合的原则。企业缴费比例不得超过工资总额的20%，个人缴费比例为5%左右（最终达到8%）。个人账户按本人缴费工资的11%建立，个人缴费全部计入，其余从企业缴费中划入。

1998年6月，国务院又决定，加快实行企业职工基本养老保险省级统筹，并将铁道部、交通部、信息产业部（原邮电部）、水利部、民航总局、煤炭局（原煤炭部）、有色金属局（原中国有色金属工业总公司）、国家电力公司（原电力部）、中国石油天然气集团公司和中国石油化工集团公司（原石油天然气总公司）、银行系统（工商银行、农业银行、中国银行、建设银行、交通银行、中保集团）、中国建筑工程总公司的基本养老保险行业统筹移交地方管理。按照国务院的要求，在1998年底以前，各省、自治区、直辖市都要实行企业职工基本养老保险省级统筹，建立基本养老保险基金省级调剂机制。调剂金的比例，可以保证省、自治区、直辖市范围内企业离退休人员基本养老金的按时足额发放为原则。到2000年，在省、自治区、直辖市范围内，要基本实现统一企业缴纳基本养老保险费比例，统一管理和调度使用基本养老保险基金。对社会保险经办机构实行省级垂直管理。省级统筹的范围包括省、自治区、直辖市（含计划单列市、副省级城市、经济特区、开发区等）内的国有企业、集体企业、外商投资企业、私营企业等城镇各类企业及其职工。城镇个体经济组织及其从业人员也应参加基本养老保险并纳入省级统筹。从1998年9月1日起，实行基本养老保险基金差额缴拨的地区，要改变基金结算方式，对企业和职工个人全部征收基本养老保险费，对企业离退休人员全额支付基本养老金。各省、自治区、直辖市要积极创造条件，加快实现企业离退休人员基本养老金的社会化发放，推进社会化管理进程。目前，养老保险基金已纳入财政预算管理。各级财政部门也普遍建立了相应的社会保障财务管理机构。

在逐步完善城镇职工养老保险制度的同时，各地区开始探索建立农村养老保险制度，为最终实现城乡社会保障制度的统一铺平道路。如成都市在2004年就将征地农转非人员一次性货币化安置改变为纳入城镇社会保险的制度性安排。对新征地农转非人员，由征地部门按照不同年龄段，分别一次性为其缴纳10~15年的养老保险费、5~10年的住院医疗保险费和发给就业补助金，确保社会保险制度覆盖每个新征地农转非人员。并追溯解决了1991年以来27.65万户已征地农转非人员的社会保险问题。江苏省苏州市对务农人员参保，财政补贴50%~60%，突破了主要以个人缴费为主的筹资方式，激发了农民的参保积极性。2003~2006年，全市对务农人员的参保补贴金额达到20.3亿元。全面推行老年农民社会养老补贴制度，对男满60岁、女满55岁的农民，每月给予80~170元的社会养老补贴。全市80万农村老年居民按月享受基本养老待遇和社会养老补贴，覆盖率达到96%。[①]

到2006年末，全国参加城镇基本养老保险人数为18766万人，比2005年末增加1279万人。其中，参保职工14131万人，参保离退休人员4635万人，分别比2005年末增加1011万人和268万人。年末参加基本养老保险的农民工人数为1417万人。年末企业参加基本养老保险人数为16857万人，比2005年末增加1141万人。全年企业退休人员基本养老金全部按时足额发放。年末纳入社区管理的企业退休人员共2833万人，占企业退休人员总数的68.8%，比2005年末提高0.5个百分点。全年城镇基本养老保险基金总收入6310亿元，比2005年增长23.9%，其中征缴收入5215亿元，增长20.9%。各级财政补贴基本养老保险基金971亿元，中央财政预算安排774亿元。全年基金总支出4897亿元，比2005年增长21.2%。年末基本养老保险基金累计结存5489亿元。年末全国有2.4万户企业建立了企业年金，缴费职工人数为964万人。年末企业年金基金累计结存910亿元。年末全国参加农村养老保险人数为5374万人，全年共有355万农民领取了养老金，比2005年增加53万人，全年共支付养老金30

---

① 《建立覆盖城乡居民的社保体系全国统筹城乡社会保障工作综述》，劳动和社会保障部网站。

亿元。年末农村养老保险基金累计结存354亿元。① 截至2012年底，全国参加城镇职工基本养老保险人数为30427万人，比2011年末增加2036万人。其中，参保职工22981万人，参保离退休人员7446万人，分别比2011年末增加了1416万人和619万人。2012年，城乡居民社会养老保险实现了制度全覆盖，参保人数快速增长。截至2012年底，全国城乡居民养老保险参保人数达到48370万人，比2011年末增加15187万人。其中，60岁以下参保人数为34987万人，比2011年末增加了10990万人。2012年全国城乡居民养老保险基金收入为1829亿元，比2011年增加了719亿元。基金支出1150亿元，比2011年增加了551亿元。年末基金累计结存2302亿元，比2011年增加了1071亿元。截至2012年底，全国共有13075万名城乡居民领取了基本养老金。②

（二）医疗保险

在传统经济体制下，国有行政事业单位实行公费医疗制度，费用由财政拨付。国有企业职工的医疗费用虽由企业支付，但由于实行统收统支的管理办法，实际同公费医疗没有多大差别，最终仍是由国家财政负担。这种制度的弊病在于，管理漏洞多，浪费大，国家财政负担重，难以适应市场经济发展的需要。所以，从1984年起，国家在公费医疗单位实行定额包干、超定额部分按一定比例报销的办法，在部分城市的企业实行了大病医疗费用社会统筹的办法。

中共十四届三中全会确立了我国职工医疗保险制度改革的目标是，建立社会统筹与个人账户相结合的社会医疗保险制度。在此之后，医疗保险制度的改革迈上了一个新台阶。

1994年，国务院开始在镇江和九江进行医疗体制改革试点，取得了明显的成效。1996年初，国务院在总结九江、镇江两市的医疗保险改革试点经验的基础上，扩大试点范围。在每个省、自治区选择两个大中城市进行医疗保险制度改革试点，加快医疗保险改革的步伐。以此为基础，1998年，国务院出台了《关于建立城镇职工基本医疗保险制度的决定》。其原则是：基本医疗保险的水平和方式要与社会主义初级阶段生产力发展

---

① 劳动和社会保障部、国家统计局：《2006年度劳动和社会保障事业发展统计公报》，劳动和社会保障部网站。

② 中央政府门户网站：《人力资源社会保障部公布2012年全国社会保险情况》，http://www.gov.cn/gzdt/2013-06/18/content_2428717.htm。

水平相适应，保障职工基本医疗；基本医疗费用由国家、用人单位、职工三方合理负担，单位缴费率为职工工资总额的 6%左右，职工缴纳本人工资收入的 2%；遏制医疗费用的不合理增长，减少浪费；基本医疗保险实行属地管理。机关、企业、事业单位及其职工和城镇个体劳动者都要参加基本医疗保险。并且，要求控制基本医疗保障水平从三方面着手：①从筹资总量上控制基本医疗保障水平。企事业单位参保的缴费率需要根据实际情况予以适当调整。②从基本药物、基本医疗生活服务设施等方面进行控制。③确定医疗社会统筹基金最高给付限额，具体标准由当地政府确定。对超过封顶线以上的大额医疗费用，可通过补充医疗保险、商业医疗保险和医疗救济等加以解决。有些企事业单位过去职工医疗水平较高，在参加社会统筹基本医疗保险后，可再出资为职工建立补充保险或购买商业保险。从而，初步建立起适应社会主义市场经济体制要求的、覆盖城镇全体劳动者的、社会统筹与个人账户相结合的基本医疗保险制度，逐步形成包括基本医疗保险、补充医疗保险、社会医疗救助和商业医疗保险等多层次的医疗保障制度。

在进行城镇医疗保险制度改革的同时，自 2003 年下半年起，开始了新型农村合作医疗试点。2006 年，新型农村合作医疗试点县（市、区）覆盖面扩大到 40%左右，2007 年扩大到 60%左右，2008 年已经实现全覆盖目标，比预定时间提前了两年。[①] 从 2006 年开始，中央财政对中西部参加合作医疗的农民补助标准在原人均 10 元的基础上再增加 10 元，地方财政也要相应提高补助标准，农民个人缴费标准仍保持不变。另外，将中西部地区农业人口占多数的市辖区和东部地区部分省的试点县（市、区）纳入中央财政补助范围，逐步提高农民受益水平。2011 年，政府对新农合和城镇居民医保补助标准均由 2010 年的每人每年 120 元提高到每人每年 200 元；城镇居民医保、新农合政策范围内住院费用支付比例力争达到 70%左右。2012 年起，各级财政对新农合的补助标准从每人每年 200 元提高到每人每年 240 元。其中，原有 200 元部分，中央财政继续按照原有补助标准给予补助，新增 40 元部分，中央财政对西部地区补助 80%，对中部地区补助 60%，对东部地区按一定比例补助。

[①] 卫生部部长陈竺在 2009 年全国卫生工作会议的讲话中提出："(2008 年) 新农合覆盖所有含农业人口的县、市、区，参加新农合人口超过 8.1 亿，参合率达到 91.5%，提前两年实现了中央提出的新农合制度要基本覆盖农村居民的目标。见中央政府门户网站：《2009 年全国卫生工作会议召开 陈竺：做好 6 项工作》，http://www.gov.cn/gzdt/2009-01/08/content_1199449.htm。

2006年末，全国参加基本医疗保险人数为15732万人，比2005年末增加1949万人。其中参保职工11580万人，参保退休人员4152万人，分别比2005年末增加1558万人和391万人。年末参加基本医疗保险的农民工人数为2367万人。全年基本医疗保险基金收入1747亿元，支出1277亿元，分别比2005年增长24.3%和18.3%。其中，统筹基金收入1041亿元，支出717亿元，分别比2005年增长27%和16.7%。年末基本医疗保险基金累计结存1752亿元，其中统筹基金结存1077亿元，个人账户积累675亿元。[1] 2012年全国职工基本医疗保险基金收入6062亿元，其中统筹基金收入3721亿元，个人账户收入2341亿元；医疗保险基金支出4868亿元，其中统筹基金支出3061亿元，个人账户支出1808亿元；年末统筹基金累计结存4187亿元，个人账户累计结存2697亿元。全国居民基本医疗保险基金收入877亿元，基金支出675亿元，年末基金累计结存760亿元。截至2012年底，全国参加城镇基本医疗保险人数为53641万人，加上全国新农合参合人数8亿多，全国参加医疗保险的人数已经超过了13亿人。[2]

（三）失业保险

新中国成立后，我国曾长期实行"低工资、高福利、高就业"的模式，政府包揽城镇职工就业。随着改革的深化，这一模式逐步被打破了。建立新的、同市场经济体制相适应的失业保险制度成为各级政府的重要议题。

1986年，国务院颁布了《国营企业职工待业保险暂行规定》，实行职工待业保险制度。待业保险基金的主要来源是，企业按照其全部职工标准工资总额的1%缴纳待业保险基金，基金利息和地方财政补助是其辅助来源。领取待业救济金的期限规定如下：工龄5年（含5年）以上的最多为24个月；工龄不足5年的最多为12个月。发放标准为：第1~12个月，每月为本人标准工资的60%~75%；第13~24个月，为本人标准工资的50%。1993年，国务院颁布《国有企业职工待业保险规定》。待业职工由1986年规定的4种人扩大到7种人。原来的4种人，是指宣告破产的企

---

[1] 劳动和社会保障部、国家统计局：《2006年度劳动和社会保障事业发展统计公报》，劳动和社会保障部网站。

[2] 中央政府门户网站：《人力资源社会保障部公布2012年全国社会保险情况》，http://www.gov.cn/gzdt/2013-06/18/content_2428717.htm。

业的职工，濒临破产的企业法定整顿期间被精简的职工，企业终止、解除劳动合同的工人和企业辞退的职工。新规定的 7 种人，包括依法宣告破产的企业的职工，濒临破产的企业法定整顿期间被精简的职工，按照国家有关规定被撤销、解散企业的职工，按照国家有关规定停产整顿企业被精简的职工，终止或者解除劳动合同的职工，企业辞退、除名或者开除的职工以及依照法律、法规规定或者按照省、自治区、直辖市人民政府规定，享受待业保险的其他职工。

1998 年，国务院又发布了新的《失业保险条例》，对失业保险的缴费比例进行了调整。企业缴费为工资总额的 2%，个人缴费为工资总额的 1%。职工失业后，可以按缴费年限享受 12~24 个月的失业救济。除失业保险外，中共中央和国务院还于 1998 年 6 月联合发布了《切实做好国有企业下岗职工基本生活保障和再就业工作》的通知，要求普遍建立再就业服务中心，保障国有企业下岗职工基本生活。凡是有下岗职工的国有企业，都要建立再就业服务中心或类似机构，下岗职工不多的企业也可由有关科室代管。再就业服务中心（包括类似机构或代管课时）负责为本企业下岗职工发放基本生活费和代下岗职工缴纳养老、医疗、失业等社会保险费用，组织下岗职工参加职业指导和再就业培训，引导和帮助他们实现再就业。下岗职工在再就业服务中心的期限一般不超过 3 年，3 年期满仍未就业的，应与企业解除劳动关系，按规定享受失业救济或社会救济。再就业服务中心用于保障下岗职工基本生活和缴纳社会保险费用的资金来源，原则上采取"三三制"的办法解决，即财政预算安排 1/3、企业负担 1/3、社会筹集（包括从失业保险基金中调剂）1/3，具体比例各地可根据情况确定。到"十五"末期，国有企业下岗职工基本生活保障制度向失业保险制度并轨基本完成，社会保险覆盖面继续扩大，保障能力明显增强。

2006 年末，全国参加失业保险人数为 11187 万人，比 2005 年末增加 539 万人。全国领取失业保险金人数为 327 万人，比 2005 年末减少 35 万人。全年失业保险基金收入 385 亿元，比 2005 年增长 15.8%，全年基金支出 193 亿元，比 2005 年减少 6.9%。年末失业保险基金累计结存 708 亿元。[1] 截至 2012 年底，全国参加失业保险人数为 15225 万人，全国失业保险基金收入 1139 亿元；基金支出 451 亿元，年末基金累计结存 2929 亿元。2012 年末，全国领取失业保险金人数为 204 万人，全年共有 72 万名

---

[1] 劳动和社会保障部、国家统计局：《2006 年度劳动和社会保障事业发展统计公报》，劳动和社会保障部网站。

劳动合同期满未续订或者提前解除劳动合同的农民合同制工人领取了一次性生活补助。①

二、城镇居民最低生活保障线与财政职责

随着国有企业改革的不断深化，下岗分流职工增加，部分城镇职工家庭生活困难的问题日益突出。各城市陆续建立了最低生活保障制度，资金由国家财政拨付，民政部门负责实施。1993年6月1日，上海市率先建立城市居民最低生活保障制度。在1994年召开的第10次全国民政工作会议上，民政部肯定了上海市的经验，并提出了对城市社会救济对象逐步实行按当地最低生活保障线标准进行救济的改革目标。后来，在试点的基础上，许多城市相继建立了最低生活保障制度。

1997年9月，颁布了《国务院关于在全国建立城市居民最低生活保障制度的通知》（以下简称《通知》），对保障对象的范围、保障标准、保障资金的来源和有关政策措施作出了明确规定。根据《通知》要求，在1997年底以前，已建立这项制度的城市要逐步对其加以完善，尚未建立这项制度的则要抓紧做好准备工作；在1998年底以前，地级以上城市要全部建立起这项制度；在1999年底以前，县级市和县政府所在地的镇要全部建立起这项制度。而且，各地要根据当地实际情况逐步使非农业户口的居民得到最低生活保障。

2006年2241万城镇居民得到政府最低生活保障，比2005年增加了6.7万人；1509万农村居民得到政府最低生活保障，增加了684万人。②

三、财政支出与社会保障制度建设

社会保障是市场经济条件下政府公共服务的重要内容，属较典型的准公共物品。在我国经济体制转轨、社会转型的历史时期，近年来，社会保障支出成为政府财政支出的重点，构成公共财政建设的重要内容。2006年中央财政社会保障支出为2010.02亿元，增长22.9%。在东北三省试点

---

① 中央政府门户网站：《人力资源社会保障部公布2012年全国社会保险情况》，http://www.gov.cn/gzdt/2013-06/18/content_2428717.htm。

② 中华人民共和国国家统计局：《中华人民共和国2006年国民经济和社会发展统计公报》，国家统计局网站，2007年2月28日。

的基础上，增加 8 个省份开展做实企业职工基本养老保险个人账户试点。推动城市最低生活保障制度与就业再就业政策的合理衔接。大力支持中西部地区农村医疗救助制度建设、困难地区城市医疗救助试点和农村五保供养工作。特别是面对自然灾害比较严重的形势，中央财政安排并及时拨付各种抗灾救灾资金 112 亿元，地方财政也积极安排和拨付抗灾救灾资金，有力地支持了抗灾救灾。2007 年，中央财政安排社会保障和就业支出 2019.27 亿元，在 2006 年较大幅度增加的基础上又增加了 246.99 亿元，增长 13.9%，完善城市居民最低生活保障和企业职工基本养老保险制度，支持扩大做实基本养老保险个人账户试点工作。

如前所述，从改革开放初期起步，1998 年后进一步加速的社会保障制度改革，是我国公共财政建设的标志性工程，也是公共财政制度创新的重要内容。在市场经济条件下，社会保障承担着为社会成员提供基本生存保证的公共服务，政府财政在社会保障服务中扮演着最后拨款人的角色，不少发达国家社会保障支出已取代传统的军政费用支出，成为政府财政第一位的支出。我国政府适应体制转轨、社会转型的需要，及时调整财政支出结构，大幅度增加社会保障支出，使其成为近年来增长速度最快的支出项目之一，建立、健全社会保障制度，初步建立了养老保险、医疗保险和失业保险等基本社会保障制度，提高了社会公共福利水平，大大减轻了经济体制改革、社会转型带来的社会震荡。特别是城镇最低生活保障制度，以及专门针对国有企业下岗职工的社会保障措施，有效减轻了经济体制转轨成本，大大缓解了社会矛盾，维护了社会稳定，为国家经济社会的改革、稳定和发展做出了重要的历史贡献，构成了这一时期公共财政建设的重要内容。同时，各地区还开始探索建立农村最低生活保障制度、养老保险制度，逐步实现城乡统筹发展。

不过，在社会保障制度改革与发展方面，还有许多问题需要解决，成为公共财政建设的重点领域之一。如由于历史等多方面的原因，我国社会保障城乡差距巨大，缩小乃至统一城乡社会保障制度还有漫长的道路；又如，我国社会保障制度设计，还需要在生产力水平与人口大国、老龄化等矛盾之间寻找平衡等，改革任重而道远，是政府财政重点支持的公共服务项目之一。

第四节　调整支出结构：向"三农"和民生倾斜

调整财政支出结构以满足社会的公共需要，是完善公共财政体制的重要要求。在中共十六届三中全会的《中共中央关于完善社会主义市场经济体制若干问题的决定》中，已经提出了优化财政支出结构的要求。随着科学发展观和构建和谐社会战略目标的确立，在这五年间，财政支出结构如何向"三农"（农业、农村、农民）和民生倾斜，得到了各级政府部门前所未有的重视。

例如，时任财政部部长金人庆在2006年末全国财政工作会议上的讲话中，列出了2007年8大重点工作，其中第1项是压缩赤字，调整和优化政府投资使用方向和结构，向经济社会发展薄弱环节倾斜；第2项是"强化各项支农惠农财税政策，加快社会主义新农村建设"；第3项是"以支持解决事关群众切身利益的突出问题为重点，加快社会事业发展"。

同样在2007年，财政部首次编著了《公共财政与百姓生活》一书，记录了自2003年以来，国家财政在支持"三农"和解决民生方面的点点滴滴。这些都体现了财政部门对于落实科学发展观，以人为本，调整优化财政支出结构工作的重视。

一、公共财政启动覆盖农村进程

公共财政阳光照耀农村，其实质就是将"三农"发展中属于政府职责的事务逐步纳入各级财政支出范围。公共财政照耀农村体现了思想观念上的"两个转变"：由过去的农村支持城市、农业支持工业向城市反哺农村、工业反哺农业转变；调整公共财政资源的分配格局，加大对"三农"的投入，逐步实现公共财政覆盖农村并向农村倾斜。

2003年以来，在完善公共财政体制的过程中，国家财政倾向"三农"，逐步启动覆盖农村进程，大力支持解决"三农"问题。从数字上看，2003~2007年中央财政用于"三农"的支出为超过15500亿元，相当于前10年（1993~2002年）的总和，2013年计划达到13799亿元，接近2003~2007年5年的总和，2008~2012年财政"三农"支出达4.48万亿元，年均增长23.3%（见图6-1）。从政策上看，2006年以后中央贯彻落实"三个高于"政策,即国家财政支农资金增量要高于上年,国债和预算内资金用于农村建设的比重要高于上年,其中直接用于改善农村生产生活条件的资金要高于上年。2007年进一步提出"三个继续高于"政策,都有力地推动了财政向"三农"倾斜的力度。2008年以来,在国际金融危机和扩大内需的背景下,"三农"支出的增速均超过了财政收支增速,2008~2012年"三农"支出增速分别为37.9%、20.2%、18.3%、22.4%、17.9%,都高于当年财政支出增速。

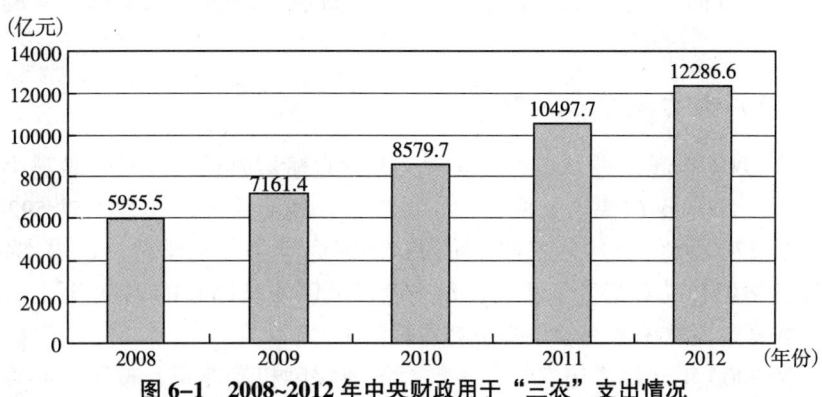

图6-1 2008~2012年中央财政用于"三农"支出情况

资料来源:历年财政支出决算。

从具体措施看,国家财政大力支持"三农"的一个重要措施就是前面说过的深化农村税费改革,做到"少取"。此外,国家财政在"多投"方面也推出了许多重大措施。

(一) 建设社会主义新农村

完善和优化政府投资结构,加大农业基础设施建设投入,改善农民生产生活条件。如实施农村电网建设和改造、农村沼气、农村卫生及农业种子工程、畜禽水产良种工程、以工代赈等;实施退耕还林(草)工程、天然林保护工程、"三北防护林"等重点防护林体系、自然保护区等重点林业建设等;加大水利建设投入,重点用于平垸行洪、退田还湖、移民建镇、病险水库除险加固,大型灌区节水改造工程、水土保持等方面。

逐步提高车购税支出中用于农村公路建设的比例,支持农村公路建设。

积极引导社会资金投入"三农"。实施贷款贴息政策,缓解禽流感疫情给家禽企业造成的损失。2007年正式启动农业保险保费补贴试点工作,中央财政安排资金对农户参加的玉米、水稻、大豆、小麦和棉花五种农作物的保险提供保费补贴。从2007年开始，国家支持在全国范围内建立能繁母猪重大病害、自然灾害、意外事故等保险制度。

财政主动推进支农资金整合，提高资金使用效益。2006年，财政部印发了《关于进一步推进支农资金整合的指导意见》，指导地方财政部门开展支农资金整合工作。各级财政部门在全国选择160多个县开展支农资金整合试点，中央财政在13个粮食主产省区选择26个县开展整合支农资金支持新农村建设试点工作。财政支农资金整合特别是以县为主的财政支农资金整合方面取得了实质性进展，提高了资金使用效益，受到基层的普遍欢迎。

（二）大力支持农村教育事业发展

从2004年起，进一步扩大农村义务教育阶段贫困学生免费教科书覆盖范围。2005年加快国家扶贫工作重点县"两免一补"步伐，对592个贫困县1700万名农村义务教育阶段贫困家庭学生免除学杂费、书本费，对部分学生补助寄宿生生活费；对中西部地区非贫困县的1700万名农村义务教育阶段贫困家庭学生提供免费教科书。

从2006年开始实施农村义务教育经费保障机制改革，按照"明确各级责任、中央地方共担、加大财政投入、提高保障水平、分步组织实施"的原则，逐步将农村义务教育全面纳入公共财政保障范围。中部地区每个省选择一个县于秋季学期开始试点，东部地区大部分省份也主动实施改革。全部免除了西部地区和部分中部地区农村义务教育阶段5200万名学生的学杂费，为3730万名家庭经济困难的学生免费提供教科书，对780万名寄宿生补助生活费，同时还为西部地区农村义务教育阶段中小学安排了提高公用经费保障水平的补助资金，启动了全国农村义务教育阶段中小学校舍维修改造长效机制。中央与地方财政按照分项目、按比例的原则共同安排资金。中央和地方财政分别安排资金150亿元和211亿元，并对部分专项资金实行国库集中支付，资金直达学校，平均每学年每个小学生减负140元、初中生减负180元。这一改革逐步将农村义务教育纳入公共财政保障范围，说明农村公共产品供给方式正在发生深刻变革。

积极改善农村基础教育办学条件，支持实施全国中小学危房改造工程、"两基"攻坚计划、农村中小学现代远程教育工程、农村中小学布局调整、"农村义务教育阶段学校教师特设岗位计划"等重点项目，2006年全国十个省份启动"新农村卫生新校园建设工程"试点，为加快农村义务教育发展注入了新的活力。

(三) 支持农村卫生和社会保障工作

积极支持新型农村合作医疗制度建设。2003年开始新型农村合作医疗制度试点。2006年中央及地方补助标准提高到20元，并扩大了补助范围。截至2006年底，全国50.7%的县（市、区）进行了改革试点，参合农民4.1亿人，中央财政安排补助资金42.7亿元。从制度和机制上缓解了农民群众"因病致贫、因病返贫"的问题。①支持农村卫生服务体系建设与发展。支持农村救灾救济工作，做到受灾群众有衣穿、有饭吃、有房住、有干净水喝、有病能医，维护了灾区社会的稳定，促进了灾区经济恢复和发展。②支持中西部困难地区开展农村医疗救助工作。③支持建立农村最低生活保障制度。2007年中央财政安排农村最低生活保障补助资金30亿元，用于鼓励已建立农村低保制度的地区完善制度，支持未建立制度的地区建立制度。④支持农民工就业。对各类职业中介机构向进城登记求职的农村劳动者提供免费职业介绍服务的给予补贴；对进城务工的农村劳动者，提供一次性职业培训补贴。

(四) 支持农业生产

落实和完善各项补贴政策，提高农产品产量和农民收入。近几年，为支持农业增产和农民增收，中央财政先后实施了良种补贴、农机购置补贴、粮食直补、农资综合直补"四补贴"政策。资金通过发放现金或发放实物的方式，直接补助到农民手中，使农民直接受益。

加快农业技术推广，提高农业生产的科技含量和农民的劳动技能。安排农民培训专项资金，加强农民农业生产技能培训和非农技能培训；安排农业新技术和新品种推广资金；安排测土配方施肥专项资金，促进科学施肥，提高农作物产量，也减轻对环境的污染。

加大对农业灾害救助的支持力度，减轻因灾损失。安排资金对禽流感等重大动物疫情实行强制免疫和扑杀政策；大力支持农业生产救灾和重大病虫害防治；增加投入力度，支持防汛抗旱。

支持农业产业化，延伸农业生产的产业链条，提高农产品附加值。采取多种形式，支持农业产业化发展和农民专业合作组织发展。

不断完善粮食、棉花、化肥、食糖等物品的储备制度，稳定市场粮价，促进农民增收。为了防止"谷贱伤农"，不断创新、完善最低收购价粮食财政补贴制度，国家委托收购的最低收购价粮食，库存利息费用及销售盈亏全部由中央财政负担；为稳定市场，确保农民增收，自2000年以来，建立了中央和地方两级国家粮食储备制度，中央和地方财政负担储备粮油利息、费用补贴；完善储备棉管理机制，加强棉花市场调控，中央财政负担国家储备棉方面的利息、保管费以及出入库价差等方面的支出；探索创新化肥淡储机制，促进农业生产，中央财政负担国家储备化肥利息、保管费等方面的支出；加强食糖市场调控，保护蔗农利益。

（五）大力支持农村其他工作

推行农村部分计划生育家庭奖励扶助制度。从2004年开始试点农村计划生育家庭奖励扶助制度，对农村只有一个子女或者两个女孩的计划生育家庭，夫妇年满60周岁以后，由中央或地方财政安排专项资金，按照年人均不低于600元的标准发放奖励扶助金。2006年开始在全国范围推行奖励扶助制度。

继续做好西部地区"少生快富"工程。在内蒙古、四川、云南、甘肃、青海、宁夏、新疆、海南等西部地区，对符合生育政策规定可以生育三孩但自愿放弃生育三孩，并采取长效节育措施的夫妇，一次性奖励3000元。中央财政按照80%的比例负担经费。

国家科技计划和基金重点向农业科研领域倾斜；加大对包括农业领域在内的非营利性科研机构的经费投入力度；实施"科技富民强县专项行动计划"，启动"科普惠农兴村计划"。推进新一轮"村村通"工程，解决"听广播难"和"看电视难"问题。实施流动舞台车工程，解决"看戏难"问题。实施"送书下乡"工程，解决"看书难"问题。支持实施农村电影放映工作，解决"看电影难"问题。实施文化信息资源共享工程，使基层群众共享优秀文化信息资源。

（六）2008年以后的新措施

建立健全种粮农民补贴制度和主产区利益补偿机制，补贴标准逐年提高，覆盖范围不断扩大，补贴资金从2007年的639亿元增加到2012年的1923亿元。加强农村金融服务，涉农贷款余额从2007年末的6.12万亿元增加到2012年末的17.63万亿元。实行粮食最低收购价政策，小麦、稻谷最低收购价累计提高41.7%~86.7%。加强耕地保护，维护农民权益，为完善农村集体土地征收补偿制度做了大量准备工作。加快推进农业科技进步和现代农业建设，加大对良种繁育、动植物疫病防控、基层农技推广的支持力度。大力兴修水利，开展农村土地整治，建设高标准农田，耕地面积保持在18.2亿亩以上。粮食综合生产能力跃上新台阶，粮食总产量连续6年稳定在万亿斤以上并逐年增加。加强农村水、电、路、气等基础设施建设，新建改建农村公路146.5万公里，改造农村危房1033万间，解决了3亿多农村人口的饮水安全和无电区445万人的用电问题，农村生产生活条件不断改善。积极引导农村富余劳动力转向非农产业，农民人均纯收入持续较快增长，2010年以来城乡居民相对收入差距逐步缩小。深化农村综合改革。集体林权制度主体改革基本完成，全面推进农村集体土地确权颁证工作，开展农村土地承包经营权登记试点。农业和农村发展的好形势，为应对国际金融危机和各种自然灾害严重冲击、稳定经济社会发展大局提供了重要支撑。

二、向民生倾斜

（一）大力支持教育事业发展

2007年全国财政教育支出7065.4亿元，比2002年增加3059.3亿元，增长了101.8%，年均增长20.4%，占国家财政支出的比重为14.25%，比2002年增加了0.6个百分点。

2011年，全国财政教育支出上升到16497.33亿元（见图6-2），2012年，国家财政性教育经费支出21984亿元。其中，公共财政预算拟安排20937亿元，政府性基金预算拟安排972亿元，其他财政性教育经费拟安排75亿元，国家财政性教育经费支出占国内生产总值4%以上。

2008~2012年，财政教育支持力度加大，五年间国家财政性教育经费

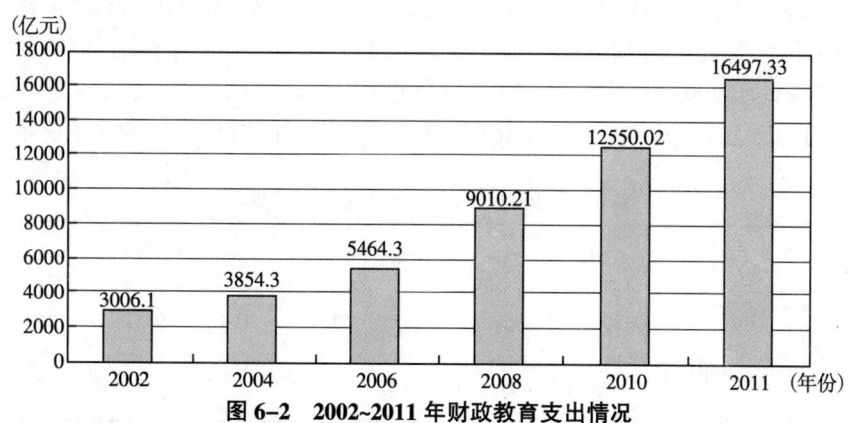

图6-2 2002~2011年财政教育支出情况

资料来源：2008年以前数据来自：http://www.mof.gov.cn/caizhengbuzhuzhan/zhuantihuigu/ys2008/ys2008_sz/，2008~2011年的数据来自国家统计局网站。

支出五年累计 7.79 万亿元，年均增长 21.58%。

在具体措施上：①积极建立农村义务教育经费保障新机制，减轻学生负担，提高教育经费保障水平。②在重点支持农村义务教育的同时，启动实施国家示范性高等职业院校建设计划；安排专项资金用于职业教育实验培训基地建设，进一步支持职业教育改革与发展，实施中等职业教育免学费政策，覆盖范围包括所有农村学生、城市涉农专业学生和家庭经济困难学生。支持继续实施"211 工程"、"985 工程"等，支持深化高校管理体制改革，提高高等教育质量。③2007 年 5 月国务院发布了《关于建立健全普通本科高校高等职业学校和中等职业学校家庭经济困难学生资助政策体系的意见》，完善以国家助学贷款、助学金、奖学金等为主要资助手段的高校和中等职业教育家庭经济困难学生资助政策体系，帮助家庭经济困难学生顺利完成学业。④全面实现城乡九年免费义务教育，惠及 1.6 亿学生。实施学前教育三年行动计划，"入园难"问题有所缓解。初步解决进城务工人员随迁子女在城市接受义务教育问题，现有 1260 万名农村户籍的孩子在城市接受义务教育。实施惠及 3000 多万农村义务教育阶段学生营养改善计划。⑤国家助学制度不断完善，建立了家庭经济困难学生资助体系，实现从学前教育到研究生教育各个阶段全覆盖，每年资助金额近 1000 亿元，资助学生近 8000 万人次。完成中小学校舍安全工程。加快职业教育基础能力和特殊教育基础设施建设。义务教育学校实施绩效工资，在教育部直属师范大学实行师范生免费教育，加强了农村教师队伍建设。

（二）大力支持社会保障事业发展

2007 年，全国财政的社会保障支出为 5396.1 亿元，比 2002 年增加 2707 亿元，增长 100.7%，年均增长 20.1%，占国家财政支出的比重为 10.89%，比 2002 年下降了 1.33 个百分点。2011 年，财政社会保障支出达到 1.11 万亿元，比 2007 年增加 1 倍多，继续保持高增长，如表 6-1 所示。

表 6-1　2002~2011 年社会保障支出情况

项目＼年份	2002	2004	2006	2008	2009	2010	2011
国家财政社会保障支出（亿元）	2689	3186	4394	6804	7607	9131	11109
占国家财政总支出比重（%）	12.22	11.18	10.87	10.87	9.97	10.16	10.17

资料来源：国家财政社会保障支出见 http://www.mof.gov.cn/caizhengbuzhuzhan/zhuantihuigu/ys2008/ys2008_sz/，2008 年以后的数据来自国家统计局网站。

在具体措施上：①加大了对就业和再就业工作的支持力度，扩大了再就业财税优惠政策的实施范围，延长了优惠期限，中央财政设立了再就业专项转移支付资金。②继续加大了"两个确保"和"低保"工作的保障力度，基本保证了国有企业下岗职工基本生活费和企业离退休人员基本养老金按时足额发放，多数省份已基本完成了国有企业下岗职工基本生活保障向失业保险并轨工作，城市低保基本实现应保尽保。③加大了帮助部分特殊困难群众解决生产生活问题的工作力度。④在东北三省试点的基础上，增加8个省份开展做实企业职工基本养老保险个人账户试点。⑤完善大中型水库移民后期扶持政策，扶持对象达2288万人。⑥面对自然灾害，及时拨付各种抗灾救灾资金，有力地支持了抗灾救灾。2008年以后全面推进社会保障体系建设，建立新型农村社会养老保险和城镇居民社会养老保险制度，城乡居民基本养老保险实现了制度全覆盖，各项养老保险参保达到7.9亿人。企业退休人员基本养老金从2004年人均每月700元提高到现在的1721元。妥善解决关闭破产企业退休人员、困难企业职工、国有企业老工伤人员、未参保集体企业退休人员社会保险等问题。

（三）大力支持医疗卫生事业发展

如表6-2所示，2007年，全国财政医疗卫生支出1973亿元，比2002年增加1310亿元，增长197.6%，年均增长39.5%，占国家财政支出的比重为3.98%，比2002年提高了0.97个百分点。2012年全国财政医疗支出已经达到7245亿元。

表6-2　2007~2012年公共财政医疗卫生支出情况

项目＼年份	2007	2008	2009	2010	2011	2012
国家财政医疗卫生支出（亿元）	1973	2757	3994	4804	6430	7245
占国家财政总支出比重（%）	3.98	4.40	5.23	5.35	5.89	5.75

资料来源：国家财政医疗卫生支出见 http://www.mof.gov.cn/caizhengbuzhuzhan/zhuantihuigu/ys2008/ys2008_sz/，中央财政支出（含补助地方专款）数据来自相关年度《全国人大常委会公报》刊登的中央决算报告。

在具体措施上：①积极支持了城镇职工基本医疗保险制度、医疗卫生体制和药品生产流通体制改革。②安排公共卫生专项资金，重点加大公共卫生专项资金的投入力度，支持艾滋病、结核病、血吸虫病等重大传染病和地方病防治、贫困孕产妇住院分娩、基层卫生机构设备配备和人员培训、万名医师支援农村卫生工程等。③支持中西部地区新型农村合作医疗改革试点。④积极推进城乡医疗救助制度建设,加强五保供养。⑤中央财政设立禽流感防控基金,并实施了阶段性减免税政策,切实保障了高致病性禽流感防治工作的需要,促进了家禽业恢复发展。⑥深化医药卫生体制改革,建立新型农村合作医疗制度和城镇居民基本医疗保险制度,全民基本医保体系初步形成,各项医疗保险参保超过13亿人,加强城乡基层医疗卫生服务体系建设,建立基本药物制度并在基层医疗机构实施,公立医院改革试点稳步推进。国民健康水平进一步提高,人均预期寿命达到75岁。健全城乡居民低保、医疗、教育、法律等救助制度,改革完善孤儿保障、流浪儿童救助保护、农村五保供养制度。颁布实施新的中国妇女、儿童发展纲要,依法保障妇女、儿童合法权益。

(四) 大力支持科技创新和环境保护

2003年以来,国家财政加大了对科技创新的支持力度。①增加对科技重点领域和重点项目的投入,增加安排国家自然科学基金、国家重点基础研究规划专项经费、国家"863"计划专项经费等支出,重点支持了国家科技基础条件平台建设和中国科学院"知识创新工程试点"等工作,促进了一大批重大科研成果的产生和科技事业发展。②进一步优化投入结构,增加对基础研究、应用研究的投入,加大了对公益性科研机构的支持力度。③出台激励性的财务制度,制定税收优惠、政府采购等财税政策措施,支持企业自主创新。2006年,科技支出1080.73亿元,比2002年增加381.34亿元,增长54.5%,年均增长11.5%,占国家财政支出的比重为2.7%,比2002年降低了0.5个百分点。2008~2012年中央财政用于科技的投入五年累计8729亿元,年均增长超过18%。全社会研究与试验发展经费支出占国内生产总值的比重由2007年的1.4%提高到2012年的1.97%,企业研发活动支出占比超过74%。出台深化科技体制改革加快国家创新体系建设的意见。深入实施国家技术创新工程和知识创新工程,扎实推进国家科技重大专项,新建一批国家工程中心、重点实验室和企业技术中心。加强基础研究和前沿探索,突破一批关键核心技术,填补了多项重大产品和装备的空白。

在具体措施上:①完善天然林保护工程政策,积极推进退耕还林后续政策调整等,完善森林生态效益补偿基金制度,支持集体林权制度改革、国有林场管理体制和国有林权制度改革试点。②大力推进煤炭资源有偿使用制度改革,从2006年起8个省份已全面推开改革试点。③支持节能减排和开发新能源。特别是针对石油价格高企的新形势,积极研究促进发展石油替代能源的措施,制定支持生物能源发展等扶持政策,发展替代能源的财税政策体系初步建立。④积极推进石油价格形成机制改革,开征石油特别收益金。

2008年以来,国家继续大力推进环境保护和污染治理,并取得较大成效。①国家把节能减排作为经济社会发展规划的约束性指标。通过强化目标责任考核,狠抓工程减排、结构减排、管理减排。②以环境保护优化经济发展。全面推进规划环评,完成环渤海等五大区域重点产业发展战略环评,开展西部大开发战略环评。严格建设项目环评,采取"区域限批"、"行业限批"等措施。③解决关系民生的突出环境问题。2012年发布新修订的《环境空气质量标准》,京津冀、长三角、珠三角等重点区域以及直辖市和省会城市共74个城市496个监测点位已按新标准开展监测。强化饮用水源保护和地下水污染防治,组织全国地级以上城市集中式饮用水水源环境状况评估,编制《华北平原地下水污染防治工作方案》,积极落实《全国地下水污染防治规划》。④深化污染防治。国务院先后批复《重点流域水污染防治规划(2011~2015年)》、《重点区域大气污染防治"十二五"规划》。深入推进让江河湖泊休养生息,建立重点流域跨省界断面水质考核制度,完善考核指标体系。建立和完善区域大气污染联防联控新机制,有效保障了北京奥运会、上海世博会和广州亚运会期间的环境质量。⑤加强生态保护和农村环境保护。国务院成立中国生物多样性保护国家委员会,批准《中国生物多样性保护战略与行动计划(2011~2030年)》;国务院办公厅印发《关于加强农村环境保护工作的意见》、《关于做好自然保护区管理有关工作的通知》、《近期土壤环境保护和综合治理工作安排》。

第五节 转移支付制度改革

1994年实行了分税制财政管理体制,改变了财政包干体制下中央与地方"一对一谈判"、"讨价还价"的体制确定模式,统一了中央地方收支范围划分,初步形成了符合社会主义市场经济要求的中央与地方财政分配框架。就其改革的主要目的,稳定中央与地方财政分配关系,提高中央财政收入占全国财政收入的比重而言,改革无疑是非常成功的。但就如改革的主要操刀者之一、前任财政部部长项怀诚(2004)的表述,分税制虽然取得了巨大的成功,但在制度设计上还具有一定的过渡色彩,尚有诸如事权划分不清,转移支付制度未健全等方面的缺陷。

一、分税制改革后的政府间分配关系

从实际结果看,分税制改革遗留的问题主要是两方面(杨之刚,2004;周飞舟,2006):基层政府财政困难和区域不平衡。也就是说,造成的问题主要集中在地方政府财力困难和财力不均两方面。这些问题随着时间的推移并没有逐步消化反而更为明显。

在 1994 年之前,地方财政支出与其收入的比重基本上是相适应的,在计划经济时期地方财政收入比重甚至高于财政支出比重。而在 1994 年分税制改革之后,地方财政收入与财政支出之间形成了巨大的缺口,导致地方财政支出必须要依赖于中央政府的转移支付。从图 6-3 来看,在近几年缺口还有扩大趋势。

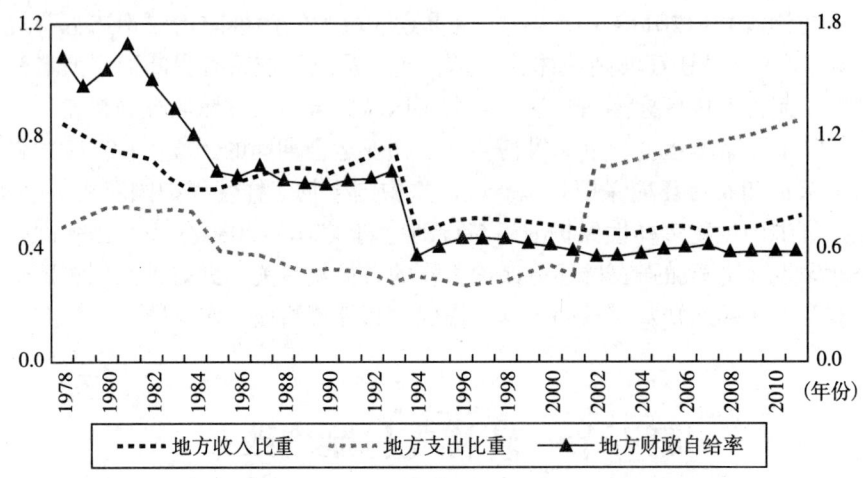

图 6-3 地方财政收入和支出占全国财政收支比重的变化(1978~2011 年)
资料来源:《中国统计年鉴》(2013)。

虽然分税制设计的是中央财政与省级财政之间的分配格局,但是在现行政治体制下,这种格局对省以下财政,尤其是对县、乡两级财政也会产生巨大影响。如周飞舟(2006)所分析的那样,由于每一级政府都有权决定它与下一级政府采取的财政划分办法,省级财政自然会将财权上收的压力向下级财政转移,最终造成财力层层上移。也就是说,越到下级政府,财政支出与财政收入的缺口就越大。

从制度上看,在分税制改革之后解决地方财政支出缺口问题的办法,即是逐步建立并完善由财力性转移支付和专项转移支付构成的转移支付制度。周飞舟(2006)的研究表明,从总体上看,通过税收返还和转移支付补助的形式来弥补地方财政的支出缺口基本是成功的。但是分地区来看,则存在着比较严重的地区不均衡现象。也正是因为如此,基层财政困难,区域间公共服务差距扩大这些问题才越发突出,进一步的改革才显得越发必要。改革一方面需要分税制的进一步延伸和优化,另一方面需要改革转移支付制度。

二、转移支付制度改革

目前,中央对地方财政转移支付制度体系由财力性转移支付和专项转移支付构成。财力性转移支付是指为弥补财政实力薄弱地区的财力缺口,均衡地区间财力差距,实现地区间基本公共服务能力的均等化,中央财政安排给地方财政的补助支出。财力性转移支付资金由地方统筹安排,不需地方财政配套。目前财力性转移支付包括一般性转移支付、民族地区转移支付、县乡财政奖补资金、调整工资转移支付、农村税费改革转移支付等。专项转移支付是指中央财政为实现特定的宏观政策及事业发展战略目标,以及对委托地方政府代理的一些事务进行补偿而设立的补助资金。地方财政需按规定用途使用资金。专项转移支付重点用于教育、医疗卫生、社会保障、支农等公共服务领域。这两方面的具体情况如图6-4所示。

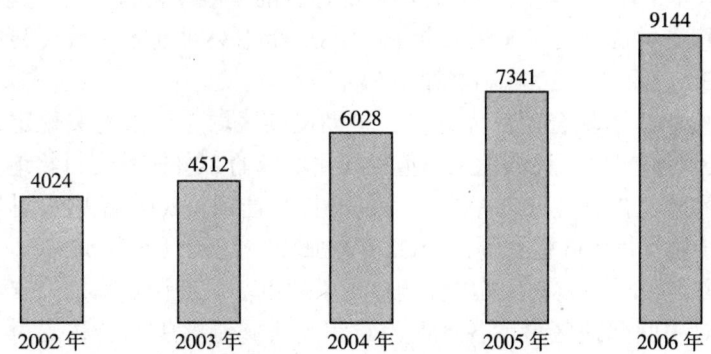

图6-4 2002~2006年中央对地方转移支付增加情况(亿元)

资料来源:李萍主编:《中国政府间财政关系图解》,中国财政经济出版社2006年版。全国人民代表大会常务委员会:《国务院关于规范财政转移支付情况的报告》。

(一) 财力性转移支付

2003年以来，财力性转移支付体系不断完善，规模大幅度增加。如图6-5所示，2006年中央对地方财力性转移支付4732亿元，比2002年增加3109亿元，增长191.6%，年均增长30.7%。财力性转移支付占转移支付总额的比重由2002年的40.3%提高到2006年的51.8%。

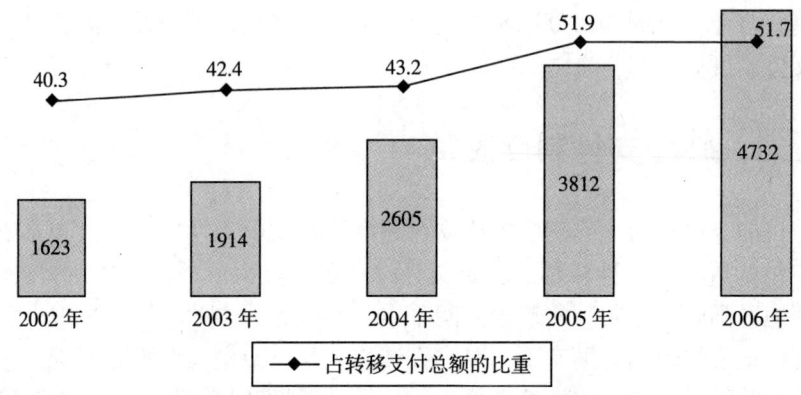

图6-5 2002~2006年中央对地方财力性转移支付情况（亿元；%）

资料来源：李萍主编：《中国政府间财政关系图解》，中国财政经济出版社2006年版。全国人民代表大会常务委员会：《国务院关于规范财政转移支付情况的报告》。

一般性转移支付分配办法在执行中不断完善，并得到地方的广泛认可。2002年实施所得税收入分享改革，中央财政因改革收入分享办法增加的收入全部用于对地方主要是中西部地区的一般性转移支付，建立了一般性转移支付资金的稳定增长机制。2006年中央对地方一般性转移支付达到1530亿元，比2002年增加1251亿元。

2000年，为配合西部大开发，贯彻民族区域自治法有关规定，实施民族地区转移支付，民族地区增值税环比增量的80%转移支付给地方，同时中央另外安排资金并与中央增值税增长率挂钩，2006年中央对地方民族地区转移支付156亿元，比2002年增加117亿元（见表6-3）。

2003年和2006年中央出台调整工资政策。对因调资增加的支出，中央财政对中西部地区考虑各地区困难程度实施调整工资转移支付。2006年调整工资转移支付为1724亿元，比2002年增加907亿元。调整工资转移支付根据政策要求和地方的承受能力测算实施，促进了相关政策的平稳出台和社会安定。

表 6-3 2002~2006 年中央对地方财力性转移支付情况

单位：亿元

年份	2002	2003	2004	2005	2006
一般性转移支付	279	380	745	1120	1530
民族地区转移支付	39	55	77	159	156
调整工资转移支付	817	901	994	1476	1724
农村税费改革转移支付	245	306	523	661	751
县乡奖补转移支付				150	235
其他财力性转移支付	243	272	266	246	336
合计	1623	1914	2605	3812	4732

资料来源：李萍主编：《中国政府间财政关系图解》，中国财政经济出版社 2006 年版。全国人民代表大会常务委员会：《国务院关于规范财政转移支付情况的报告》。

2000 年开始农村税费改革试点，2006 年全面取消农业税，对实施农村税费改革造成的净减收，中央财政考虑各地区困难程度实施农村税费改革转移支付。2006 年农村税费改革转移支付为 751 亿元。

2005 年为缓解县、乡财政困难，中央财政出台了缓解县、乡财政困难奖补政策，对各地区缓解县、乡财政困难工作给予奖励和补助。2005 年，中央财政县、乡奖补资金 150 亿元，2006 年 235 亿元，2007 年安排 335 亿元。2006 年，县、乡政府"保工资、保运转"问题基本得到解决。

（二）专项转移支付

如图 6-6 所示，2006 年中央对地方专项转移支付 4412 亿元，比 2002

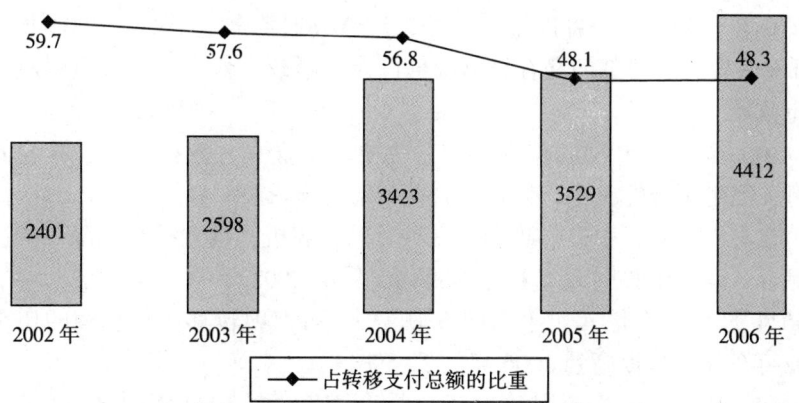

图 6-6 2002~2006 年中央对地方财力性转移支付情况

资料来源：李萍主编：《中国政府间财政关系图解》，中国财政经济出版社 2006 年版。全国人民代表大会常务委员会：《国务院关于规范财政转移支付情况的报告》。

年增加 2011 亿元，增长 83.8%，年均增长 16.4%。专项转移支付占转移支付总额的比重由 2002 年的 59.7% 下降到 2006 年的 48.3%。

从制度层面看，转移支付分配和管理不断完善。在财力性转移支付方面，不断改进标准财政收入、标准财政支出、标准财政供养人员数等测算方法，引入激励约束机制，转移支付办法、数据来源与测算结果公开。在专项转移支付方面，财政部出台了《中央对地方专项拨款管理办法》，明确了中央对地方专项转移支付管理的原则和要求。在工作中参照这一办法对专项转移支付的申请和审批、分配和使用、执行和监督等各个管理环节提出的要求，坚持公开、公正、透明的原则，对大多数专项转移支付项目采取"因素法"与"基数法"相结合、以"因素法"为主的分配方法，并补充修订了相关的专项管理办法。

努力推进专项转移支付项目整合工作，提高转移支付资金规模效益。近几年从支农专项资金整合入手，自下而上地大力推进专项转移支付项目整合工作。2006 年财政部印发了《关于进一步推进支农资金整合工作的指导意见》，指导地方财政等有关部门开展支农资金整合工作。通过支农资金整合，形成了政策、资金合力效应，发挥了财政资金"四两拨千斤"的作用，在促进农民增收、推进新农村建设方面发挥了一定作用。

积极开展专项转移支付政府采购和国库集中支付试点，有效解决资金挪用和管理中信息不对称问题，提高转移支付资金使用效益。从 2003 年开始，中央财政选择了部分项目进行政府采购和国库集中支付试点。如对免费教科书、流动舞台车、送书下乡、贫困地区公安装备实行了政府采购。农村义务教育经费保障机制改革中央负担的免费教科书资金、免杂费补助资金、公用经费补助资金、校舍维修改造资金等经费从 2006 年 7 月 1 日起由省级财政部门和县级财政部门实行财政直接支付，中央财政实行动态监控。

2003 年以来专项转移支付增量主要用于支农、教科文卫、社会保障等事关民生领域的支出，体现了公共财政的要求。

在支农方面，中央财政实行良种补贴、农机具购置补贴，深入推进农业综合开发。中央财政支农专项转移支付由 2002 年的 260.92 亿元增加到 2006 年的 551.49 亿元，年均增长 20.6%，占专项转移支付总额的比重由 2002 年的 10.9% 提高到 2006 年的 12.5%。

在教育方面，中央财政教育专项转移支付由 2002 年的 48.69 亿元增加到 2006 年的 167.97 亿元，年均增长 36.3%，占专项转移支付总额的比重由 2002 年的 2% 提高到 3.8%。

在医疗卫生方面，中央财政卫生专项转移支付由 2002 年的 10.07 亿元增加到 2006 年的 113.8 亿元，年均增长 83.3%，占专项转移支付总额的比重由 2002 年的 0.4%提高到 2006 年的 2.6%。

在社会保障方面，在东北三省试点的基础上，增加 8 个省份开展做实企业职工基本养老保险个人账户试点；完善大中型水库移民后期扶持政策，扶持对象达 2288 万人。中央财政社会保障专项转移支付由 2002 年的 754.73 亿元增加到 2006 年的 1666.82 亿元，年均增长 21.9%，占专项转移支付总额的比重由 2002 年的 31.4%提高到 2006 年的 37.8%。

（三）2008 年以来的转移支付变化

2008 年以来的转移支付呈现若干变化，以一般性转移支付和专项转移支付为主的转移支付体系不断成熟，原有以税收返还为主体的转移支付结构得到明显改观，转移支付在促进区域基本公共服务均等化作为明显改善。一般性转移支付是指中央政府对有财力缺口的地方政府（主要是中西部地区）的补助，地方政府可以按照相关规定统筹安排和使用，主要解决基本公共服务均等化问题。资金补助包括均衡性转移支付，革命老区、民族和边境地区转移支付，农村税费改革转移支付，调整工资转移支付以及义务教育转移支付等。2012 年，中央对地方一般性转移支付 21430 亿元（见图 6-7），占转移支付总额的 53.3%。专项转移支付是指中央政府对承担委托事务、共同事务的地方政府，给予的具有指定用途的资金补助，以及对应由下级政府承担的事务，给予的具有指定用途的奖励或补助。主要解决外部性、中央地方共同支出责任以及实现中央特定目标问题。主要用于教育、社会保障、农业等方面。2012 年，中央对地方专项转移支付 18804 亿元，占转移支付总额的 46.7%。一般性转移支付与专项转移支付相互协调，2012 年中央对地方转移支付总额达 40234 亿元，是 1994 年 590 亿元的 68 倍，年均增长 26.4%，比同期中央财政收入增幅 17.9%提高 8.5 个百分点。[①] 中央财政在出台农村义务教育公用经费保障机制改革、城市义务教育和公共卫生、新型农村合作医疗等重大民生政策时，也考虑了各地的财力状况，对中西部等财力薄弱地区给予倾斜。转移支付在缩小地区间财力差距方面效果不断显现，基本公共服务均等化得到明显改善。2012 年按照各地区人均公共财政收支计算，如果以东部地区为 100，在中

---

① 财政部网站：《中央对地方转移支付情况》，http://yss.mof.gov.cn/zhengwuxinxi/gongzuodongtai/201311/t20131129_1018397.html。

央转移支付之前，中部、西部地区人均公共财政收入分别为36和42；通过转移支付实施再分配后，中部、西部地区人均公共财政支出提高到63和85。

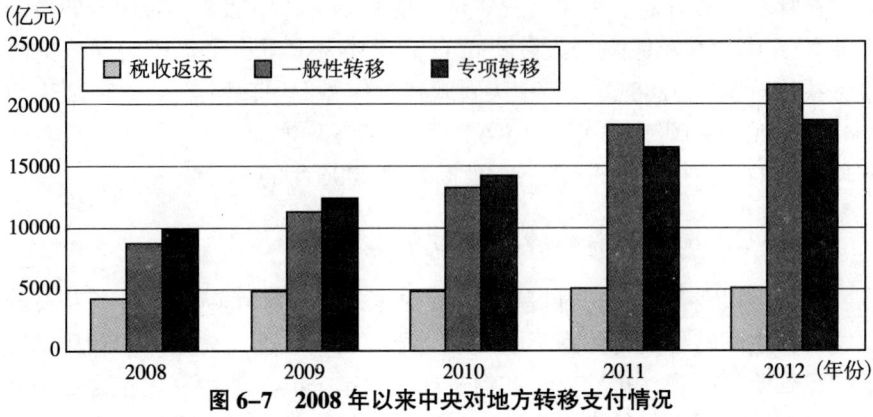

图6-7　2008年以来中央对地方转移支付情况

第六节　实施政府收支分类改革

自十六届三中全会以来的各项中央文件中，都高度强调财政管理体制改革的重要性；而在社会舆论中，对于各级政府部门的收支规范化也给予高度的关注。因此，财政管理体制的改革在财政部门也受到相当的重视，相关措施陆续出台，稳步推进。如在十六届三中全会的《决定》中，首次提出完善的市场经济要实行全口径预算的目标，实行新的政府收支分类科目，强化以往各项改革措施等，这些都在为我国走向现代预算国家提供强有力的推动力。

针对现行政府预算收支科目体系存在的涵盖范围偏窄、体系不够科学、不能完整反映政府职能活动等问题，我国从1999年起着手研究政府收支分类改革。政府收支分类改革方案经多次修改，并进行了模拟试点。2005年12月27日，国务院正式批准政府收支分类改革方案，决定编制2007年预算时全面实施此项改革。

一、政府收支分类改革的必要性

政府收支分类是财政预算管理的一项重要的基础性工作，直接关系到财政预算管理的透明度，关系到财政预算管理的科学化和规范化，是公共财政体制建设的一个重要环节。随着社会主义市场经济体制的完善、公共财政体制的逐步确立，以及部门预算、国库集中收付、政府采购等各项财政改革的不断深入，现行政府收支分类体系的弊端也越来越明显，主要存在于以下几个方面：

（1）与市场经济体制下的政府职能转变不相适应。目前，我国社会主义市场经济体制已基本建立，政府职能也发生了很大转变，政府公共管理和公共服务的职能日益加强，财政收支结构也发生了很大变化。

（2）不能清晰反映政府职能活动。现行预算支出科目主要是按"经费"性质进行分类的，把各项支出划分为行政费、事业费等。这种分类方法使政府究竟办了什么事在科目上看不出来，很多政府的重点工作支出如农业、教育、科技等都分散在各类科目中，难以形成一个完整、透明、清晰的概念。

（3）制约了财政管理的科学化和财政管理信息化。现有的支出科目划分涵盖范围偏窄，也不够明细、规范和完整，对细化预算编制，加强预算单位财务会计核算，以及提高财政信息化水平都带来一些负面影响。

（4）不利于强化财政预算管理和监督职能。现行政府收支分类体系只反映财政预算内收支，未包括应纳入政府收支范围的预算外收支和社会保险基金收支等，给财政预算全面反映政府各项收支活动，加强收支管理带来较大困难，不利于强化预算管理和监督职能。

（5）与国民经济核算体系和国际通行做法不相适应，既不利于财政经济分析与决策，也不利于国际比较与交流。财政部门和国家统计部门每年要做大量的口径调整和数据转换工作。尽管如此，还是难以保证数据的准确性以及与其他国家之间的可比性。

二、政府收支分类改革的主要内容

新的政府收支分类体系设计主要遵循三个基本原则：①公开透明。确保按新科目编制的预算符合市场经济条件下公共财政的基本要求，既要说得明白，也要让一般老百姓看得懂。②符合国情。既要合理借鉴国际经验，实现与国际口径的有效衔接与可比，又要充分考虑我国目前的实际情况，尽可能满足各方面的管理需要。③便于操作。科目设计在内容和层级设计上既要充分满足管理的要求，又要尽可能简单，不能太复杂。

按照上述原则，新的政府收支分类主要包括三个方面的内容，即收入分类、支出功能分类和支出经济分类。

（1）对政府收入进行统一分类，全面、规范、细致地反映政府各项收入。改革后的收入分类全面反映政府收入的来源和性质，不仅包括预算内收入，还包括预算外收入、社会保险基金收入等应属于政府收入范畴的各项收入。

（2）建立新的政府支出功能分类体系，更加清晰地反映政府的各项职能活动。这是这次科目改革的核心。新的支出功能分类根据政府管理和部门预算的要求，统一按支出功能设置类、款、项三级科目，其中，类级科目综合反映政府职能活动，如国防、外交、教育、科学技术、社会保障、环境保护等；款级科目反映为完成某项政府职能所进行的某一方面的工作，如"教育"类下的"普通教育"；项级科目反映为完成某一方面的工作所发生的具体支出事项，如"水利"款下的"抗旱"、"水土保持"等。

（3）建立新型的支出经济分类体系，全面、规范、明细反映政府各项支出的具体用途。支出经济分类科目设类、款两级，类级科目包括工资福利、商品和服务支出、对个人和家庭的补助、转移支付、基本建设支出等。款级科目是对类级科目的细化，主要体现部门预算编制和单位财务管理等有关方面的要求。

三、政府收支分类改革的意义

按照规划，政府收支分类的改革，暂未改变目前预算管理的基本流程和管理模式，不改变预算平衡口径及预算内资金（包括现有一般预算资金、政府性基金）、预算外资金、社会保险基金分别管理的方式。从这方面看，新的政府收支分类改革对于目前的预算管理似乎影响较小。然而在实质意义上，这项改革在建立完善的公共财政体制、促使我国走向与国际接轨的现代预算国家之路等方面都将具有深远的影响。按照时任财政部副部长就该项改革答记者问时所回答的，这些影响包括以下几个方面：

政府收支分类是财政预算管理的一项重要的基础性工作，直接关系到财政预算管理的透明度，关系到财政预算管理的科学化和规范化，是公共财政体制建设的一个重要环节。按照社会主义市场经济体制的发展要求，建立一套规范的政府收支分类体系，对建立民主、高效的预算管理制度，扩大公民民主参与预算过程，保证人民依法实现民主决策、民主管理和民主监督政府预算的权利，推进社会主义政治文明和政治民主建设，都具有重大意义。

新的政府收支分类体系充分体现了国际通行做法与国内实际的有机结合，有利于更加清晰完整地反映政府收支全貌和职能活动情况，对进一步提高政府预算透明度，强化预算管理与监督，从源头上治理腐败，促进社会主义民主政治建设等，都具有十分重要的意义。

第七节 "营改增"与政府间财政关系重构

1994年的财税改革为我们搭建了一个适应社会主义市场经济体制的财税体制基本框架。迄今为止，这一体制框架已经运行近20年。随着形势的变化和改革开放的进程加快，我们已经看到，当前中国财税领域面临着诸多难以在现行体制框架内解决的难题。这些难题，从根本上说来，既与1994年的财税改革目标未能全面实现、改革不够彻底有关，也同此后的改革未能与时俱进、国内外经济社会环境发生了一系列十分重大的变化有关。故而，必须通过启动新一轮财税体制改革加以解决和突破。

中共十八大之后，随着新一届中央领导集体一系列新的治国理政战略的形成，由全面深化改革入手，不断释放改革的制度红利，以改革激发社会活力，以改革增强发展动力，打造中国经济升级版，已经成为全党以及整个社会的共识。作为全方位改革的一个重要组成部分，新一轮财税体制改革已经处于呼之欲出状态。

从2012年1月在上海市启动并逐步扩展至9省（市）的营业税改征增值税试点（简称"营改增"），被视作已经看准、具备条件、牵一发而动全身的改革项目；在中共十八大之后掀起的新一轮全面改革浪潮中率先开始提速。从2013年8月1日起，"营改增"试点由9省（市）扩展至全国所有地区，与此同时，在交通运输业和部分现代服务业的基础上，亦纳入了广播影视作品的制作、播映、发行等范围。并且，还将择机扩展至铁路运输和邮电通信等行业。

然而，表面上仅仅涉及现行税制体系中两个税种甚或两个税种中的税制构成要素的调整或改革措施，它所带来的影响和形成的冲击，绝非限于税收制度领域。循着"营改增"的前行脚步及其所牵动的因素，可以清楚地看到，"营改增"所到之处，不仅会撼动现行财税体制的根基，而且会以此为基础，点燃新一轮财税体制改革的导火索，甚至可能牵动包括经济建设、政治建设、文化建设、社会建设、生态文明建设和党的建设在内的全方位改革。

换言之,"营改增"具有不同于一般意义上的税制调整或税制改革措施的特殊魔力。事实上,在当前的中国,它已成为新一轮财税体制改革的先导并牵动全面深化改革的大局。鉴于当前国内外经济社会形势的复杂性和推进改革的艰巨性,有别于1994年一步到位的财税改革,可以预期,以"营改增"为先导的这一轮财税体制改革须分步实施,可能持续至少3~5年时间,或至迟2020年初步完成。

恰当地把握好这一契机,因势利导,在做好顶层设计和总体规划的前提下,随着"营改增"的推进步伐,将酝酿多年、亟待启动的新一轮财税体制改革逐步付诸实施并由此作为全面深化改革的突破口,是今后一个时期我国经济体制改革领域可能呈现的一个基本图景。

一、"营改增":1994年预设的改革

"营改增"的初始称谓是"增值税扩围",它最初是作为完善现行流转税制的举措而进入人们视野的,也是1994年现行税制诞生之时便已预设的一项改革。

之所以会产生这样的动议,是因为流转税有一般流转税和特殊流转税。两者之间的区别在于,后者主要着眼于实施对特定消费行为的税收调节,它的征税对象是有选择的——仅对部分列举的商品和服务征税。后者则主要着眼于取得税收收入,它的征税对象是普遍性的——对所有商品和服务征税。故而,不同于特殊流转税的"非中性"立场,举凡一般流转税,都要按照"中性税"来设计——税制安排不对纳税人的经济选择或经济行为产生影响,不改变纳税人在消费、生产、储蓄和投资等方面的抉择。

与世界税制格局的一般情形有所不同,主要出于历史的原因,或可说是一种不得已的选择,诞生于1994年的我国现行税制体系,同时植入了两个一般流转税税种——增值税和营业税。前者主要适用于制造业,后者主要适用于服务业。尽管可以在税制设计上按照彼此照应、相互协调的原则来确定税负水平,但在实际运行中,一直难免税负失衡。来自任何一方的哪怕是轻微的变化,都会直接影响并牵动到另一方。加之前者不存在重复征税现象,出口可以退税,因而税负相对较轻。后者则有重复征税现象,出口又不可退税,因而税负相对较重。因一般流转税"两税并行"而造成的制造业与服务业之间的税负水平差异,不仅使得增值税和营业税陷入"非中性"状态,而且也常常对于现实中的产业结构产生"逆向调整"

效应——相对抑制服务业的发展而鼓励制造业的发展。

正是基于这样一个原因，几乎从1994年现行税制诞生的那一天起，在一般流转税制问题上，就预设了未来将两个税种合并为一个税种——增值税的考虑。在当时，这项预设的改革被称作"增值税扩围"。

二、从流转税制完善到结构调整

作为反危机的一项宏观经济政策安排，我国于2009年1月实施了增值税转型改革。这项改革举措的最重要变化，就是企业当期购入固定资产（主要是机器设备）所付出的款项，可以不计入增值税的征税基数，从而免征增值税。注意到增值税系现行税制体系中第一大税种的地位，它还是一项规模颇大的减税举措。减税固然可以带来扩大内需的反危机的政策功效，但其政策成本亦相伴而生：由于增值税税负水平相对减轻，同属于一般流转税、与增值税捆绑在一起的营业税税负水平就相对加重。作为一种必然的结果，发生在不同产业之间、特别是发生在制造业和服务业之间的税负失衡矛盾，也由此激化——相对于制造业税负水平的下降，服务业的税负水平趋于上升。这显然同转变经济发展方式、调整经济结构的时代潮流相背离。

随着经济的发展进程，在我国以生产性服务业为代表的大量新兴产业不断涌现。这类产业所具有的一个重要特点，就是兼具制造业和服务业性质，很难对其产业归属给出明确的界定。不断涌现且产业属性不清的新兴产业与现行一般流转税的"两税并行"格局相对接，便形成了一般流转税征收和缴纳的模糊地带。不仅给纳税人一方在适用增值税还是营业税问题上留有不必要的选择空间，而且，在国家与地方两套税务机构并行、分别征收增值税和营业税，增值税和营业税又分别属于中央地方共享税和地方税的条件下，也带来了征税人一方与两套税务机构之间因征管范围不清甚至相互争抢税源的矛盾。

为了推进服务业的发展进而调整产业结构，在增值税转型改革大致完成之后，"增值税扩围"——在整个商品和服务流转环节统一征收增值税，便成为一种推动经济结构调整、大力发展服务业的自然选择而提上了议事日程。如果说这一轮国际金融危机的爆发催生了"增值税扩围"的进程，那么，从其被提上议事日程到最终付诸实施，则是全球经济持续震荡和中国经济不平衡、不协调、不可持续问题更加突出而倒逼的结果。

在连续实施了5年的财政扩张性操作之后，以扩大支出为主要内容的扩张性操作药效已经有所下降，其"粗放型"扩张对于结构调整的负作用已经显现。较之于危机之前，不平衡、不协调、不可持续的问题更加突出。故而，扩大支出的操作将不能不有所节制，各级政府不仅要厉行节约，严格控制一般支出，把钱用在刀刃上。即便是必需增加的公共投资支出，也要在增加并引导好民间投资的同时，着眼于打基础、利长远、惠民生、又不会造成重复建设的基础设施领域。这意味着，以往以扩大政府支出为主要载体实施财政扩张的操作，不会再现于当前的宏观调控舞台。

当前在积极财政政策旗帜下所实施的减税操作，被称为结构性减税。与全面性减税有所不同，结构性减税最重要的特点在于目标的双重性：一方面要通过减税，适当减轻企业和居民的税收负担水平；另一方面要通过有增有减的结构性调整，求得整个税收收入结构的优化。也就是说，将减税操作与税制改革的方向相对接，是结构性减税的题中应有之义。正是出于这样的考量，中央经济工作会议采用的是"结合税制改革完善结构性减税政策"的表述。将现行税制体系以及由此决定的税收收入格局与"十二五"税制改革规划相对接，减流转税（间接税）而非直接税，减收入所占份额较大的主要流转税（间接税）而非所占份额微不足道的零星流转税（间接税），无疑是推进结构性减税的重点。

在现行税收收入体系中，收入所占份额较大、可称为主要流转税（间接税）的，分别是增值税、营业税和消费税。2012年，其所占份额分别为39.8%、15.6%和9.0%。鉴于增值税块头儿最大，牵涉它的减税效应可能是最大化的，也鉴于营业税的前途已经锁定为改征增值税，其终归要被增值税"吃掉"的趋势已经不可逆转，亦鉴于消费税的基本征税对象是奢侈品和与能源、资源消耗有关的商品。对于消费税的任何减少，都要牵涉国家的收入分配政策和节能减排政策安排，历来难以达成共识，不能不格外谨慎，相比之下，只有增值税最适宜作为结构性减税的主要对象。在上海市等地试行的"营改增"方案，本身恰是一项涉及规模最大、影响范围最广的结构性减税举措。

这意味着，通过扩大"营改增"的试点范围，进一步加大结构性减税的规模效应，自然要进入实施稳增长的政策系列。根据国务院第212次常务会议的决定精神，财政部和国家税务总局于2012年7月31日印发了《关于在北京等8省市开展交通运输业和部分现代服务业营业税改征增值税试点的通知》，明确从2012年9月1日起，将交通运输业和6个现代服务业"营改增"试点范围由上海市分批扩大至北京市、江苏省、安徽省、广东省（含深圳市）、福建省（含厦门市）、天津市、浙江省（含宁波市）、湖北省8个省（直辖市）。随着中共十八大的召开和新一届中央领导集体的组建以及一系列新的治国理念的形成，2013年4月10日，国务院总理李克强主持召开国务院常务会议，决定从8月1日起，将交通运输业和部分现代服务业"营改增"试点在全国范围内推开。不仅如此，在部分现代服务业的基础上，亦纳入广播影视作品的制作、播映、发行等范围。并且，还将择机将铁路运输和邮电通信等行业纳入"营改增"试点。

三、从地方主体税种重建到全面深化改革

作为现时地方政府掌握的几乎唯一的主体税种，营业税收入大致占到地方政府税收收入的一半以上。2012年，在9省（市）[①]试行的"营改增"方案，其范围仅涉及交通运输业和6个现代服务业。由于各相关省（市）之间产业结构的差异，在"1+6"的范围内，"营改增"所牵动的地方政府营业税收入份额，分别在20%~30%。尽管"营改增"吃掉了地方政府原有营业税收入的一块儿，但尚未动摇营业税的根基。加之在"财力与事权相匹配"的原则下，作为实施"营改增"的配套性临时安排，改征为增值税、转由国家税务局征收的营业税收入，还会如数返还给地方政府，故而，对地方主体税种和地方财政收支形成的冲击，尚处于有限的、可控的地步。

随着2013年"1+6"范围内的"营改增"试点扩展至全国所有地区和广播影视作品行业，并且，与此同时，邮电通信、铁路运输和建筑安装等行业也将适时纳入试点范围，随着"1+6"变身为"2+N"、"3+N"或其他，营业税的根基便可能发生动摇，地方主体税种和地方财政收支所受到的冲击便不再是有限的、可控的。更进一步看，按照"十二五"规划的要求，至迟在2015年，"营改增"将覆盖全国所有地区和所有行业。随着营业税被全部纳入增值税框架体系、作为一个独立税种且属于地方政府主要收入来源的营业税不复存在，无论是地方主体税种还是地方财政收支，都将由此面临极大的冲击。

只要"分税制财政体制"的方向不变，地方主体税种的设立和存在就是必须的。只要多级次政府管理的格局不变，一级政府、一级财政的基本财政规律就不可背离。在坚持"分税制财政体制"方向和多级次政府管理格局的前提下，具有相对独立的收支管理权和收支平衡权的健全的地方财

[①] 按照加入试点的先后顺序，包括上海市、北京市、江苏省、安徽省、广东省（含深圳市）、福建省（含厦门市）、天津市、浙江省（含宁波市）、湖北省。

政体系，当然是不可废弃的。

面对"营改增"所带来的地方主体税种和地方财政收支的新变化，不能满足于治标，而须着眼于治本——重建地方主体税种以及地方税制体系，以此为基础，重构地方财政收支格局。随着"营改增"的范围扩展至全国所有地区和所有行业，至迟在2015年，地方主体税种以及地方税体系的重建肯定要走入现实生活。

着眼于"扩围不增（份）额"，"营改增"的推进肯定会触动两个方面的问题：一方面，"营改增"之后的增值税应着手减低税率。一旦"扩围"与"降率"相伴而行，"扩围"的减税效应与"降率"的减税效应合并一处，增值税收入本身以及附属于增值税之上的教育费附加、城市维护建设税和地方教育费附加等收入肯定会减少。另一方面，减少的规模将不会是一个小数。历史与现实的考量一再证明，政府的财政支出规模通常只能增不能减。能够有所控制的，仅在于财政支出的增速或增量。一旦财政支出规模不能同步减少，由此而留下的财政收入"短缺"空间，便只能以其他税种或新增税种收入规模及其份额的相应增加来填充。

直接税占比低而间接税占比高、两者间的配置极不均衡是我国税制体系中的"老大难"问题。以2012年的数字为例，在全部税收收入100600.99亿元中，只有25%左右的份额来自直接税。而且，在25%左右的直接税份额中，企业所得税和个人所得税所占的份额分别为19.5%和5.8%。鉴于企业所得税系对企业而非对个人征收，其税负最终也是可能转嫁的，在我国现实税收收入体系中，可以基本算作完全意义上的、针对居民个人征收的直接税，只有这区区几个百分点的个人所得税。至于位于存量层面、针对居民个人征收的另一种直接税——财产税，则属于"空白"地带。

直接税与间接税之间保持均衡是现代税制体系和现代税收收入体系的基本标志之一，再注意到中国已经成长为世界第二大经济体、理应构建与之相匹配的现代税制体系和现代税收收入体系，更注意到缺乏直接税的现行税制体系和现实税收收入体系格局已经演化为阻碍现代税收功能实现、阻碍社会主义市场经济体制有效运行的重要因素，加快直接税建设，逐步增加直接税并相应减少间接税在整个税收收入中的比重，显然是我国下一步税制改革必须牢牢把握、全力追求的目标。

我国现行的财政体制是"分税制财政体制"。在"分税制"旗帜下构建的现行财政体制，其最主要的内容，无非是事关两类税种收入的分享比例：增值税收入按75∶25在中央与地方财政之间分享，所得税（包括企业所得税和个人所得税）收入按60∶40在中央与地方财政之间分享。毋庸赘言，这样的分享比例是建立在既有税种归属关系格局基础上的。一旦由中央税、中央与地方共享税和地方税所构成的既有税种归属关系格局发生变化，特别是发生十分重大的变化，上述的分享比例势必要随之做出重大的调整，甚至整个分税制财政体制都要随之启动重构程序。

随着"营改增"扩展至全国所有地区和所有行业，当作为一个独立税种的营业税被全部纳入增值税框架体系之后，被转作中央与地方共享税收入的，将不再是部分的营业税收入，而是全部的营业税收入。随着既有税种归属关系格局的打破，上述的分享比例当然要随之调整。再进一步，现行分税制财政体制的基础也会随之动摇。

鉴于既有税种归属关系格局同以国、地税机构分设为主要特点的现行税收征管格局密切相连，既有税种归属关系格局的变化亦会带来国、地税两套税务机构各自税收征管范围以及国、地税两套税务机构并行格局的变化，也鉴于目前所推崇的所谓"财力与事权相匹配"原则有后退为"分钱制"之嫌，而且在事实上孕育了中央与地方财政关系的模糊地带，所以，重申和坚守"分税制财政体制"的方向，进而重构分税制财政体制格局，已经势在必行。由此出发，整个中央和地方之间的财政关系以及整个中央和地方之间的行政关系的重新界定并调整，也肯定要随之纳入议事日程。

与其他方面的政府职能和管理体制有所不同，财税职能和财税体制所具有的一个特殊品质，就在于其最具"综合性"——它的运行范围，能够覆盖所有政府职能、所有政府部门和所有政府活动。发生在这一既十分复杂又牵动全领域的任何改革事项，都不会止步于财税领域本身，而且可以延伸至整个经济体制改革，甚至可以触动包括经济、社会、政治、文化、生态文明和党的建设在内的所有领域。牵住了财税体制改革这个"牛鼻子"，就等于抓住了政府改革以至于全面改革的几乎全部内容。

这实际上告诉我们，"营改增"所点燃的新一轮财税体制改革导火索，正在成为全面深化改革的突破口和主线索。做出这一判断的基本依据和基本逻辑在于如下几条：

（1）全面深化改革的重点在于经济体制改革，而经济体制改革的核心问题是处理好政府和市场的关系。其中，特别是对于当前的中国而言，政府是矛盾的主要方面。因而，调动各级政府改革的积极性和主动性，以推动政府改革来规范政府和市场的关系，进而带动全面改革，无论从哪个方面看，都是下一步改革的关键环节。

（2）政府改革的关键问题是政府职能做适应市场经济体制的规范化调整。纵观当前中国政府所履行的各项职能，尽管项目繁多，表现各异，但从大类分，无非是"事"和"钱"两个方面。前者主要指行政体制，后者主要指财税体制。故而，我们面临着从"事"入手还是由"钱"入手来转变政府职能两种选择。不过，相对于各级政府之间和各个政府部门之间的权力归属和利益分配关系而言，有关"事"的方面即行政体制的调整，对其的触动是直接的、正面的，有关"钱"的方面即财税体制的调整，对其的触动则是间接的、迂回的。显然，前者实施的难度较大，遇到的阻力因素较多。后者实施的难度和阻力，通常会弱于前者。以财税体制改革为突破口，顺势而上，有助于迂回地逼近政府职能格局的调整目标，进而推动政府改革和全面改革。

（3）事实上，自1978年以来的30多年间，财税体制改革一直是我国全面改革的突破口和主线索。我国的改革是从分配领域入手的，最初确定的主调，便是"放权让利"。而在当时，政府能够且真正放出的"权"，主要是财税上的管理权。政府能够且真正让出的"利"，主要是财税收入在国民收入分配格局中所占的份额。正是通过财税上的"放权让利"并以此铺路搭桥，才换取了各项改革举措的顺利出台和全面改革的平稳推进。

1992年10月，中共十四大正式确立社会主义市场经济体制的改革目标，标志着我国的改革进入"制度创新"阶段。随着1993年11月召开的中共十四届三中全会通过《中共中央关于建立社会主义市场经济体制若干问题的决定》，以建立适应社会主义市场经济的财税体制为突破口和主线索，为整个社会主义市场经济体制奠基，也就成为那一时期的必然选择。于是，便有了以"制度创新"为特点的1994年的财税体制改革。可以说，正是由于打下了1994年的财税体制改革的制度创新基础，才有了后来的社会主义市场经济体制的全面建立和日趋完善。

（4）当前中国经济社会发展中面临的诸多难题的破解，几乎都要以财税体制改革的全面深化为前提。比如，最终走出国际金融危机、使经济步入正常发展轨道，显然不能在现有的经济结构和经济发展方式格局下实现，而必须调整经济结构、转变经济发展方式。无论是调整经济结构，还是转变经济发展方式，都有赖于现行财税体制的深刻变革。再如，缓解或解决收入分配领域矛盾的寄望，在于重建或调整适应市场经济体制的政府收入分配调节机制。一旦论及收入分配机制的重建或调整，无论是初次分配层面，还是再分配层面，都涉及与财税体制的对接，甚至要求财税体制的根本性改革。故而，从总体上看，现行财税体制已经演化为各方面改革深入推进的瓶颈地带和焦点环节。全面深化财税体制改革，也就意味着包括经济、政治、文化、社会、生态文明和党的建设等领域在内的全面改革的启动和推进。

第三篇

道　路

第七章 中国财税发展的三个阶段

中国财税的发展总体上分为三个阶段：第一个阶段是计划经济时期（新中国成立至计划经济末期），第二个阶段是体制变换期（计划经济末期至分税制改革），第三个阶段是市场经济时期（分税制改革后）。这三个阶段的财政体制、机制和道路各有特征，合在一起构成了六十多年来中国的财税发展道路。

第一节 计划体制下的财税制度与经济发展

在经济学的基本原理中，政府负责界定和维护产权，市场才是配置资源的基础性手段，产品与服务的公共提供仅为矫正市场失灵和实现社会公正的目的而运用。而在计划经济体制下，政府扮演着社会资源配置者和主要使用者的角色，全部社会产品与服务几乎都由公共部门提供（和生产），其中既包括经济学意义上的"公共物品"，也包括由市场和各种利益共同体提供反而更有效率的"私人物品"和"准公共物品"。社会经济的运转几乎完全依靠各种计划和指标来协调与控制。

计划经济确实取得了成功。在现代宏观经济学的1929~1933年经济大危机中，当资本主义世界一片萧条的时候，苏联计划经济高速增长的业绩就曾一枝独秀。就中国而言，新中国成立之初，政府就通过果断采取统一财政经济工作，实行统收统支、高度集中的政策，在很短时间内，迅速稳定了金融物价，使国家财政经济形势好转，为新中国的建立和巩固作出了历史贡献。在随后的工业化阶段，国家利用计划经济体制下特殊的财政收入机制，"大而宽"的财政支出机制，高度集中的管理机制，筹集巨额建设资金，进行大规模经济建设，建立了比较完整的国民经济体系，特别是工业体系，大大改变了中国社会历史发展和现代化的进程。把中国由一个贫穷落后的农业国，变成了初具规模，走上工业化道路的新兴社会主义国家。据统计，1950~1978年，国家预算内基本建设支出累计达5621.56亿元，奠定了我国工业化的基础。

一、计划经济时期中国财政运行的制度环境：公有制与按劳分配

从新中国成立后至改革前的中国，是一个由政治力量加以整合的大一统社会。新中国成立伊始，国家就通过官僚资本国有化运动而一举消灭了中国资本主义经济的主要部分，随后又通过对民族资本的赎买政策和对农业、手工业和资本主义工商业的社会主义改造，将所有的经济成分都纳入了公有制（主要表现为国家所有制，下同）经济的轨道。国家权力就当之无愧地成为统领经济领域的力量，并不断地向其他领域渗透。由于缺乏经济激励，经济运作依靠高度的政治动员来维持，一整套的官方意识形态取代了本应多元的思想市场。在组织形式上，人民公社体制和单位制度又把每个人都牢牢地控制在高度集权的行政层级体系之中，从而实现了整个社会的高度政治化。这样，经济、社会、政治诸领域都统合为政治领域，前两者在这种统合中几乎完全失去了自主性和独立性。如果从"国家—社会"关系这一政治社会学的视角来观察，则计划经济的特征是国家完全掩盖了社会。[1] 雅诺什·科尔奈则将之视为"经典社会主义体制"的特征。[2]

---

[1] 到20世纪50年代后期，一个相对独立的、带有一定程度自治性的社会已经不复存在。见孙立平、王汉生、王思斌、林彬、杨善华：《改革以来中国社会结构的变迁》，《中国社会科学》，1994年第2期。

[2] 科尔奈认为社会主义体制有三种不同的原型，它们分别是：第一，革命过渡体制（从资本主义过渡到社会主义）。第二，经典体制（或经典社会主义体制）。第三，改革体制（或改革社会主义）。他从意识形态、政治结构、产权形式、协调机制之间复杂的因果关系来理解经典社会主义体制下的种种现象，如强制增长、持续性的短缺经济、失业等。这一因果关系的基本逻辑是：上述种种现象都可追溯到官方意识形态武装起来的共产党的一党执政。这一意识形态来源于马列主义，但与马列主义并不完全重合，它还包含着马列主义名义下的其他新增内容。执政党的政治组织与其意识形态构成了一个统一的存在，它们互为一体，须臾不可分离。执政党在夺取国家政权之前就已经公开宣称要实现公有产权这一目标。在革命胜利并且完成过渡之后，既定的政治组织按自己的意愿建立起国有制。因此，在经典体制中，或者是国家所有制（包括近似国家所有制、集体所有制）占主导地位；或者至少在关键领域，即整个经济的制高点应该由国家所有制占据支配地位。只要建立起了经典体制的政治结构、官方意识形态的统治地位以及国家所有制的支配地位，它们必然导致官僚控制机制主导整个社会经济生活。因此，官僚协调在经典体制的协调体系中占据了主导地位，而其他所有的协调机制最多只是发挥着支持作用，甚至完全萎缩。以上因素，构成了经典体制中的利益和动机因素，由此带来的行为特征，以及这些现象之间的重要联系。例如，计划安排（"讨价还价"）、数量驱动、领导者的家长式作风、预算软约束、价格反应不敏感等。他认为，正是由于有这种社会主义体制的政治结构和官方意识形态，才出现了特定的产权形式，这种产权形式又必然使得官僚协调机制处于主导地位，同时也导致了参与者的典型行为方式，最终便自然引出了包括强制增长在内的、各种列出和未列出的经济现象。见雅诺什·科尔奈：《社会主义体制——共产主义政治经济学》，中译本，中央编译出版社2007年版。

当然，新中国由新民主主义社会过渡到社会主义社会，直到具备"经典社会主义体制"的特征，并不是一朝一夕的事，它还是经历了一个过程。按照科尔奈对社会主义国家发展进程的阶段性划分，中国的"经典社会主义"特征最明显的时期，应当是1957~1966年这10年。它的特征表现为：政治上完全确立了中国共产党的绝对领导地位，实现了社会主义公有制和计划经济，社会主义意识形态深入社会机体方方面面，整个社会的运行依靠无处不在的官僚机制来协调。

(一) 单一公有制与计划经济

经典社会主义体制的基本生产单位是单一的公有制。典型的公有制实现形式包括城市国家所有制的国有企业和农村集体所有制的人民公社。新中国何以会采取这一以公有制为主体的计划经济体制呢？一般认为，要在严峻的国内外形势和资源极度稀缺情况下求得民族自立和国家生存，优先发展重工业、培养中国经济的自我积累能力，处在列强封锁包围中的新中国只能做此选择。林毅夫等 (1993；1997)① 从新中国成立之初面临的这一历史境遇及其比较优势出发，解释了公有制和计划经济体制在中国的起源。要在一穷二白的基础上实施优先发展重工业的战略，必须借助于一系列的政策手段，包括：①以低利率、低汇率、低工资和低物价为主要特征的宏观政策环境。②以计划手段分配资源的资源配置制度。③以主要部门的国有制和人民公社体制为主要内容的经济管理体制。这样，计划经济体制就成为新中国成立初期确立的重工业优先发展战略之内生性制度安排。它的三大方面，即扭曲的宏观政策环境、高度集权的资源配置制度和毫无自主权的微观经营机制是三位一体、相辅相成的。其中，重工业优先发展是既定的战略目标。为此，以压低利率、汇率和资本品价格、工资和消费品价格为主要内容的宏观政策环境是关键，为了维护这一扭曲的价格体系，使资源和经济剩余流向被政府置于优先发展目标中的重工业部门，才诱致出集中分配资源的计划体制和毫无自主权的微观经营机制。

然而，"遍寻马克思和恩格斯的著作，也没有发现两位导师在任何一处提及日后成为社会主义中心指导原则的'中央计划'，以及以重工业为第一优先的超高速工业发展"。② 针对林毅夫、蔡昉、李周以"重工业优先

---

① 林毅夫、蔡昉、李周：《论中国经济改革的渐进式道路》，《经济研究》，1993年第9期；林毅夫、蔡昉、李周：《充分信息与国有企业改革》，上海三联书店、上海人民出版社1997年版。
② 艾瑞克·霍布斯鲍姆：《极端的年代》（下），中译本，江苏人民出版社1999年版。

发展战略"作为解释中国传统计划经济体制形成之逻辑起点的观点,也有学者(张军,1993)①指出,传统经济体制的逻辑起点"不是所选择的重工业优先发展战略,而是所选择的社会主义制度,社会主义制度是中国共产党领导的政府在建国前所选定的,对于我们经济学家这里研究的问题而言,它才是一个外生的东西"。科尔奈关于经典社会主义体制的剖析,使我们更透彻地了解了为什么导致计划体制产生的决定因素不是重工业优先发展战略,而是执政党所选择的社会主义体制。

科尔奈(1992)②认为,革命胜利后各社会主义国家所奉行的社会主义体制,是社会主义意识形态及其政治结构的复合体。作为一种官方意识形态,它来源于马列主义,但与马列主义并不完全重合。它宣扬社会主义体制的绝对优越性,包含着各国社会主义革命运动时期的各种思想、憧憬和价值取向,同时也意味着执政后的共产党对人民的种种承诺。作为一种政治结构,它要求执政的共产党对国家及军队的绝对领导权。经典社会主义体制的官方意识形态始终不遗余力地宣扬,社会主义在经济上的优越性就在于社会主义体制本身,它将保证社会主义在克服了最初的缺点之后,其优越性将自然而然地体现出来。共产主义政党的使命就是要"剥夺剥夺者",在财产关系上彻底消灭私有制,建立稳固的社会主义公有产权和社会主义优越性得以发挥的政治基础。当人们失去了可支配的私有财产,那么,市场以及其他社会协调机制都显得多余,官僚协调将取而代之。而要在官僚体制下维持信息和政令的全面畅通,最好的办法是让社会生活的每个最小单元都纳入计划控制的轨道。

社会主义体制的运行可以说是环环相扣,每一个环节都在体制的运行中复制和强化自身,否则就无法适应这一体制下的生存。因此,"并不是短缺才导致了庞大而全能的官僚体系;并不是因为确定了强制增长目标才会有无所不包的严密计划;并不是因为出现了进口饥渴才建立了进口审批制度……其中的因果关系恰恰相反:正是因为有了经典社会主义体制的政治结构和官方意识形态,才出现了特定的产权形式,这种产权形式又必然使得官僚协调机制处于主导地位,同时也导致了参与者典型的行为方式……",强制性增长、劳动力短缺、失业、持续性经济短缺、软预算约束等各种经济现象都可以从中找到根源。

---

① 张军:《中央计划经济下的产权和制度变迁理论》,《经济研究》,1993年第5期。
② 雅诺什·科尔奈:《社会主义体制——共产主义政治经济学》,中译本,中央编译出版社2007年版。

（二）单一按劳分配所形成的简单利益结构

所有制决定分配形式，单一的公有制与单一的按劳分配相对应。由于个人没有资产的所有权，也就不会获得资产性收入，劳动收入是居民的主要收入形式，在几乎没有个体财产差别的环境中，辅以极少量的个人存款利息收入作为财产性收入。从计划经济的实践来看，由于中央计划信息利用效率低，激励机制缺乏，按劳分配最终演化成了"吃大锅饭"。[①] 企业不论盈利还是亏损，工资照发，企业工资总额与经营效果脱节；企业内部，职工干多干少一个样，干好干坏一个样，干与不干一个样，分配存在严重的平均主义。

与马克思、恩格斯经典共产主义理论设想的场景不同，社会主义并不是在生产力高度发达、物质产品极大丰富高度发达的资本主义国家实现的，而是在生产力最不发达的国家、资本主义链条最薄弱的环节取得了胜利。这就使得实现共产主义的首要问题不是按需分配的设计，而是发展成产力，增加物质产品供应。由于劳动还是谋生手段，并不是人出自本性的第一需要，要想让人们都辛勤劳动，就需要以物质回报作为激励，从而使得激励问题尤其重要。在内忧外患的新中国成立之初，精神激励能够起到巨大的作用。而一旦走上了社会主义建设的正轨，回归到日常生活，对于广大的普通老百姓来说，要发挥他们的积极性，让他们在工作中诚实、不偷懒，物质激励是不可或缺的手段。平均主义大锅饭的机制恰恰取消了这种激励机制，其结果是人们在工作中不再比干劲、争上游，而是消极怠工、得过且过。

单一的按劳分配和由于激励缺乏导致的平均主义和大锅饭，使得个人收入分配出现严重的平均主义。在计划体制内，原有的个体间收入差距主

[①] 20世纪二三十年代起，冯·米塞斯和哈耶克就在与道布（Maurice Dobb）和兰格（Oskar Lange）等人的辩论中指出，由于高昂的信息成本，不管是应用道布的"集中解决法"还是应用兰格等人的"模拟竞争解决法"，中央计划者都不可能制订一个使资源达到最优配置的内在一致的计划。计划经济体制能够有效运转的隐含前提之一是完全信息假定，即中央计划机关对全社会的一切经济活动，包括物质资源和人力资源的状况、技术可行性、需求结构等拥有完全的信息。而现实信息的分布却是分散的，没有哪一个计划者能够掌握做出中央计划所需的全部信息。哈耶克和弗里德曼（Friedman）等人认为，不仅中央计划者没有任何激励，保证消费品市场出清，而且国企管理者也缺乏将利润最大化的激励。公共选择学派的领袖布坎南等人则认为，无论是政治家还是官僚，都不是假设中的大公无私的人，他们会利用一切机会谋取私利，把全部社会资源交给他们来支配，本身就蕴藏着风险。见吴敬琏：《当代中国经济改革：战略与实施》，上海远东出版社1999年版，第28页；詹姆斯·M.布坎南：《民主过程中的财政》，中译本，上海三联书店1992年版。

要通过工资等级制来体现，计划经济时期的分配秩序集中体现在1956年轮工资制度改革中。1956年6月，党中央、国务院根据当时国家的政治、经济状况，决定对机关事业单位的工资制度进行改革。国务院第32次全体会议作出了《关于工资改革的决定》（即［1956］国调周字第53号）。7月4日，国务院以［1956］国议周字第51号公布了《关于工资改革中若干具体问题的规定》。改革内容具体包括：取消工资分和物价津贴制度，实行货币工资制度；①改革工人的工资等级制度，工人普遍实行8级工资制，严格技术等级标准考核升级；调整和改进产业、部门、地区、企业之间及各类人员之间的工资关系；改革企业职员和技术人员的工资制度，企业职员实行职务工资制，对技术较高的技术人员加发技术津贴；国家机关工作人员仍实行统一的职务等级工资制；推广并改进计件工资制，设立与效益挂钩的奖励（奖金）制度。本着集体企业职工工资标准低于国营企业的精神，按行业确定各类人员的工资等级；制定工人技术等级标准；统一计件工资标准；加强工资统一管理。

1956年的工资制改革，确立了以技术、职务、行业和地区四个基本因素为参照标准的"按劳分配"制度，奠定了改革开放前我国城镇居民工资制度的基础。这次工改，建立了国家机关、企事业单位等几大类分配制度，其中党政机关实行职务等级工资制，把干部分为30个行政级；企业工人分为8个（个别工种为7个）技术等级，专业人员，如工程技术人员、教师、医务工作者、文艺工作者也都相应有了自己的等级系列。且各系列之间可以互相换算，如文艺1级相当于行政8级；高教8级相当于行政17级等。依据各地的自然条件、物价和生活费用水平、交通以及工资状况，并适当照顾重点发展地区和生活条件艰苦地区，将全国分为11类工资区。工资区类别越高，工资标准越高。

职务等级工资制的主要内容是行政管理人员的工资的30个等级包括

---

① 在1956年工资改革之前，1952年7月1日政务院将《关于颁发各级人民政府供给制工作人员工资标准的通知》下发，并启动新中国的工资改革。根据标准，党政机关工作人员共分29级，工资与级别对应，并把实物作为工资的折实单位，又称工资分。工资分由伙食分、服装分、津贴分三部分构成，按粮、布、油、盐、煤5种实物的数量进行折合。1954年6月25日中央人民政府政务院颁发《国家机关工作人员工资、包干费的标准及有关事项的规定的命令》，其目的是"使国家机关工作人员的工资制度进一步地统一、合理和使供给制（包干）工作人员的待遇逐步过渡到工资制，并在生产发展的基础上进一步地提高工作人员的待遇"。在1955年，国务院出台了《关于国家机关工作人员全部实行工资制和改行货币工资制的命令》，强调"按劳取酬"、"同工同酬"，把过去的"供给（包干）"制和"工资分"制废除，实行新的工资制度，并匹配了"货币工资标准表"，结合地区差异，实行"物价津贴"制。见周柏春：《中国收入分配政策伦理研究》，吉林大学博士学位论文，2013年，第80~82页。

330个工资标准。定级标准采用一职数级、等级线上下交叉的做法，依据职务，参考德才和资历进行评定，各级的工资标准根据各地的物价指数和生活水平确定。大致为正部3~5级；副部5~8级；正局8~10级；副局9~12级。全国划分为11类工资区，同一等级的工资以1类地区为基准，每高1类，工资标准增加3%，如北京属6类地区、上海属8类地区、西宁属11类地区，11类地区比1类地区高出30%。国家机关工程技术人员的工资等级分为18个，也分为11个地区类别，共有198个工资标准。此外，工程技术人员的工资标准还根据产业不同而划分为5类。其他人员如民警工资分为13个等级，143个工资标准；翻译人员15个等级，165个工资标准；工人10个等级，110个工资标准。同时，在改革中，教育、科研、文化、卫生等国家事业单位也都按职务或职称确定制定了本系统的工资标准。①

与国有企业8级工资相对应的，是农村集体经济实行工分制，具体形式各地有所不同。在广西某山村，农村以生产队为核算单位，共同拥有土地，共同劳动，集体分配。工分制以家户为单位进行分配。全年进行两次分配，夏收分配一次，年终再作一次总结算。生产队会计用全年生产队的总收入除以全年生产队的总工分，得出一个壮劳力工作日（10分）的价值。工分制是将每个劳动力分等，每等定出一个标准分，例如说一等劳力10分，二等劳力8分，三等劳力6分，四等劳力4分。共同劳动一天，记工员会按照标准分给每个劳动力记分。也就是说，无论一天做多少活，只能得到同级别劳动力一样的工分；或者说即便站在地里没干活，但只要确认出工，也可以得到同样的工分。劳动力的分等抹平了同等级劳动力之

---

① 计划经济时期的后期工资制度改革都在1956年等级工资基础上进行，包括：第一，降低领导干部的工资。1957年1月起，降低国家机关10级以上干部的工资。1959年，党中央决定降低国家机关3级以上党员干部的工资，即将国家机关的工资标准合并为一级。1960年，党中央决定将行政17级以上（含相当工资额）党员干部的工资按不同比例予以降低。第二，调整了部分地区的工资标准。1960年全国调整工资，取消了1、2类工资区，将1、2类工资区一律提高到按3类工资区标准。1979年10月，将3类工资区提高为4类工资区，原4类工资区提高为5类工资区，不执行11类工资区工资标准的职工工资标准也相应作了调整。第三，调整部分职工的工资标准。1957年10月，国务院决定将大学本科毕业生定级工资降低为行政22级，大专毕业生定级工资降低为行政23级，中专毕业生的定级工资降低到行政25级。1971年调整部分职工工资时，确定了不执行8级制工资标准的相似工资等级，将国家机关工作人员的最低工资标准提高到行政26级；商业职工提高到10级；基层供销社职工提高到7级；小学教师提高到9级；卫生技术人员提高到20级。第四，调整职工的工资等级。1957年以后，党中央、国务院根据国民经济的发展状况和改善职工生活的需要，多次调整了职工的工资。主要有1963年、1971年、1977年、1979年4次30%~40%的升级。资料来自《东营史志·东营市人事志》，http://www.dysq.gov.cn/2009-1/7_135044.html。

间的差异，使部分人受到打击。工分制使得人们在集体的土地上消极工作，将节省的体力用在家户内的劳动上。每年年底，生产队全体成员要集体开会评来年工分底分。评工分的依据主要是上年的工作表现，并不必然与年龄和性别相关。

工分制的分配分为两个阶段：第一个阶段是按月分配，第二个阶段是年终分红。按月分配的粮食分为日用粮、工分粮、口粮。日用粮就是每天的口粮，是按照每家户粮食消费能力所确定的粮食定额，依据当地水平维持一个家户内最低消费水平来确定，标准在全国各地不尽相同，每年也会有所变化，口粮的配给主要根据年龄来确定，即确定一个人的最低粮食消费量，将每家户内所有成员的日用配给口粮加起来就是家庭日用口粮，乘以30就得到每月口粮。工分粮是按照工分多少来分配的粮食，体现多劳则多得。口粮与工分粮的分配比例是"人七劳三"，即生产队可供社员分配的粮食中，70%用作口粮分配，30%用作工分粮分配。年终分红的第一步是计算总工分，是一个家户内所有劳动力全年劳动的工分和，各家庭总工分合计就构成整个生产队的总工分。工分值则是工分的现金值，即将全年生产队的总收入除以总工分，一般的计算是以一个主要劳力工日的现金值，即10分的现金值。用工分值乘以家庭总工分，就得到了该家户在该年度的分配总收入。全年的分配分上半年分配和年终结算两次。由于玉米在夏季收获，因此，主要的粮食分配都在夏季完成了；到冬季时，只有一些秋季作物进行分配。为便于分配计算，这些粮食作物均依据当时国家制定的统一价进行货币折换，从而得到全年分配粮食的现金值。各项欠款、收入包括农户对生产队的临时借支、合作费，可能还有上年分配欠款，偶尔生产队的一头牛病死后，分配的牛肉所折合的款项也算在此。有一些水利工程或其他工程需要平调时，村里也能得到一些收入；还有像出卖村集体资产如树木之类的款项也会作为收入列入分配。结算结果是用全年总收入减去全年总支出，是正数就能得到"分红"，负数则被称为"超支"，弥补超支款项就是"兑现"，这是当年令贫困农户恐怖的一个词。[①]

在计划经济条件下，单一按劳分配的收入分配体制主要包括以下几个特点：首先，国家在收入分配体制中处于绝对主导的地位。城市全民所有制企业实行8级工资制，国家相关部门制定工资表，具体规定每个行业、每个工资级别的工资标准。在农村集体经济中，生产队（或大队）是基本

---

① 张江华：《工分制下农户的经济行为——对恰亚诺夫假说的验证与补充》，《社会学研究》，2004年第6期。

的集体经营单位，农民按工分获得劳动报酬，工分的分值取决于生产队（或大队）的纯收入。生产队（或大队）的纯收入取决于农产品的数量和价格，而当时农产品的价格绝大部分又由国家计划调节，所以农民的收入水平实际上也受国家计划调节。其次，存在严重的平均主义。同一部门、同一产业的工资等级和工资标准全国基本统一。同时，企业职工的工资数量与企业经营状况好坏、经济效益高低相脱节。企业之间只要工资级别相同，无论是在经济效益好的企业还是在亏损企业，都可以拿同样数量的工资。在生产队（或大队）内部，农民由生产队派活，集体劳动，农村同样存在严重的平均主义分配倾向。

在计划经济的等级工资制度下，收入分配在初次分配环节就完全可控，没有实施再分配的必要。首先，公有制决定的居民个人财产基本没有差别，这也是公有制设置的初衷。其次，居民收入只包括劳动收入和少量存款利息收入，劳动收入依据工资等级制来确定，计划经济所实行的低工资制度，使得即使在好的年景工农业劳动力工资只能等于劳动力简单再生产的基本费用，也从根本上限制了工资分配差距。最后，在这种环境中，等级工资下的收入差别，尤其是体制内外福利的巨大差别，完全是计划经济体制设计的良性结果。在计划经济的公有制和按劳分配制度下，社会利益结构高度简化，财税制度的再分配功能完全没有发挥空间（见表7-1）。

表7-1 改革前收入分配差距的不同估计

城市	农村	全国	来源
0.16（1980年）	0.31（1979年）	0.33（1979年）	世界银行（1993）
0.185（1980年）	0.237（1978年）		李成瑞（1986）
0.16（1978年）	0.212（1978年）		任才方、程学斌（1996）
0.165（1978年）	0.222（1978年）		Iram Adelman 等（1987）

资料来源：赵人伟等：《中国居民收入分配再研究》，中国财政经济出版社1999年版，第44页。

二、计划经济时期的财政功能

（一）促进赶超制度下的资本形成

中国的计划经济以重工业优先发展为发展战略。从中国的情形来看，虽然不能说重工业优先发展战略唯一地决定了社会主义计划经济体制的实施，但是这一战略无疑强化了对计划体制的需求，或者说，为实施计划型经济体制提供了一个颇为现实的理由。不难发现，自从第一个社会主义国家苏联通过实行计划经济和优先发展重工业以来，其后相继成立的大大小小的其他社会主义阵营成员，无不步其后尘。这与各社会主义国家建立前的实际国情有着密不可分的关系。

与革命导师的设想有所不同的是，社会主义革命不是在生产力高度发达的资本主义国家最先取得胜利，而是在贫穷落后的小农经济国家率先实现的；特别是在苏联、中国这些依靠内部力量走上社会主义道路的国家，社会主义革命并非由社会化大生产所导致的资本和贫困的两极积累所引发，而是在民族独立与民主革命的双重压力下产生的。在这些国家里，革命前都面临着经济凋敝、政治独裁、缺乏工业基础、贫富差距巨大的局面。也正是这些社会矛盾的激化，引发了共产党夺权的社会主义革命。然而，革命胜利后，如何建设社会主义，对新生的政权成了一个问题。在马克思、恩格斯的经典著作里，几乎没有提及这个问题。第一个社会主义国家苏联，率先走上了优先发展重工业的道路，并由于在1929~1933年资本主义世界经济大危机期间的优良经济表现，而成为后来者纷纷效仿和苏联积极向外输出的经济发展体制。

新中国成立后所继承的工业化基础比苏联还要落后。此外，还面临着比苏联更为严酷的外部封锁。新中国成立之初我们面对的形势是：①国民党政权留下了长达12年的恶性通货膨胀，物价飞涨，民族工业奄奄一息，工人大量失业，部队仍在前线扫清残敌，开支浩大，而各地财政政策尚不统一，收入组织缓慢，新生的国家政权还不巩固。这种局面激发了治国者发展工业的决心。在国有制的产权安排下，国家权力机构是国有财产的当然代表，从而合法地占有和支配社会稀缺资源，这是生存于战争阴影之下的政权，在缺少外援的情况下，尽快实现富国强兵梦的捷径。这一战略也符合当时的人才结构。处于经济建设主要岗位的多为缺乏经济管理经验的军人阶层，中国的各大行政区最初也依照军区来设置。中国共产党自土地革命以来"运用大搞群众运动的方法"所取得的一系列胜利，包括解决农民土地问题、战争问题，以及农业、手工业和资本主义工商业的社会主义改造等，使决策者相信，依靠大搞群众运动的方式，必定也能够取得经济建设的胜利。②因此，中央计划与优先发展重工业，在很大程度上，也可以

---

① 高培勇、温来成：《市场化进程中的中国财政运行机制》，中国人民大学出版社2001年版，第27页。

② 薄一波：《若干重大决策与历史事件的回顾》（下），中共党史出版社2008年版，第507~508页。

说是社会主义政权所继承的战时经验。

重工业对于资本有着巨大的需求,从而决定了其必须以扭曲资源配置为代价。这种扭曲首先要通过扭曲的宏观政策环境、高度集权的资源配置制度和毫无自主权的微观经营机制"三位一体"来体现,通过整个计划体制,将农民产出的价值通过人民公社的工分制来加以压缩、通过剪刀差来向工业部门输送,再通过工业利税上缴到财政部门,再通过财政支出来为工业部门积累输送资金。作为计划经济重工业优先发展战略的重要一环,财政制度的首要功能将工业部门的利润完全转化为资本,来促进工业资本形成和国民经济发展。在整个计划经济时期,财政收入占国民收入的比重基本上稳定在30%左右(见图7-1),这个比重远远高于同时期同等水平的发展国家。在计划经济时期,财政是赶超制度设计的中心环节。

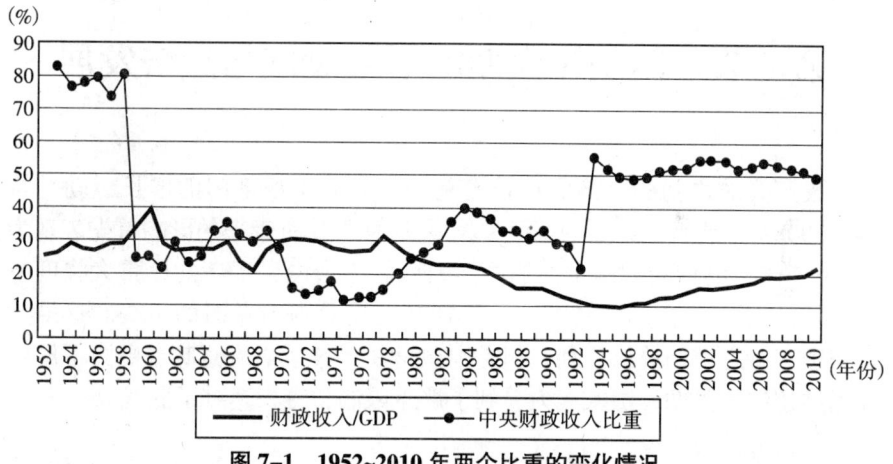

图7-1 1952~2010年两个比重的变化情况

资料来源:《中国统计年鉴》(2012)和《新中国55年统计资料汇编》,凡数据更新的,以更新后的数据为准。

这使得财政运行的基本制度环境高度单一,财政的功能也受到了极大的压缩。不论在什么样的环境中,财政(或公共财政)首先表现为公共部门的收支行为。由于公共部门本身并不直接从事生产,财政收支只能由基本的国民经济生产单位来提供(当然,这个主体也包含了个人)。在计划经济阶段,财政收支来自国有企业。由于计划经济保持了低工资特征,个人直接通过所得税渠道对财政的贡献几乎为零。但是与市场经济相同的是,财政只能来自每一个公民,长期中所有的税收都会由公民来承担,既然不通过所得来承担,就必须依靠消费来承担。

(二) 财政的"非公共性"

有选择而非全面的财税覆盖范围,有厚有薄而非一视同仁的财税待遇,专注于生产建设而非整个的公共服务领域,如此的财税体制机制以及作为其结果的财税运行格局,显然不能说是"公共性"的,至少其"公共性"是被打了折扣的。事实上,"国有制财政+城市财政+生产建设财政"所凸显的,正是传统体制下的"二元"财税体制机制的"非公共性"特征。换言之,传统体制下的财税体制机制的"非公共性"特征,就集中体现在其覆盖范围的相对狭窄上。或者,就集中体现于它未能全面覆盖到所有的区域、所有的企业和所有的居民,未能一视同仁地对待所有的区域、所有的企业和所有的居民,未能担负起提供完整的公共服务体系的重任。

第二节 体制转换期的财税制度与经济发展

改革开放之初的经济增长首先是计划之外市场部门的增长(勃兰特等,2008),[1] 或者是计划的全面失控。[2] 这种失控所带来的影响首先表现为"三位一体"的计划体制全面崩溃,财政收支占国民经济的比重大幅度下滑,从计划经济末期的30%下降到1994年分税制改革时的10%。这虽然也有国家有意识的放权让利,但是财政危机的连续爆发意味着财力下滑已经远远超过了预期,国家能力受到了严重限制,分权达到了底线。[3]

一、财政运行环境巨变

(一) 国有企业利润下滑和非公经济迅猛增长

计划体制下财政收入的基础是国有企业利润和由此伴随的税收。1978年改革之初,国有企业的净资产利润率为22.86%,到1994年分税制改革

---

[1] 对这个时期的详细论述,见勃兰特和罗斯基:《伟大的中国经济转型》,格致出版社2008年版。

[2] 其实早在"文革"时期,中国的经济计划就已经全面失控,1968年成为计划时期没有计划的一年。见高培勇:《共和国财税60年》,人民出版社2009年版,第112页。

[3] 王绍光:《分权的底线》,中国计划出版社1997年版。

时，国有独立核算企业的利润率已经下降到 5%（见表 7-2）。与利润率下滑相伴随的，是亏损面的不断扩大和财政补贴的日益加大。国有独立核算工业企业的亏损率（亏损总额除以利润总额）从 1980~1985 年的 5%，迅速增加到 1991~1992 年的 90%，1994 年后超过 100%。[1] 国有企业处于全行业亏损局面，到 20 世纪 90 年代中期，国企拖经济改革后腿的状况变得日益明显，11000 家国企中有 63%的企业亏损。[2] 1998 年第一季度出现了全国性的亏损。[3]

表 7-2 1997 年之前的国有独立核算工业企业财务指标

年份	固定资产原值	固定资产净值	亏损总额	利润	税金总额	税金/利润	净资产利润率（%）
1978	3193.40	2225.70	42.06	508.80	790.70	0.55	22.86
1979	3466.70	2378.60	36.38	562.80	864.40	0.54	23.66
1980	3730.10	2528.00	34.30	585.40	907.10	0.55	23.16
1981	4032.30	2709.30	45.96	579.70	923.30	0.59	21.40
1982	4375.00	2914.00	47.57	597.70	972.20	0.63	20.51
1983	4767.80	3161.00	32.11	640.90	1032.80	0.61	20.28
1984	5170.00	3395.50	26.61	706.20	1152.80	0.63	20.80
1985	5956.20	3980.80	32.44	738.20	1334.10	0.81	18.54
1986	6744.80	4543.80	54.49	689.90	1341.40	0.94	15.18
1987	7677.90	5242.40	61.04	787.00	1514.10	0.92	15.01
1988	8795.20	6040.40	81.92	891.90	1774.90	0.99	14.77
1989	10160.84	7033.20	180.19	743.01	1773.14	1.39	10.56
1990	11610.27	8088.31	348.76	388.11	1503.14	2.87	4.80
1991	13556.75	9507.19	367.00	402.17	1661.15	3.13	4.23
1992	15669.78	10982.65	369.27	535.10	1944.12	2.63	4.87
1993	19066.39	13304.37	452.64	817.26	2454.70	2.00	6.14
1994	23101.98	15677.52	482.59	829.01	2876.25	2.47	5.29
1995	30935.70	21363.89	639.57	665.60	2874.20	3.32	3.12
1996	34764.96	23860.70	790.68	412.64	2737.13	5.63	1.73
1997	38351.00	25883.00	830.95	427.83	2907.22	5.80	1.65

[1] 张文魁、袁东明：《中国经济改革 30 年：国有企业卷》，重庆大学出版社 2008 年版。
[2] 国资委信息中心："三年脱困"，http://www.sasac.gov.cn/n1180/n4175042/n5405123/n5564463/5564529.html。
[3] 周天勇、夏徐迁：《我国国有企业改革与发展 30 年》，见邹东涛：《中国改革开放 30 年：1978~2008》，社会科学文献出版社 2008 年版。

国有企业经营状况恶化的背后,是非公经济的快速发展。1980年底,全国实行包产或包干到户的生产队占生产队总数的比例,由年初的1.1%上升到20%。1982~1986年,中央连续5年制定1号文件,把以家庭联产承包为主的责任制推向全国。到1986年,人民公社及其下属生产队已不复存在,代之而起的是61766个乡镇政府和847894个村民委员会。在农村经济发展的背后,乡镇企业异军突起。到1987年,乡镇企业从1978年的152万家发展到1750万家,增加了10倍多;从业人数也从1978年的2826万猛增到8815万;产值达到4764亿元,占农村社会总产值的51.4%,第一次超过了农业总产值;乡镇工业产值就占到了全国工业总产值的1/4(到1997年,乡镇企业产值已经占到全国工业总产值的一半)。1988年是私营经济的黄金之年,到这一年的年底,整个全国已有1000多万家个体企业和20万家私营企业,雇用的工人总计2480万人。至此,我国已基本上建立了公有制为主体、多种经济成分并存的所有制结构。邓小平南方谈话后,多种经济成分并存的所有制结构逐步完善。1993年,私营企业迅速地超过1988年的水平,达23.7万家;1994年,大举增至43.2万家。至于私营企业的注册资金,在1989年和1990年几乎没有增加,在1991~1995年,增加了大约20倍,达到2400多亿元。[1]

财政管理体制的改革并没有跟上非公经济的发展速度,整个20世纪70年代国有企业对于财政收入的贡献保持在87%左右,剩余的部分为集体经济。随着改革开放国有企业利润率的大幅下滑和国有经济比重的不断下降,非公经济在国民经济中的重要性迅速上升,但是却没有为财政提供相应的贡献(见表7-3)。在非公经济大力发展的1986~1990年和1991~1995年,国有和集体企业对于财政收入的贡献率依然保持在92%和89%的水平;但是从产值来看,1994年民营工业企业的产值比重就已经开始远远超过国有工业企业。[2] 由于财政管理体制,尤其是税收征管体制改革滞后导致的非公经济对于财政收入低贡献率,是导致这个时期财政收入比重不断下降的首因。[3]

---

[1] 邹东涛、欧阳日辉:《我国所有制改革与非公有制经济发展30年》,见邹东涛:《中国改革开放30年:1978~2008》,社会科学文献出版社2008年版。
[2] 黄孟复:《中国民营企业发展报告》,社会科学文献出版社2005年版,第53页。
[3] 高培勇(2005)分析了分税制改革之后税收收入超常规增长的现象,认为税务部门征管努力的不断加大,是导致财政收入迅速持久增加的重要原因。则分税制改革之前巨大的税收征管空间,是造成财政收入比重连年下降的重要原因。见高培勇:《中国税收持续高增长之谜》,《经济研究》,2006年第12期。

表 7-3 体制转换期财政收入来源的所有制结构

时间	国有	集体	个体经济	其他	收入合计	国有比重(%)	非公比重(%)
1971~1975 年	3427.95	472.57	19.19		3919.71	87.45	0.49
1976~1980 年	4390.47	673.84	25.30		5089.61	86.26	0.50
1981~1985 年	6113.78	1150.58	94.32	44.07	7402.75	82.59	1.87
1986~1990 年	8943.15	2314.98	566.30	456.17	12280.60	72.82	8.33
1991~1995 年	16013.15	3870.86	1285.61	1272.48	22442.10	71.35	11.40

由于财税制度的建设和跨所有制税收一致规则的建立，国有企业对于财政收入的贡献形式也发生了明显变化，税收贡献额比利润贡献额的比重从 1978 年的 0.55 上升到 1988 年的 0.99，进一步上升到 1993 年的 2.00 和 1997 年的 5.80。税收已经成为国有企业对财政贡献的主要形式。财政收入不足，尤其是中央财政收入比重的下降，导致政府的宏观调控能力受到限制，中央财政赤字向中央银行借款又导致了基础货币增发和通货膨胀的持续高企。

（二）收入分配格局的巨变与社会利益结构复杂化

所有制形式的多样化必然要求多种收入分配形式并存。我国农村收入分配体制改革的主要措施是建立家庭联产承包责任制，即农户以家庭为单位向集体组织承包土地等生产资料和生产任务的农业生产责任制形式，它具体可分为包干到户和包产到户两种形式。家庭联产承包责任制在保留集体经济必要的统一经营的同时，集体将土地和其他生产资料承包给农户。承包户根据承包合同规定的权限，独立作出经营决策，并在完成国家和集体任务的前提下分享经营成果。家庭联产承包责任制一方面坚持了农村集体经济的所有制结构，另一方面又打破了原有的农村按劳分配体制——工分制，以劳动收入之外的经营性收入调动了广大农民的生产积极性，推动了农业和农村经济的快速发展。

1984 年，中共十二届三中全会作出了《中共中央关于经济体制改革的决定》，提出要加快以城市为重点的全面经济体制改革。其主要措施包括：①建立以承包为主的多种形式的经济责任制，其基本原则是：责、权、利相结合，国家、集体、个人利益相统一，职工劳动所得同劳动成果相联系。②在企业中实行厂长（经理）负责制。③企业职工资金由企业根据经营状况自行决定，国家只对企业适当征收超限额奖金税。④在企业内部，要扩大工资差距，拉开档次，以充分体现奖勤罚懒、奖优罚劣，充分体现多劳多得，少劳少得，充分体现脑力劳动和体力劳动、复杂劳动和简单劳动、熟练劳动和非熟练劳动、繁重劳动和非繁重劳动之间的差别。同时要改变脑力劳动报酬偏低的状况。1985年1月国务院发布了《关于国有企业工资改革问题的通知》，决定在国有大中型企业中实行职工工资总额同经济效益按比例浮动的办法。20世纪80年代的工资调整和改革，不仅增加了职工的工资，更重要的是调动了职工的工作积极性，对于鼓励职工各尽所能、提高企业经济效益发挥了很大的作用。

1993年11月召开的中共十四届三中全会作出了《关于建立社会主义市场经济体制若干问题的决定》进一步推进了我国收入分配体制改革。首先，在坚持按劳分配为主体，多种分配制度并存的制度，体现效率优先，兼顾公平原则的前提条件之下，第一次明确提出把竞争机制引入劳动者个人报酬。其次，建立国家对职工工资的宏观调控机制。国家设立最低工资标准，并积极推进个人收入的货币化和规范化。再次，完善收入再分配机制，完善收入分配体制。例如，逐步建立个人收入应税申报制度，依法强化征管个人所得税，适时开征遗产税和赠与税。通过收入分配政策和税收调节，避免收入的两极分化。

收入分配制度和收入分配格局的变化导致了社会利益结构的复杂化。农村和城市居民的（家庭）经营性收入、财产性收入、转移性收入迅速增长，原有收入类型的重要性趋于下降，收入结构呈现多元化。收入来源的变化导致了收入差距的扩大。一方面，城乡收入差距不断拉大，1994年分税制改革时，中国的城乡收入差距已经达到3.5倍，远远超过了计划经济时期强制城乡分割所导致的收入分配差距。[1]另一方面，财税体制对于复杂利益结构的调节还无能为力。

从财政支出来看，财政支出中用于经济建设的比重快速下降，原有的促进资本形成的功能正逐步消失。从统计数据来看，经济建设费的比重正在从改革开放之初的64%逐步下降到1993年的不到40%（见表7-4），国防支出也在下降。计划经济体制下财政促进资本形成的原有机制正在丧失，对新的宏观经济、收入分配形式也无能为力。

---

[1] 按照收入和人均消费来衡量的收入分配差距都在分税制改革之前快速上涨。见蔡昉、杨涛：《城乡收入分配差距的政治经济学》，《中国社会科学》，2000年第4期。

表 7-4　1978~2000 年财政支出的结构性变化

单位：%

年份	经济建设费	社会文教费	国防费	行政管理费	其他支出
1978	64.08	13.10	14.96	4.71	3.16
1979	60.06	13.67	17.37	4.92	3.98
1980	58.22	16.20	15.77	6.15	3.66
1981	55.41	18.58	14.75	7.26	4.00
1982	54.91	19.75	14.34	7.39	3.61
1983	56.38	20.04	12.57	7.31	3.69
1984	56.92	19.52	10.63	8.22	4.72
1985	56.26	20.38	9.56	8.53	5.27
1986	52.56	22.00	9.10	9.98	6.35
1987	50.99	22.36	9.27	10.09	7.30
1988	50.51	23.33	8.75	10.90	6.50
1989	45.73	23.67	8.91	13.68	8.02
1990	44.36	23.92	9.41	13.44	8.86
1991	42.18	25.09	9.75	12.22	10.75
1992	43.10	25.92	10.10	12.38	8.50
1993	39.52	25.38	9.17	13.66	12.26
1994	41.32	25.92	9.51	14.63	8.61
1995	41.85	25.74	9.33	14.60	8.47
1996	40.74	26.21	9.07	14.93	9.04
1997	39.50	26.74	8.80	14.72	10.24
1998	38.71	27.14	8.66	14.82	10.68
1999	38.38	27.59	8.16	15.32	10.54
2000	36.18	27.60	7.60	17.42	11.19

资料来源：《中国财政年鉴》(2007)。

（三）国家的退让与社会的出现

市场化改革和产权多元化所导致的利益结构复杂化和国家对于个人控制的放松，导致了中国社会成为独立提供机会和资源的源泉。计划经济时期以国家来取代社会的居民得到改写，国家与社会间出现了结构性分化。这首先是来自计划体制的崩溃，党和政府对于社会生活的控制有所放松和减弱，范围大幅度缩小，控制手段的规范化程度不断加强。[①] 改革开放以来

[①] 孙立平、王汉生、王思斌、林彬、杨善华：《改革以来中国社会结构的变迁》，《中国社会科学》，1994 年第 2 期。

劳动力的自由流动、分配方式的多元化，多种权利主体和利益主体的发育，社会成员身份的复杂化和专业组织的出现，导致相对独立的社会力量形成，民间组织社会组织化程度不断加强。社会的兴起，使得国家与个人之间多了一层屏障，计划经济时期国家直接通过单位来控制个人行为的作用机制逐步消失，而现代社会中通过个人报税而建立起来的联系机制还远远没有成形。

二、体制转换期的财税功能

在整体体制转换期，市场化的财税功能尚未建立，原有计划体制的功能在迅速消失。我们很难说这个时期的财政具有什么制度功能，更多的是以"一事一议"的方式艰难地维持了自身的运转和整个社会的运行。两个比重的持续下降，与经济发展的大势相背离。接连爆发的财政危机，中央为了弥补赤字而向中央银行借款的行为，都在为经济运行注入危机，国家能力几乎丧失。

第三节 市场经济下的公共财政建设与经济发展

1994年分税制改革，扭转了两个比重逐步下降的趋势，国家能力得以恢复，公共财政制度下的中国的"大国治理模式"逐步成形。二元财政逐步向一元结构转变。财政收支结构继续发生深入变化，但是财政管理体制已经能够适应市场经济发展的需要，财政的功能正在向经典市场体制靠近。

一、多种所有制结构的稳定与财政收支结构变化

（一）财政收支公共化

在财政收入一翼，国有经济单位对于税收收入的贡献逐步下降。在金融危机之前的 2007 年，全国税收收入的来源结构已经是"二八开"：从 1978 年的 86.8% 退居到 19.2%。即便加上集体经济单位的贡献（1.6%），从而算"纯国有"和"准国有"经济单位的大账，也不过 20.8%（见图

7-2)。与此同时,包括股份制企业、私营企业、外商投资企业等在内的多种所有制企业以及其他来源的缴纳,占到了 79.2%。并且,来自后一方面缴款份额的增长势头越来越强劲。因而,可以说,我国的财政收入已经呈现多元化的格局,正在由"取自家之财"走向"取众人之财"。

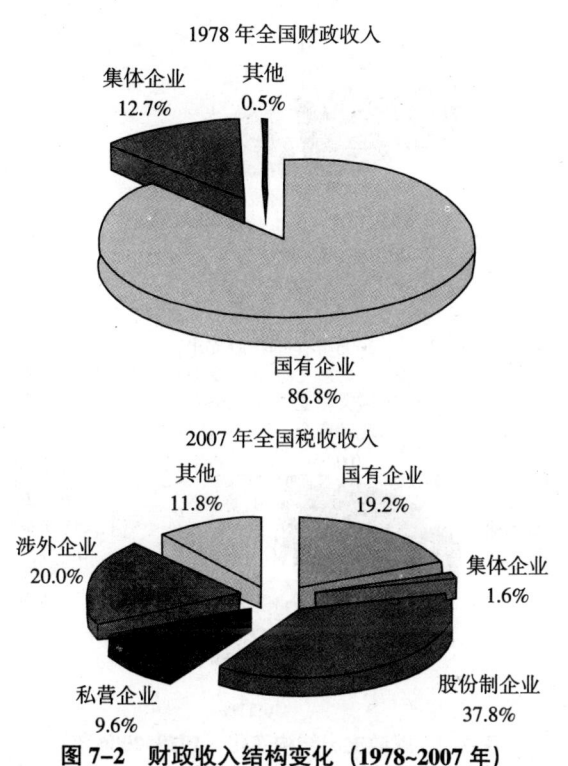

图 7-2 财政收入结构变化(1978~2007 年)
资料来源:《中国统计年鉴》(2012)。

在财政支出一翼,2006 年,列在基本建设支出项下的比重数字,已经由 1978 年的 40.2%下滑至 11.33%。若剔除掉当年以发行长期建设国债安排的、非经常性的基础设施建设投资(600 亿元),实际上,基本建设支出项下的份额已不足 10%。同时,专门投向于国有经济单位的其他支出份额也呈大幅下降态势。如增拨企业流动资金支出(0.04%)、挖潜改造资金和科技三项费用支出(4.5%),分别较 1978 年下降了 5.86%和 1.1%。相比之下,面向全社会的诸如养老保险基金补贴、国有企业下岗职工基本生活保障补助、城市居民最低生活保障补助、抚恤和社会福利救济费等社会保障支出以及文教科学卫生事业费支出等所占的份额,分别上升至

11.25%、18.69%和3.58%。① 可以说，我国的财政支出已经呈现多元化的格局，正在由"办自家之事"走向"办众人之事"。

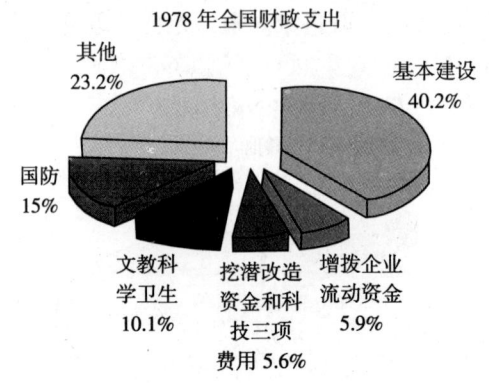

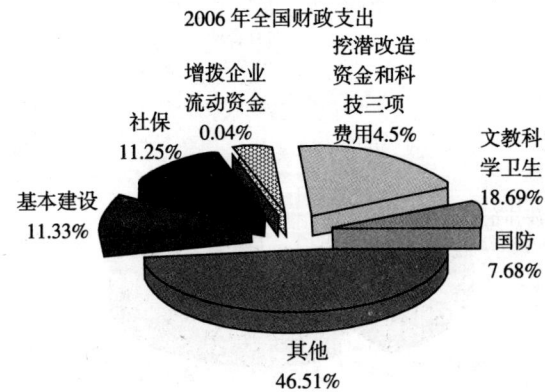

图 7-3 财政支出结构变化（1978~2006年）
资料来源：《中国统计年鉴》(2007)。

在财政政策取向上，当今的中国，"区别对待"早已成为不合时宜的概念。取而代之且具有耳熟能详意味的提法，是"国民待遇"、"无差别待遇"以及"均等化"。无论在税收负担还是在财政支出投向的安排上，一视同仁、无差别地对待所有的区域、所有的企业和所有的居民，并且，让所有的区域、所有的企业和所有的居民享受大致均等的基本公共服务，已经成为广泛共识并逐步深入到财税实践层面。

---

① 自2007年起，实行了新的财政收支分类。由于新旧分类方法的差异，目前暂无可与1978年口径对比的数据。故而，这里使用的是2006年的数据。

由"取自家之财"到"取众人之财",由"办自家之事"到"办众人之事",由"取自家之财,办自家之事"到"取众人之财,办众人之事",由在"自家"与"他家"之间搞"区别对待"到在全社会范围内实行"国民待遇",财税运行格局所呈现的上述这些变化,显然是在体制转轨的背景下发生的。或者说,是在我国的经济社会制度以及财税体制机制由"二元"趋向"一元"的过程中发生的。

(二) 由"非公共性"趋向"公共性"

说到这里,可以看出,伴随着经济社会体制的转轨进程,中国财税体制机制所发生的变化,集中体现在其覆盖范围的不断拓展上。财政覆盖范围的不断拓展并逐步实行财政的无差别待遇,无疑是其"公共性"逐步增强和日渐彰显的标志。所以,由"国有制财政+城市财政+生产建设财政"向"多种所有制财政+城乡一体化财政+公共服务财政"的跃升,既是中国财税体制机制在过去30年间所发生的重大变化,也是其在由"非公共性"趋向"公共性"过程中所走出的基本轨迹。

二、财政功能的变化与公共财政制度

站在制度变革的高度,按照公共的规则、公共的理念,深刻地认识并把握公共财政制度的基本特征,是十分必要的。

这显然需要理论抽象。鉴于中国公共财政问题的特殊性,这种理论抽象的思想来源,也要从多方汲取。既要构筑在公共经济学一般原理的基础之上,也要立足于改革开放的实践基础。既要广泛汲取包括典型市场经济国家在内的一切人类社会文明成果,又要植根于中国的基本国情。

将上述的思想来源汇集在一起,并同计划经济年代的情形相对照,可以把公共财政制度的基本特征,归结为以下"三性":

(一) 公共性

公共性,即它以满足整个社会的公共需要,而不是以满足哪一种所有制、哪一类区域、哪一个社会阶层或社会群体的需要。作为界定财政职能的口径,凡不属于或不能纳入社会公共需要领域的事项,财政就不去介人。凡属于或可以纳入社会公共需要领域的事项，财政就必须涉足。[①]

与着眼于满足国有部门、城市区域和生产建设方面需要的传统体制机制有所不同，公共财政制度所着眼于满足的是整个社会的公共需要。所谓社会公共需要，是在同私人个别需要的比较中加以界定的。即它指的是社会作为一个整体或以整个社会为单位而提出的需要。它非一部分人的需要，也非大多数人的需要，而是所有人的需要。其突出的特征表现，一是它的整体性。即它要由构成一个社会的所有社会成员作为一个整体共同提出，而不是由哪一个或哪一些社会成员单独或分别提出。二是它的集中性。即它要由整个社会集中组织和执行，而不能由哪一个或哪一些社会成员通过各自的活动分别加以组织和执行。三是它的强制性。即它只能依托政治权力、动用强制性的手段，而不能依托个人意愿、通过市场交换的行为加以实现。以此为标尺，可以纳入社会公共需要领域的具有代表性的财政职能事项是：

（1）提供公共服务。[②] 公共服务是典型的用于满足社会公共需要的载体。之所以要由政府通过财政手段来提供这类服务，主要是因为：①它是向整个社会共同生产或提供的。对于这类服务，全体社会成员联合消费，共同受益。即它具有效用的非分割性。②一个或一些社会成员享受这些服务，并不排斥、妨碍其他社会成员同时享用，也不会因此减少其他社会成员享受的数量和质量。即它具有消费的非竞争性。③它在技术上没有办法将拒绝为其付款的社会成员排除在受益范围之外，任何社会成员也无法用拒绝为此付款的办法将其排除在自身的消费范围之外。即它具有受益的非排他性。无须赘言，具有如此特点的服务，企业不愿也无能力提供，必须由政府通过财政手段担当起提供的责任。国防安全、社会治安、环境保护、公路修建等，便是公共服务的突出代表。

（2）调节收入分配。一般而言，决定市场经济条件下的居民收入分配状况的因素，一是每个人所能提供的生产要素（如劳动力、资本、土地等）的数量，二是这些生产要素在市场上所能获得的价格。由于人们所拥有（或继承）的生产要素的差别，人与人之间的收入分配状况往往高低悬殊，客观上需要社会有一种有助于实现公平目标的再分配机制。在市场机

[①] 李岚清（2002）曾将公共财政的功能归结为满足社会公共需要的功能、法制规范的功能和宏观调控的功能，并以"公共性"定义满足社会公共需要的功能，将满足社会公共需要视作公共财政的基本功能。

[②] 完整的表述应是"公共物品和服务"。在现实生活中，往往以"公共服务"作为它的简称。

制的框架内,又不存在这样的再分配机制。所以,只有借助于非市场方式——政府以财政手段去调节那些由此形成的居民收入分配差距,实现收入公平合理分配的社会目标。

(3) 实施宏观调控。自发的市场机制并不能自行趋向于经济的稳定增长,相反,由总需求和总供给之间的不协调而导致的经济波动,是经常发生的。为此,需要政府作为市场上的一种经济力量,运用宏观上的经济政策手段有意识地影响、调节经济,保证宏观经济得以平稳、均衡地向前发展。其中,通过不同时期的财政政策的制定和财政实践上的制度性安排,来维系总供给和总需求之间的大致平衡,便是政府所掌握和运用的重要政策手段之一。

(二) 非赢利性

非赢利性,即它以公共利益的极大化,而不是以投资赚钱或追求商务经营利润,作为安排财政收支的出发点和归宿。与政企不分、全面介入竞争性领域的传统体制机制迥然相异,公共财政制度是立足于非赢利性的。这是因为,在市场经济条件下,政府和企业扮演的角色不同,具有根本不同的行为动机和方式。作为经济行为主体,企业行为的动机是利润最大化。它要通过参与市场竞争实现谋利的目标;作为社会管理者,政府行为的动机不是也不能是取得相应的报偿或赢利,而只能以追求公共利益为己任。其职责只能是通过满足社会公共需要的活动,为市场的有序运转提供必要的制度保证和物质基础。即便在某些特殊情况下,提供公共物品和服务的活动会附带产生一定的数额不等的利润,但其基本的出发点或归宿仍然是满足社会公共需要,而不是赢利。表现在财政收支上,那就是,财政收入的取得,要建立在为满足社会公共需要而筹措资金的基础上。财政支出的安排,要始终以满足社会公共需要为宗旨。围绕满足社会公共需要而形成的财政收支,通常只有投入,没有产出(或几乎没有产出)。它的循环轨迹,基本上是"有去无回"的。之所以如此强调非赢利性,除了上述一般理由之外,还有主要出于现实国情的如下几点考虑:

(1) 作为社会管理者的政府部门,总要拥有相应的政治权力。拥有政治权力的政府部门,只要进入竞争性领域,追逐赢利,它将很自然地动用政治权力去实现追逐利润的愿望。其结果,很可能会因权钱交易的出现而干扰或破坏市场的正常运行。

(2) 一旦政府部门出于赢利的目的而作为竞争者进入市场,市场与政府分工的基本规则将会被打乱。由于政企不分,本应着眼于满足社会公共需要的政府行为，很可能异化为追逐商务经营利润的企业行为。其结果，或是政府活动会偏离其追求公共利益的公共性轨道，或是财政资金因用于牟利项目而使社会公共需要的领域出现"缺位"。

（3）只要财政收支超出满足社会公共需要的界限而延伸至竞争性领域，就免不了对各个经济行为主体的差别待遇。如在财政收支的安排上，对自身出资的企业或项目，给予特殊的优惠。而对非自身出资或对自身出资的企业或项目有可能产生竞争的企业或项目，则给予特殊的歧视。其结果，着眼于满足社会公共需要的财政收支活动，会因厚此薄彼而违背市场正常和正当竞争的公正性，甚至给市场经济的有序发展造成障碍。

（三）规范性

规范性，即它以依法理财，而不是以行政或长官意志作为财政收支运作的行为规范。与随意性色彩浓重的传统体制机制相区别，公共财政制度是建立在一系列严格的制度规范基础上的。其根本的原因在于，以满足社会公共需要为基本着眼点的财政收支，同全体社会成员的切身利益息息相关。不仅财政收入要来自全体社会成员的贡献，财政支出要用于事关全体社会成员福祉的事项，就是财政收支出现差额而带来的成本和效益，最终仍要落到全体社会成员的身上。在如此广泛的范围之内运作的财政收支，牵动着如此众多社会成员的财政收支，当然要建立并遵循严格的制度规范。就总体而言，这些制度规范至少要包括如下三个方面：

（1）以法制为基础。即财政收入的方式和数量或财政支出的去向和规模必须建立在法制的基础上，不能想收什么就收什么，想收多少就收多少，或者，想怎么花就怎么花。无论哪一种形式、哪一种性质的收入，都必须先立法，后征收。无论哪一类项目、哪一类性质的支出，都必须依据既有的制度来安排。

（2）全部政府收支进预算。政府预算不仅是政府的年度财政收支计划，还是财政收支活动接受人民代表大会和全体社会成员监督的重要途径。通过政府预算的编制、审批、执行和决算，可以使政府的收支行为从头到尾置于人民代表大会和全体社会成员的监督之下。就是说，预算的实质是透明度和公开化，并非简单地将政府收支交由哪一个部门管理或列入哪一类表格反映。由此推演，政府的收入与支出，必须全部置于各级人民代表大会和全体社会成员的监督之下，不允许有不受监督、游离于预算之外的政府收支。

（3）财政税务部门总揽政府收支。也就是说，所有的政府收支完全归口于财政税务部门管理——从全体社会成员那里筹措资金，然后，转手供给各个政府职能部门作为活动经费，而不让各个政府职能部门分别向自己的服务或管理对象直接收钱、花钱。这是因为，政府部门之间是有职能分工的。之所以要专门设置一个财政部门管理政府收支，其根本的初衷就在于，割断政府部门的行政、执法同其服务或管理对象之间在"钱"上的直接联系，不让政府部门的行政、执法行为偏离既有法律和政策轨道——以其服务或管理对象是否上缴钱或上缴的钱的多少作为取舍标准，从根本上铲除"以权谋钱、以权换钱"等腐败行为的土壤，使政府部门能在一个规范的制度环境下，以规范的行为履行它的职能。

第八章 中国的财税发展道路

"财"与"政"的不同关联方式,是理解不同财政模式和经济发展模式的关键,也是理解中国财税发展道路的核心。

第一节 财政与发展:政府行为与国家行为

财政的经典含义是政府部门或者公共部门的经济行为。例如,斯蒂格利茨的财政学著作就取名为《公共部门经济学》。这种观点认为,居民、企业和政府是市场的三个基本主体,其中政府承担着前两者所不能实现的功能——纠正外部性、提供公共产品、保证社会公平、促进宏观稳定。财政是政府行为具有很强的现实性。从实践来看,财政收支和财政管理属于典型的政府行为,财政部是国家重要部委。

财政是国家的经济行为。《辞海》对财政一词的解释是:财政谓理财之政,即国家或公共团体,以维持其生存发展之目的,而获得收入、支出经费的行为。后续的财政分配论认为,财政是以国家为主体,为了实现国家职能的需要,参与社会产品的分配和再分配以及由此而形成的国家与各有关方面之间的分配关系。[①] 这些解释确定了财政的行为主体是国家,财政只是代行部分国家职能。当然,还有一种观点,是不区分政府和国家。[②]

不论是国家行为还是政府行为,这些规定都是以静态生产过程为前提的国民收入分配行为,或者至多是简单再生产的结果。后续研究财政所具有生产特征的理论,则试图将这种静态的分配理论延伸到动态关系中去,研究财政收支分配行为所具有的经济增长或者经济发展意义。其中最典型

---

① 舒新城:《辞海》,中华书局 1936 年版。
② 陈共:《财政学》(第 7 版),中国人民大学出版社 2012 年版,第 25 页。

的强调财政生产型功能理论,就是公共资本理论,强调了某些形态的公共支出所具有的生产功能。①

财政支出促进经济发展的功能,并不仅仅局限于提供公共产品或者公共资本。实际上,财政支出用于提供私人产品,也具有很强的生产功能。现代国家财政促进私人产品供给的主要路径是财政补贴。虽然财政补贴普遍存在,但是对于某些高技术行业生产的补贴由于涉及作为公共产品的知识生产,从而更具隐蔽性,当然这也是发达国家产业结构演变到特定阶段的结果。如在美国和欧盟对飞机补贴的"世界上海拔最高的战争"案例中就看到了发达国家政府通过财政补贴私人生产者的行为。②

中国计划经济时期财政支出用于国有企业生产,尤其是促进国有资本形成的行为,也属于典型的提供私人产品行为。随着中国计划经济体制的崩溃、财政与国有企业"父子关系"的割裂,市场经济条件下公共化的财政意味着财政直接补贴国有企业的行为正在逐步消失,转向以公共资本形式来促进经济发展的轨道。

本书认为,从动态的角度看,财政是政府行为和国家行为的经济后果,从而将财政所对应的国民经济分配关系,推进到生产环节。这种延伸意味着,财政这个政府或者国家的行为,本身就能影响未来的财政收支和分配结构。

---

① 公共资本指基础设施投资或公共部门固定资产投资形成的资本,就是指政府在公共部门投资形成的资本,在市场经济条件和公共财政下,它常指基础设施投资形成的公共设施资本,如高速公路、机场、供水系统,电力、煤气及电讯业等公共部门固定资产投资形成的资本。

② 美国和欧盟互指欧洲空中客车公司和美国波音公司获得本国(地区)政府"非法补贴"。世界贸易组织(WTO)认定,欧盟和美国政府都提供补贴,并认为这些补贴行为与世贸规则不符。欧盟提交的证据显示1989~2006年,美国政府向波音公司提供了"被禁止的出口补贴",估计总额至少53亿美元,包括通过美国国家航天局资助波音的26亿美元研究经费,还有22亿美元海外销售企业出口补贴以及美国华盛顿州、堪萨斯州、伊利诺伊州等地方政府税收减免等措施。认定这些补贴措施压低了波音公司产品售价,给空客公司进入第三国市场造成阻碍,并建议美国政府撤销部分补贴或采取措施消除不利影响。2010年WTO裁定欧盟向空客公司提供的200亿美元贷款是非法补贴,这种行为损害了美国竞争对手波音公司的利益,要求欧盟取消补贴。2012年WTO裁定美国政府向波音提供非法补贴,随后美国贸易代表办公室宣布接受WTO裁定,将全力按照WTO反对向波音公司提供补贴的要求撤销对波音公司30亿美元和40亿美元的研发经费以及其他形式的支持。

第二节 公共财政：理论分歧与中国含义

与市场经济相对应的财政形式，被称为公共财政。作为前缀的公共一次，用以指代其与"其他"财政形式具有根本不同。

一、公共财政：理论分歧

（一）观点梳理

在公共财政一词上，理论界存在诸多分歧。第一种观点将公共财政等同于财政，认为二者没有区别，仅仅是翻译问题。1949 年之前，中国已有"公共财政"的提法。20 世纪 20 年代，曾经留学日本东京帝国大学的陈启修所著的《财政学总论》和哥伦比亚大学经济学博士寿景伟（寿毅成）所著的《财政学》都明确使用了"公共财政"概念（陈启修，1924；寿景伟，1926）。但在当时的背景下，公共财政的用法与政府财政没有太大差异。1949 年之后直至改革开放前，"公共财政"一词仍然使用，但机会不多。有时 Finance 是财政的对称，Public Finance 的对称才是公共财政。"公共财政"这个在 20 世纪上半叶就已存在的词有了很大的争议。最大的争议点在于，"Public Finance"在中文中译为"财政"，在"财政"之前加上"公共"实属画蛇添足。且不说中国所致力于的公共财政建设是在探索一种新的财政模式（类型），仅就"Finance"一词的本意而言，"财政"并不等于"Public Finance"。在很长一段时间内，甚至当今许多场合下，"Finance"仍等同于"财政"。既然"Finance"之前可以加"Public"来限定，那么"财政"之前自然也可以添上"公共"以限定其范围。[①] 1983 年，由美国经济学家阿图·埃克斯坦所著的"Public Finance"中译本出版发行。与以往有所不同，译者对于这一本书书名的处理有点标新立异——将

[①] 马寅初 1914 年在美国哥伦比亚大学提交的博士论文 The Finances of the City of New York（《纽约市财政》）用 "Finance" 一词来指代 "财政"。巴斯塔布尔（C.F. Bastable）的《公共财政学》（Public Finance）（Mcmillan，1892 年初版，1917 年第三版）是英语世界第一本用"Public Finance" 命名的财政学教科书。

"Public Finance"直译为《公共财政学》(张愚山，1983)。而在此之前，中国财政学界一直是将"Public Finance"等同于"财政学"或"财政"。

第二种观点将"公共财政"等同于资本主义财政。1949年后至1992年，在比较、批判与借鉴时，中国财政学界将资本主义财政称为"公共财政"，将资产阶级财政学称为"公共财政"。之所以将资本主义财政称为公共财政并强调其非生产性，是因为其与当时的社会主义财政所强调的生产建设性明显不同。

当前最具代表性的第三种观点是将"公共财政"等同于市场经济条件下的财政模式（类型），或将"公共财政"作为中国财政改革的目标模式。这种观点强调了中国未来财政改革模式与其计划传统之间的关系。例如，张馨（1999）界定了"公共财政"的基本特征：弥补市场失效；为各市场主体提供"一视同仁"的公共服务；非市场赢利性和法治化。现实中，财政的活动范围不仅仅限于此。叶振鹏和张馨（1995）构建了"双元结构财政"理论。他们认为，与社会主义市场经济相适应的财政模式应该是公共财政与国有资本财政的混合体，即双元结构财政模式。对"公共财政"基本特征梳理的意义在于它同时也是对中国财政改革目标模式之一的界定，为未来财政改革的走向提供了参照系。

(二) "公共财政"辨析

从逻辑上说，将"公共"与"财政"连缀在一起，从而形成"公共财政"，肯定有不同于以往"财政"概念的特殊意义。因而，在围绕公共财政而展开的讨论中，一个始终绕不开、躲不过的命题是，"公共财政"与以往"财政"究竟有何不同？

基于同样的逻辑推论，"公共财政"当然是将以往"财政"作为改造对象的。也可以说，"公共财政"就是针对以往"财政"而形成的新概念（刘尚希，2000）。问题是，如果说"公共财政"有别于以往"财政"的地方，就在于"公共性"的彰显，那么，以往"财政"肯定带有某种"非公共性"特征。或者，至少在某些方面缺乏"公共性"特征。

1. 生产建设支出并不必然排斥公共性

最初的时候，许多文献（安体富，1999；高培勇，2000）曾把"非公共性"的"非"字当作生产建设支出，从而用财政支出退出生产建设领域来解释公共财政建设。然而，随着时间的推移和实践的进展，人们很快注意到，财政以公共服务领域为主要投向并相应减少生产建设支出，固然符合市场化的改革方向。但减少不等于退出。需要减少的，也只能限于投向竞争性领域的支出那一块儿。政府履行的公共职能，在任何社会形态和任何经济体制下，都不能不包括生产或提供公共设施和基础设施。公共设施和基础设施的生产或提供，肯定属于生产建设支出系列，又肯定不排斥公共性。[1]在改革过程中，减少财政对生产建设领域的投入固然必要，但让财政支出由此退出生产建设领域，甚至以此作为财政支出结构调整的方向，绝不是公共财政建设的实质内容。

2. 公共财政并非市场经济的产物

也有许多人（张馨，1999；2004）把计划经济年代的财政视作"非公共性"的典型，并试图从计划经济财政与市场经济财政的体制差异来揭示公共财政建设的意义，从而认定公共财政是市场经济的产物或适应市场经济的财政类型和模式，直至把公共财政等同于西方财政。[2]然而，由此出发而放眼整个财政的发展史，且不说前市场经济几千年的人类社会历史长河中，并不乏诸如水利支出、修桥修路支出、赈济支出、祭祀支出甚至军事支出这样的带有公共性质的政府支出项目，即使在我国计划经济年代以生产建设支出为主导的财政支出格局中，包括城市基础设施、社会福利设施建设在内的许多可归入生产建设系列的支出项目，本身就是典型的"公共性"支出。因而，把市场经济财政等同于公共财政，而将非市场经济财政一概归之于"非"公共财政，不仅不能说明前市场经济下的财政制度及其运行格局，也不能说明计划经济体制下的公共性支出项目。而且，也难以厘清作为整个社会管理者的政府部门同其他行为主体的行为动机和行为模式。

3. 公共财政既非新事物，又非旧概念的翻版

还有人对公共财政做了主观臆断式的简化处理。其突出的表现有两极，或是把"公共财政"视作有别于以往"财政"的一个新范畴、新学科，或是将其视作同以往"财政"内涵无异的一个时髦概念。前者将公共财政同以往的财政范畴、财政学学科对立起来，试图将其解释为不同于以往的新范畴、新学科，进而有了所谓"公共财政学"、"公共财政专业"或"公共财政方向"等新的称谓。后者则在未赋予任何实质意义的条件下，把以往使用"财政"二字的地方统统置换为"公共财政"，进而有了所谓

---

[1] 不少人对于公共财政的批评，也正是基于或抓住了这一点。
[2] 其代表性的解释是，公共财政是指在市场经济条件下国家提供公共产品或服务的分配活动或分配关系，是满足社会公共需要的政府收支模式或财政运行机制模式，是与市场经济相适应的一种财政类型，是市场经济国家通行的财政体制和财政制度。

"公共财政预算"、"公共财政收入"、"公共财政支出"和"公共财政政策"等新的说法。甚至有人主张将财政部更名为"公共财政部",将财政厅(局)改名为"公共财政厅(局)"。①

但是,循着如此的线索略加思考便知,无论是把"公共财政"当作新事物,还是把它当作旧概念的翻版,都难以自圆其说。比如,按照前者的逻辑,作为一门新范畴或新学科的起码条件,公共财政要有不同于以往的新的内涵与外延,要有新的研究对象或新的研究方法。而这些,并未发生在公共财政身上。"公共财政"的内涵与外延,"公共财政"的研究对象和研究方法,与以往"财政"并无不同。再如,按照后者的逻辑,"公共财政"与以往"财政"概念的替换,便成了没有实质意义的赶时髦或"画蛇添足"之举(陈共,2000)。只要开启电脑的文字处理替换功能,有关公共财政的全部工作,转瞬之间,便可通过"更名"而万事大吉。这当然更不符合事实。所以,上述的两种表现虽位于两个极端,但它们均未触及公共财政的实质内容。在某种程度上,实属对公共财政的误读。

4. 公共财政≠民生财政

最近十年来,在一片关注民生、改善民生的大潮中,又出现了一种关于公共财政的新说法——有人把公共财政等同于民生财政,甚至用财政是否专注于民生事项作为区分"公共性"与"非公共性"的标尺。应当承认,在计划经济年代,我们曾把大量的财政资金投向生产建设,而相对忽略了民生的改善。在由计划经济转入市场经济的过程中,也曾犯过所谓"倒洗澡水连同孩子一同倒掉"的错误,把为数不少的民生事项推给了市场。故而,一路走下来,在民生领域积累下了大量的财政欠账。在当前,加大财政对民生事项的投入,强调改善民生的紧迫性,当然是必要的。但是,必须注意到,改善民生并非财政唯一的职能事项。除此之外,诸如国防、外交、环境保护、社会管理等典型的公共事项,都属于财政必须担负的"公共性"职能。当前对民生事项的倾斜政策,只是说明,相对于其他的职能事项,这个领域形成了瓶颈,要作为重点投入事项了。这并不意味着财政的职能事项只是改善民生,更不意味着只有民生事项才是公共性的。所以,顾此失彼,从一个极端走向另一个极端,把当前带有"补偿性"色彩的改善民生举动误读为公共财政的全部内容,既确有片面之嫌,也非公共财政的实质所在。

---

① 见诸于媒体的类似说法就更多,如"公共财政为师范教育买单","公共财政让农村孩子不再失学",等等。

（三）公共财政的基本特征

（1）公共财政，与以往"财政"既有共性，也有区别。以纯学术的眼光看待公共财政，它与源远流长、一般意义上的"财政"范畴和"财政学"学科并无不同：无论是否有"公共"前缀，财政从来都是指政府收支或政府收支活动，财政学从来都是关于政府收支或政府收支活动的科学。因而，公共财政并非一个有别于以往"财政"的新范畴、有别于以往"财政学"的新学科。但是，转入实践层面，并以改革的眼光看待公共财政，它与计划经济年代的"财政"又有实质区别：变局部覆盖为全面覆盖，变差别待遇为一视同仁，变专注于生产建设为覆盖整个公共服务领域，变适用国有部门的"自家"规范为适用整个社会的"公共"规范，是其针对传统财税体制机制的主要着力点。因而，公共财政又是一个有别于以往"财政"的财政制度安排。

（2）"公共性"是财政这一经济范畴与生俱来的本质属性。这在任何社会形态和任何经济体制下，都概莫能外。有所不同的，只在于其公共性的充分程度以及它的表现形式。无论是称之为"公共财政"，还是称之为"财政"，都不意味着其公共属性的任何变化。就此而论，中国的公共财政建设之路，实质是一个让中国财税体制机制回归"公共性"轨道的过程。本着实践—理论—实践的逻辑链条，并注意到传统中国财政学与传统中国财税体制机制之间的彼此关联，还可认定，建构在传统中国财税体制机制基础上的传统中国财政学，同样有一个回归"公共性"轨道的过程。

（3）如果说，曾与我们相伴多年的带有"非公共性"特征的传统财税体制机制，是基于计划经济年代的特殊历史背景而做出的一种特殊安排。那么，提出公共财政的概念并以此标志中国财政改革与发展的方向，可以看作基于体制转轨的特殊历史背景而推出的一种特殊举措。因此，按照公共财政制度的基本要求，在制度层面上全面推进以"公共化"为取向的财政制度变革，从而构建起一个彰显"公共性"特征的财政制度体系。既是公共财政这一经济范畴的应有之义，又是我们在这一特殊历史背景下的应有选择。

（4）在某种意义上，公共财政是在我们学习、借鉴典型市场经济国家适用的财政理论和财政制度过程中进入我们视野的。但是，无论如何，公共财政并非完全意义上的舶来品。从更为宽广的视野看，作为中国财政改革与发展的一面旗帜，公共财政萌生于改革开放的土壤，根植于中国的基本国情，同时汲取了人类社会的一切文明成果。故而，公共经济学的一般原理、改革开放的实践基础、中国的基本国情以及包括典型市场经济国家在内的所有人类社会的有关财政理念、规则和制度安排的成果，共同构成了中国公共财政制度的思想来源。

（5）以公共财政制度的基本特征审视和检验迄今为止的中国财税改革与发展进程，可以看到，尽管我国公共财政制度的框架已经建立，但这个框架还只是初步的。通向完善的公共财政制度之路还很漫长。要真正步入公共财政制度的新境界，我们还有许多重要的事情要做。认识到经济市场化与财税公共化系一枚硬币的两个方面，"公共性"又是财政这一经济范畴与生俱来的本质属性，摆在我们面前的一个十分紧迫的任务是：瞄准公共财政制度的目标并不断向其逼近，从而构建起一个既与完善的社会主义市场经济体制相适应，又与财政的本质属性相通的公共财政制度体系。

（6）公共财政本来就是为了解决中国自身问题的需要而提出的一个富有中国特色的概念［在国外，公共财政（Public Finance）的对立面是私人部门的公司金融（Corporate Finance）和家庭理财（Family Finance）］。植根于中国的特殊国情，站在理论与实践彼此交融、相互贯穿的高度，以特殊的思维和视角，做出关于公共财政的特殊界说，并且，以此为基础，改造中国财政学学科体系，勾画中国财政改革与发展蓝图，是历史赋予我们这一代人的特殊使命。由此获得的成果，将构成中国特色社会主义理论体系的重要组成部分。

二、公共财政：中国实践

（一）官方视角

进入 20 世纪 90 年代以后，迫于经济体制转轨以来的财政收支困难的压力，在财政收入占 GDP 比重持续下降且短期内难有较大改观的背景下，学术界和实践层越来越倾向于从财政支出规模的压缩上寻求出路（叶振鹏，1993；安体富、高培勇，1993）。于是，便有了基于压缩支出规模目的而调整支出结构的动作，并有了消除"越位"、补足"缺位"以及纠正"错位"的说法。支出结构的调整牵涉到沿袭多年的财政支出模式的变动，总得要提出一个不同于以往的带有方向性的目标。恰好，典型市场经济国家财政职能范围相对狭窄的特点与我们旨在通过调整支出结构压缩支出规模的初衷是相吻合的。而且，在那一时期，人们已经习惯于将公共财政同典型市场经济国家的财政支出格局相提并论，甚至将公共财政作为典型市场经济国家财政的同义语加以使用。因此，以典型市场经济国家的财政体制及其运行机制为参照系，公共财政便被人们"借用"于压缩财政支出规模、缓解财政收支困难的实践。

单纯的调整支出结构而不对收入一翼做同步的变动，至多只能缓解部分的财政困难。为了跳出"跛脚"式调整的局限，从根本上走出财政收支的困难境地，便有了1994年的税制改革。作为新中国成立以来规模最大、影响最为深远的那一轮税制改革，税制改革的原则是"统一税法、公平税负、简化税制、合理分权"。这"十六字"原则，在当时的背景下，具有相当的冲击力。因为，它们毕竟是植根于社会主义市场经济体制的土壤，并基于构建适应社会主义市场经济的税制体系的目标而形成的。对于它们，只能按照市场经济的理念加以解释（项怀诚，2002）。故而，在归结其理论基础或思想来源的时候，公共财政的字眼，也不时出现在阐述税制改革问题的有关文献之中。

无论是支出一翼的调整，还是以税制为代表的收入一翼的变动，所涉及的终归只是财政运行体制机制的局部而非全局。零敲碎打型的局部调整固然重要，但若没有作为一个整体的财政运行体制机制的重新构造，并将局部的调整纳入整体财政运行体制机制的框架之中，并不能解决财政困难问题的全部。甚至，不可能真正构建起适应社会主义市场经济的财税体制机制。在当时，人们也发现，能够统领所有的财税改革线索、覆盖所有的财税改革项目的概念，除了公共财政之外，还找不到任何其他别的什么词汇担当此任。于是，以1998年12月15日举行的全国财政工作会议为契机，决策层做出了一个具有划时代意义的重要决定：构建中国的公共财政基本框架（李岚清，1998）。[①]并且，从那个时候起，作为中国财税改革与发展目标的明确定位，公共财政建设正式进入了政府部门的工作议程。

时隔5年后，在2003年10月，中共十六届三中全会召开并通过了《中共中央关于完善社会主义市场经济体制若干问题的决定》。在那次会议上以及那份重要文献中，根据公共财政体制框架已经初步建立的判断，提出了进一步健全和完善公共财政体制的战略目标。认识到完善的公共财政体制是完善的社会主义市场经济体制的一个重要组成部分，将完善公共财政体制放入完善社会主义市场经济体制的棋盘，从而在两者的密切联系中谋划进一步推进公共财政建设的方案，也就成了题中应有之义。因而可以

[①] 在那次会议上，时任中共中央政治局常委、国务院副总理李岚清代表中共中央明确提出"积极创造条件，逐步建立公共财政基本框架"。

肯定地说，那次会议给中国的公共财政建设带来了新的契机。

2007年末召开的中共十七大，在全面总结改革开放的历史进程和宝贵经验的基础上，对我国新时期的经济建设、政治建设、文化建设、社会建设等方面做出了全面部署。在其中，无论是涉及经济建设、政治建设问题的阐释，还是有关文化建设、社会建设图景的描绘，都融入了公共财政的理念，渗透着公共财政的精神，甚至直接使用了公共财政的字眼。特别是关于"围绕推进基本公共服务均等化和主体功能区建设，完善公共财政体系"的表述（胡锦涛，2007），在更广阔的范围内、更深入的层面上标志着，中国公共财政理论与实践又推进到了一个新的阶段。

在找寻"公共财政"与以往"财政"区别点过程中遭遇到的困难，实际折射出了中国公共财政问题的特殊性。

从英文译名的改变到被"借用"于财政改革、税制改革的实践，由构建公共财政框架到进一步健全和完善公共财政体制，再到完善公共财政体系，公共财政所走出的这一基本轨迹告诉我们，它并非一个经过严谨论证的纯学术概念，而更多的是改革实践催生的产物。因而，对于公共财政的界说，一定要跳出纯学术思维的局限而延伸至体制转轨的特殊历史背景，在改革历程的系统盘点和深刻把握中加以完成。

（二）中国财政公共化进程的典型特征

在过去的60年间，中国的财税领域发生了什么样的重大变化？

计划"三位一体"机制必须以城乡分割为代价，否则劳动力的流动将促使城乡部门、尤其是工农业部门边际产出均等化，从而使得作为计划经济体制财税基础的国有企业利润完全被侵蚀。在"二元"的经济社会制度下，作为其重要组成部分的财税体制机制，自然也必须建立在"二元"的基础上——在财政上实行城乡分治和不同所有制分治。故而，"取自家之财，办自家之事"，并在"自家"与"他家"之间搞"区别对待"，也就成为那一时期财税体制机制的不二选择。

以覆盖范围以及由此形成的财政待遇差异作为考核的标尺，中国财税体制机制所呈现的突出变化，也可做如下三点的归结：

（1）从国有制财政走向多种所有制财政。财政的覆盖范围不再以所有制分界，而跃出国有部门的局限，延伸至包括国有和非国有在内的多种所有制部门。① 或者说，财政收支活动的立足点，由主要着眼于满足国有部门的需要逐步扩展至着眼于满足整个社会的公共需要。

（2）从城市财政走向城乡一体化财政。财政的覆盖范围不再以城乡分界，而跃出城市区域的局限，延伸至包括城市和农村在内的所有中国疆土和所有社会成员。② 或者说，财政收支活动的覆盖面，由基本限于城市里的企业与居民逐步扩展至包括城市和农村在内的所有企业与居民。

（3）从生产建设财政走向公共服务财政。财政支出的投向不再专注于生产建设事项，而跃出生产建设支出的局限，延伸至包括基础设施建设、社会管理、经济调节和改善民生等所有的公共服务事项。③ 或者说，财政支出的主要投向，由专注于生产建设领域逐步扩展至整个公共服务领域。

说到这里，可以看出，伴随着经济社会体制的转轨进程，中国财税体制机制所发生的变化，集中体现在其覆盖范围的不断拓展上。财政覆盖范围的不断拓展并逐步实行财政的无差别待遇，无疑是其"公共性"逐步增强和日渐彰显的标志。所以，由"国有制财政＋城市财政＋生产建设财政"向"多种所有制财政＋城乡一体化财政＋公共服务财政"的跃升，既是中国财税体制机制在过去30年间所发生的重大变化，也是其在由"非公共性"趋向"公共性"过程中所走出的基本轨迹。

第三节 财政功能再理解

一、财政功能：国际视角

作为公共部门的经济行为，或者公共部门行为的经济后果，财政的功能或者职能，是由政府职能决定的，而政府职能边界随着社会的进步、市场的发育成熟而发生着阶段性的变化。从鼓励自由竞争的"小政府"到政

---

① 一个突出的例子是城市居民最低生活保障补助制度的设立，当时有一句非常盛行的媒体语言："领取城市低保，不问姓资姓社。"
② 财政管理部门曾对此做了非常形象的表述："公共财政覆盖农村"和"让公共财政的阳光照耀农村大地"。
③ 特别是用于教育、医疗、社会保障、住房、环境保护等民生事项的财政支出，得到了极大加强。

府通过宏观调控的方式干预经济，再从有限干预到积极干预，甚至是政府主导资源配置、包揽一切经济事务，直至"政府失灵"的负面影响越来越大，政府干预开始受到反思并有所收缩。在这些不同的阶段，财政以其职能变化，适应并调节着政府与市场的关系：从仅提供少量纯公共物品的"小财政"到弥补"市场失灵"、通过多种工具调节宏观经济总量平衡。其中，在计划经济体制或者战争、灾难等极端情况下，成为政府包揽一切经济事务的物质基础，而在市场经济发展到一定程度后，"以人为本"、提供满足社会公共需要的基本公共服务（如多种社会福利等）。

亚当·斯密（1776）认为，市场可通过"一只看不见的手"自行地调节经济，政府的职能仅限于三个方面："第一，保护社会使之不受其他独立社会的侵犯。第二，尽可能保护社会上每个人，使之不受社会上任何其他人的侵害或压迫。第三，建设并维护某些公共事业及某些公共设施"。也就是说，国家的作用只是为私人经营提供一个有利的外部环境，国家仅需要在保卫国家安全、维护社会秩序、建设和维护某些公共事业和公共设施等方面发挥作用，所需经费由财政承担，除此之外，国家对经济的干预应该取消，财政也无须介入。

约翰·穆勒的国家适度干预理论对经济自由主义与国家干预主义采取折中的态度，政府职能的范围和政府干预的准则为财政行使职能划定了范围。他认为："被普遍承认的政府职能具有很广的范围，远非任何死框框所能限定，而行使这些职能所依据的共同理由除了增进普遍的便利外，不可能再找到其他任何理由，也不可能用任何普遍适用的准则来限制政府的干预。能限制政府干预的只有这样一条简单而笼统的准则，即除非政府干预能带来很大便利，否则便决不允许政府进行干预。"在此基础上，其列举了一些政府职能，例如规定计量标准、铸造货币、修建或扩建海港、建造灯塔、对土地和海洋进行勘测、绘制精确的地图和海图、筑造海堤和河堤等。

福利经济学的创始人庇古将消除外部性作为公共财政行使职能的一个目标，认为政府应采用对边际私人纯产值大于边际社会纯产值的部门进行征税，对边际私人纯产值小于边际社会纯产值的部门进行补贴的经济政策，由此进一步明确财政的职能范围，以实现国民收入的最大化和收入分配的均等化（庇古，1920）。

德国著名财政学家阿道夫·瓦格纳主张政府要充分利用财政分配工具，矫正社会收入分配不公。他认为政府要通过一种家长式的社会政策与再分配性的税收政策来干预市场。

针对1929~1933年西方国家空前的经济危机，凯恩斯创建以国家干预为政策基调的宏观经济学体系，提倡由政府利用非市场手段矫正宏观经济波动，并同时强调国家对经济的干预与调节应该以维护市场的自由竞争为前提，国家只对市场存在缺陷的地方加以弥补，以充分发挥市场的功能作用。

西方国家经济"滞胀"的存在导致了公共选择理论的诞生。布坎南等人将经济交易和政治决策这两种行为纳入单一的私人利益分析模式，指出政府行为是由具体的个人实施的，很难保证决策是完全有效率的，认为市场缺陷和政府缺陷是共同存在的，政府应通过财政手段只对市场缺陷大的地方进行干预，同时严格限制政府权力，防止财政职能的滥用。

美国经济学家马斯格雷夫在《美国财政理论与实践》一书中明确提出了财政的三个职能：资源配置职能、收入分配职能和经济稳定职能。通过财政的资源配置职能，向社会提供公共产品，或者说通过这一分配过程，将社会总资源分为私人和社会产品，从而使资源配置达到优化。通过财政的收入分配职能，调节收入和财富的分配，以达到社会所认同的公平。通过财政的经济稳定职能，运用预算、税收、公债等财政政策来维持充分就业、物价稳定、适宜的经济增长、贸易和国际收支平衡。目前，马斯格雷夫关于财政职能的这一观点被国内外理论界广泛认同和接受。

二、财政功能：中国特征

我国的财政职能的演变也取决于政府职能、范围和社会经济条件。在计划经济体制时期，政府几乎包办一切，这决定了整个社会资源基本上都是直接通过财政加以配置的，财政职能延伸到生产、投资、消费的所有领域并几乎包揽了一切社会事务，财政的职能大而全，导致财政配置资源的效率不高，大量财政资金被注入生产建设领域，成为名副其实的"生产建设型财政"。随着计划经济体制向社会主义市场经济体制转轨，"生产建设型财政"也逐渐被"公共财政"所取代。财政活动的范围逐渐收缩到市场不能有效运作的领域，即弥补市场失灵，提供公共服务，满足社会公共需要，逐渐从赢利性的经济领域退出。

在我国财政理论界，财政职能问题也一直备受关注，"三职能说"、"四职能说"及其他有关财政职能的观点纷纷形成，还从财政职能的实质出发，归纳出了财政职能的"使命观"、"作用观"、"功能观"、"职责观"。

"三职能说"存在着几种不同的观点，包括分配职能、调节职能和监督职能（叶振鹏，1982）；分配、调节经济和监督管理（何盛明、梁尚敏，1987）；分配、调控和监督（齐守印，1993；姜维壮，1994）；资源配置、收入分配、经济稳定（吴俊培，1993；朱柏铭，1997）；资源配置、收入分配、经济稳定和发展（陈共，1999）。"四职能说"也存在着几种不同的观点，包括分配、配置、调控和监督（时建龙，1994）；公共保障职能、收入分配职能、经济调控职能和国有资产管理职能（谢旭人，1994）；财力分配职能、价值管理职能、经济调节职能和财政监督职能（郭代模，1994）。"四职能说"的一个分支是"一带三职能说"，有两种观点：①认为财政职能由基本的分配职能派生出资金（资源）配置、调节、监督的职能，由分配派生的这三大方面又可细化为筹集资金与供应资金、调节经济总量、调节经济结构、调节收入分配、调节地区差异、政府预决算监督和企事业财务监督等（贾康，1999）。②认为社会主义市场经济体制下的财政具有收入分配、资源配置、稳定经济和监督四个职能，其中收入分配是财政最基本的职能，其他三个职能都是在收入分配职能的基础上派生形成的（刘邦驰，1996）。此外，有关财政职能的观点还有：认为筹集资金职能、配置资金职能、调节经济职能、监督管理职能和稳定职能是财政职能的五种表现形式（李松森，1997）；本质层次的主体职能，目的层次的发展职能和服务职能，手段（内在性功能）层次的制导职能、结构职能和机制职能，国有资产配置是社会主义国家财政特有的职能（孔志锋，2003）。

随着20世纪90年代关于政府职能"缺位"和"越位"、财政职能转换的讨论、西方财政理论的引入，要求财政职能回答财政"应该干什么"和"如何干"等有关财政职责的问题，提出财政具有效率、公平和稳定三个职能定位。效率、公平和稳定职能分别与马斯格雷夫提出的资源配置、收入分配、经济稳定三项职能对应，说明我国财政职能理论已经与现代公共财政理论充分接轨。

根据马斯格雷夫对市场经济条件下财政职能的论述，资源配置、收入分配和经济稳定是市场机制无法实现的功能。市场失灵意味着社会成员通过市场分工和交易无法满足其全部需求，无法通过市场满足的需求往往需要通过集体决策来满足，这就构成了社会公共需要的基本内容。在市场经济体制下，财政的公共性在很大程度上是通过履行财政职能的方式得以体现的。

对中国这样一个长期实行计划经济体制的发展中大国而言，除了市场失灵，还存在着由于市场机制不完善形成的市场残缺。在私人物品和服务的生产和分配中，市场残缺与政府越位并存，两者之间存在着错综复杂的相互影响和相互关联。而在财政应当发挥职能的领域，则存在着市场失灵与政府缺位的问题。由于长期以来片面强调经济增长，尤其是GDP的增长，许多地方政府在公共物品和服务的供给、社会事业发展、自然环境保护等方面存在着严重缺位。

因此，从财政职能的角度来看，中国当前的公共财政建设就是要配合政府职能的调整，解决好"越位"与"缺位"的问题，通过财政职能的调整来更好地满足社会公共需要，体现财政的"公共性"。

尽管目前理论界对中国公共财政理论的某些方面尚有争论，但在与社会主义市场经济体制相适应的财政制度基本特征方面已经有较为全面、深入的研究。如张馨（1999）认为，从市场经济与公共财政的关系出发，财政公共性的实质是政府与市场的关系问题。公共财政所具有的基本特征和内涵，是在处理它与市场的关系过程中形成的。因此，弥补市场失效、对于市场正常和正当活动一视同仁、非市场营利性、法治化是公共财政的基本特征。

贾康（2008）将公共财政的基本特征概括为四个方面。第一，财政的公共性。公共财政的特征首先是以满足社会公共需要作为财政分配主要的目标和财政工作的重心。第二，财政应该以提供公共物品和服务作为"以财行政"的基本方式，财政系统、财政分配满足社会公共需要的基本方式，就是提供公共物品和公共服务。第三，公共财政要求以公民权利平等、政治权力制衡为前提的规范的公共选择作为决策机制。其实质内容是：理财的民主化、决策的科学化、社会生活的法治化。第四，公共财政在管理运行上必然是以现代意义的具有公开性、透明度、完整性、事前确定、严格执行的预算，作为基本管理制度。

我们认为，满足社会公共需要是公共财政的本质属性，而社会公共需要的满足是通过公共财政职能得以实现的。在市场经济体制下，公共财政具有资源配置、收入分配、经济稳定三大职能。由于社会公共需要是不断发展变动的，在不同国家的不同阶段，公共财政这三大职能的具体内容也存在差异。就经济社会发展阶段来看，中国是一个处于经济转轨过程中的发展中大国，经济转轨、发展中国家、经济社会发展不均衡等因素构成了当前中国公共财政建设的基本环境，并对公共财政职能提出了具有中国特色的具体要求。

财政的公共化有两层基本含义：一是制度层面所要求的财政决策、执行、监督等财政运行机制的公共化，制度的公共化可以理解为"程序公共化"；二是财政职能的公共化，即财政收支安排的最终结果和绩效能够公平而有效率地满足社会公共需要，财政职能的公共化可以理解为"实体公共化"。程序公共化是实体公共化的制度保障，实体公共化是程序公共化的目标。因此，公共财政建设可以定义为以公共化为取向的财政制度变革和财政职能调整。

公共财政的第一个基本特征，就是要以满足社会公共需要为口径界定财政的活动领域和职能范围，这里的关键点主要有两个：一是由财政所提供的公共需要是与私人个别需要相对而言，是社会公民在生产、生活和工作中不可或缺的共同的需要，它难以由市场有效提供，是政府必须承担的职责；二是由财政所提供的公共需要，面对的是全体公众或整个社会，而不是只针对某一个阶级、某一阶层、某种所有制，某一类特殊利益集团的需要。这两点共同构成了社会公共需要的完整含义。满足社会公共需要，在市场经济条件下，是以提供公共物品或服务作为基本方式。

公共财政的第二个基本特征，就是立足于非营利性。也就是说，公共财政的收支安排是以公共利益的极大化，而不是以投资赚钱甚或夹带着投资赚钱的因素为出发点和归宿。

公共财政的第三个基本特征，就是政府收支行为的规范化，这同样是由其公共性所决定的。政府收入体现的是从广大社会成员那里收取的"众人之财"，政府支出是用于与广大社会成员日常生活息息相关的"众人之事"，因此，政府的收钱和花钱行为就应当而且必须有所讲究，对社会成员要具有公开性、透明度，要接受社会公众的监督。

政府收支行为规范化的标志包括：①以法制为基础。即是说，财政收入的方式和数量或财政支出的去向或规模必须建立在法制的基础上。②全部政府收支进预算。政府预算的实质是透明度和规范化。政府收支只有完整地在预算中反映出来，才能全部置于各级立法机关和全体社会成员的监督之下，也才能真正实现以民为本，反映和体现社会公众利益的要求。③财政税务部门总揽政府收支。所有的政府收支，要完全归口于财政税务部门管理。从源头上明确收支两条线，以确保公共权力的正确行使。

公共财政的上述基本特征揭示了公共财政的基本规范，指明了公共财政制度建设的基本要点和思路，是构建公共财政建设指标体系的重要理论依据。

三、财政功能再理解

对于财政的职能，尽管存在种种不同观点，但是它们之间还是有联系的。以最典型的马斯格雷夫版本的财政"三功能说"为例,财政的主要作用是改善资源配置、改善收入分配和促进经济稳定。所谓改善资源配置是以"市场失灵"为前提的,古典经济学认为市场在以下领域存在失灵现象:不完全竞争导致的产出损失,外部性导致市场均衡与社会最优之间的偏离,公共产品供给融资机制中的"搭便车"问题,信息不完全所带来的资源配置适当。这些市场失灵问题的共同点,是市场配置资源并不能导致最优效果,从而会产生效率损失。所谓的收入分配功能是指,市场对于特定的收入分配结果没有调节能力,而一个稳定的社会结构要求保障最低收入群体的生存权和高中低档收入者的基本结构。过于极化的收入分配会影响社会稳定,从而影响市场作为整体的功能发挥。与市场失灵所强调的效率导向不同,收入分配是公平导向的。经济稳定职能是指通过逆周期调控政策,可以是经济体平抑波动,改善跨期资源配置。在现代经济周期理论中,反周期政策的作用表现为促进经济体更快的复苏,走出流动性陷阱,促进市场配置资源功能的恢复。相对于没有反周期政策而言,这种支出是具有效率的。

这样,我们就可以将财政的三职能归结为两种导向:效率导向和公平导向。这一点在税收制度的设计上表现的尤其明显。[①]实际上,效率和公平之间的权衡,一直是公共制度和公共政策的核心。以最优税为例,20世纪70年代以来财政学发展最快的最优税理论秉承了"税负"的理念,将税收视作是一种资源配置扭曲从而会带来效率损失,从而不同税制设置的核心,在于如何以最小的效率损失来实现特定税收总量。20世纪末期财政功能主义的回归,则将财政的公平职能重新提上了研究日程。

从发展经济学和现代政治经济学的角度来看,效率是长期经济增长的核心,公平则是现代分配政治的核心。[②]这样我们就可以把财政分解为两个过程:第一个过程是国民收入分配过程,表现为财政收支,以财政收支来处理国内不同群体、集团或阶级之间的矛盾,以国家的传统职能为载体,属于传统的财政学范畴,我们将其解读为"以财养政"。第二个过程是产出增加过程,表现为经济增长,属于政府或者国家财政行为的经济后果,我们将其解读为"以政生财",这一个生产过程具有明显的理财特征,与

---

① 吉恩·希瑞克斯、加雷思·D.迈尔斯:《中级宏观经济学》,张晏等译,格致出版社2011年版。
② 在关于两个过程的分析中,Alesina 和 Rodrik 的分析最为典型。见 Alberto Alesina and Dani Rodrik. "Distributive Politics and Economic Growth", The Quarterly Journal of Economics, 1994, 109 (2): 465–490.

私人理财、公司理财相似，注重其增长或增值特性，是进入市场经济阶段以后国家经济职能在财政领域的体现。现代国家职能必以传统国家职能为基础，财富增值和生产率的增长，必须以上一个生产阶段的财政收入分配为起点，故生财的基础是处理好国民分配关系。

这两个过程形式的变化，是中国财政与经济发展作用机制，或是中国财政发展道路的核心。

第四节 财政发展道路的中国特征

任何一个国家财政体制的设计都是以公平和效率为导向，促进公平和增进效率是财政制度设计的基本功能，以财养政和以政生财是财政发展的两个阶段。但是各个国家或者体制对于二者的要求不同，这是全球财政模式多样化的原因所在。

"以财养政"的核心是通过作为经济手段的国民收入再分配过程来促进公平，缓解社会矛盾，用我们熟悉的政策语，就是处理人民内部矛盾。财政制度处理人民内部矛盾的过程包括收支两个方面。发达国家财税制度直接收入分配问题的收入面措施主要是累进税制，包括所得税和财产税。除此之外，税收制度可以通过促进经济发展来解决贫困，这种措施是发展中国家解决收入分配的重要措施，开发式扶贫，通过造血机制来促进落后地区的经济发展，中国对于世界减贫和经济发展所做出的最大贡献。[1][2]

"以政生财"一般是指公共支出所形成的公共资本具有生产性功能，尤其是用于基础设施的支出具有推动财富增值和经济增长的功能。[3] 发达国家以财政支出来促进长期增长的途径，主要是提供基础设施。本书认为，更重要的措施是通过缓和国内收入差距，形成有效的社会激励机构，通过

---

[1] 朱玲和蒋中一（1994）认为"以工代赈"政策把救济、增长和发展有机地联系在了一起，以劳动力密集型技术为特征的该政策发挥了贫困地区劳动力资源丰富的优势，有助于改善贫困地区的基础设施和社会服务，同时增加贫困者的就业和收入。章元等（2012）认为工业化发展所提供的非农就业增加，是推动中国取得巨大减贫绩效的主要原因。

[2] 无论采用官方标准还是国际标准，中国的减贫成就都是非凡的。按照世界银行每天1美元的标准，贫困发生率从1979年的63%下降到目前的不到10%，中国的经济发展至少是5亿人脱贫（汪三贵，2008）。而1981~2004年，发展中国家的贫困人口从15亿减少到11亿，也就是说，没有中国的经济发展，20世纪最后20年发展中国家的贫困人口不会有所减少（世界银行，2009）。

[3] 财政支出促进长期增长一直是理论界研究的重点，经典论文是Barro（1990，1991）和Aschauer（1989）。

促进社会公平和维护社会稳定来促进投资和长期增长。对于发展中国家来说，可供选择的政策空间更大，既可以通过缩小收入分配差距，促进社会公平来实现经济增长和经济发展，也可以通过直接促进资本形成，来实现经济赶超。不同"以政生财"方式的选择，大多受到本国历史、经济发展水平和政治结构的影响。

在计划经济时期，中国通过三大改造消灭了所有制差别，实现了一大二公的所有制和分配环境。这个时期，为了重工业优先发展和赶超战略的推行所设计的严格劳动力管制和等级工资机制，客观上缩小了国内的收入分配差距，使得财政通过财税等再分配措施来缓解收入分配差距的制度空间大为压缩，基本无须"以财养政"。同时应当看到，这个时期缓解长期收入分配差距的财政发展制度设计是体制内的等级工资激励机制，所以收入分配差距的存在是为了促使劳动力按照体制设计的方式来增加劳动供给，促进经济发展。

由于分配差距无须调节，所以计划经济时期中国没有开征个人所得税的必要。财政支出主要是通过促进国有企业资本形成以增加就业和技术进步来缓解收入分配差距，这就使"以财养政"和"以政生财"有效结合在了一起，并具有更长期的效果。计划经济时期财政支出绝大部分支出给国有企业并用于资本形成的典型事实，意味着在这个时期的财政发展过程中，由于无须"以财养政"，"以政生财"是财政与发展的核心。

在计划体制向市场体制转轨的时期，计划体制的崩溃和体制之外的经济增长，导致社会利益结构迅速复杂化，客观上产生了"以财养政"的需要。但是当时社会的认知是计划经济时期收入分配过于平均，所以刚刚产生的收入分配差距并没有完全进入财税制度应当调节的范围，整体的收入分配制度鼓励人们通过"诚实劳动"和"合法经营"致富，财政支出用于国有企业的比重依然较高，说明这个时期的财政发展过程与计划经济基本相同，主要的精力是发展并通过发展来减除贫困，从而改善收入分配。但是又存在如下不同：

首先，收入增长和收入分配改善方式的多样化，劳动收入之外的各项收入逐步被体制认可，经营性收入快速增长并成为农村收入分配差距的重要来源。经营性收入来源以具有企业家特征的个人能力市场回报为基础，从而使其远远超越了计划体制所涉及的总体范围。这就意味着一定程度的收入分配调节措施变得很有必要，这样 1980 年中国恢复了征收个人所得税。[①] 转轨时期中国财政收入的下降和税收征管措施的落后，客观上促进了私人资本发展的低税率环境，从而对于促进经济发展和改善个人收入分配差距起到了积极作用，尽管这种促进作用远远超过了"放权让利"税制设计的初衷。

其次，财政支出中对于亏损国有企业的补贴，也不具有公平导向，虽然具有一定的促进资本形成功能。为私营部门的劳动者大多来自农村，收入水平远远低于城市国有部门。财政对于国有企业的补贴无疑是在拉大以市场为基础的收入分配差距，只能将其视为过渡时期的产物。所以对于体制转轨期的财政发展特征，我们认为其只是在维持体制的运转，对于经济发展被动的发挥作用，主动促进经济发展或者收入分配改善的能力，基本消失。从财政实际发挥的功能来看，既没有"以财养政"，也没有"以政生财"。

分税制改革后中国更加注重收入分配，这一方面是由于收入分配差距不断拉大的现实，另一方面则是由于社会认知和国民分配偏好的转变。虽然所得税基本保持了工资税的特征，但对于经营收入和财产、财产收入差距的拉大无所作为，收入面"以财养政"制度没有大的改观，但是却有很多可喜的转变。如财政体制向市场化方向转变，"以政生财"的方式向现代市场经济靠拢，虽然这在很大程度上是由于外部环境改变，尤其是中国加入世界贸易组织倒逼所致。突出表现为财政逐步停止了对大量亏损的国有企业的补贴，从而增强了效率导向。当然这种财政支出方式的改革，首先是因为财政不堪重负，其次才是促进不同所有制经济发展的统一制度环境。[②]

支出面上，财政支出向农村和民生倾斜，屡次上提个人所得税扣除标准，都具有公平导向。分税制改革所伴随的转移支付制度设计，对于城乡、区域均衡发展和控制城乡收入差距、区域收入分配差距，起到了一定的作用。但是区域差距并不等同于个人差距，缺乏有效的所得税制，依然是"以财养政"财税制度设计的软肋。

[①] 但是税收征管手段的长期滞后，使得个人所得税征收以工薪阶层为基础并退化为以劳动收入为主体的工资税，并没有起到调节经营性收入的作用。见第九章的详细分析。
[②] 我们能从企业所得税并轨过程中体会到这一点。

第九章　中国财税发展道路：反思与前瞻

从1994年的分税制改革到今天，中国宏观经济已经走过了20年。这20年是新中国成立以来宏观经济形势最好的时期，经济发展较快，城乡居民收入快速增长，经济波动平稳，通胀水平可控。财政收入连年快速增加，国库充盈，政府宏观调控能力和调控水平取得了巨大改善。中国成为全球第二大经济体，国际影响不断加大，全国人民正在为全面建设小康社会和实现民族伟大复兴而奋斗。

面向未来十年或者更长时期，中国需要变革现有的财税制度。面向发展的财税制度设计，是嫁接在自然要素禀赋基础上的集中反映社会偏好的人为制度扭曲，从而会重塑开放经济体的产业竞争力和发展潜力。反思和前瞻中国的财政发展道路，必须以要素禀赋的变化为基础，并且充分理解社会偏好的变化。只有这样，才能为中国奇迹第二季做好财税制度设计。

第一节　中国财税发展道路变革的要素基础

自从1994年分税制改革以来，中国宏观经济的基本面发生了巨大改变。这些基本面的趋势性变化必将深刻影响中国经济的长期增长，从而影响中国的财税体制设计。

（1）中国成为世界第二大经济体，扩大内需成为经济增长长效政策。中国对世界影响加大的同时，受到外围环境的影响不断加大。1994年分税制改革之时，中国的对外贸易差额尚在正负数之间徘徊，外汇储备为500亿美元。之后的20年内，中国的对外贸易顺差规模越来越大，外汇储备累积巨大，2007年中国的外贸顺差突破2万亿元人民币，2012年末受国际金融危机影响保持在1.5万亿元人民币左右，2012年末中国外汇储备已经突破 3.3 万亿元。2008 年金融危机使世界经济结束了一轮近 30 年的经济增长长波。在房地产和金融泡沫破灭后,新的经济增长点尚未出现。发达经济体原有的借贷消费模式面临深度调整,国际经济再平衡压力加大,国家间摩擦不断加剧,贸易保护主义抬头,东盟正在依靠其更低的单位劳工成本成为中国传统产业的强大竞争对手,中国出口企业的利润空间不断被压缩。这些都决定了旨在针对国际市场、以出口导向为基本特征的中国外向型发展模式已经很难再找到空间。这与 1994 年分税制改革后通过加入 WTO 利用国际市场来弥补国内市场不足形成了鲜明对比,扩大内需将成为财税制度改革的重要着眼点。

(2) 劳动人口比重持续下降,国家统计局公布的数据显示,2012 年我国劳动年龄人口绝对数减少 345 万人,成为中国劳动供给结构中的转折点,而在 1994 年分税制改革时,中国正处在人口红利的高峰期。严格的计划生育政策和生育成本的不断上升,按照学界公认的总和生育率为 1.5~1.7 来看,中国的劳动年龄人口比重将持续下降。即使计划生育逐步完全放开,从基本规律和已有调查的数据来看,经济越发达,人口生育率就越低,中国沿海发达地区的总和生育率基本不超过 1。计划生育和老龄化主导的社会总抚养比不断上升将会加大养老和育幼的社会成本,加重劳动力负担。从人口角度来看,劳动人口比重的持续下降,意味着与人头有关联的税收应当从生产环节逐步转向消费环节。

(3) 经济发展的刘易斯转折点到来。21 世纪以来民工荒持续大范围出现,表明中国劳动力,尤其是农村迁移劳动力在保留工资水平上供过于求的总体状况正在发生改变。2012 年中国经济增度下滑到 7.8%,但是并没有出现大范围农民工失业,相反建筑工地小工的工资不断上涨,各省都在大力提高本省的最低工资水平,表明中国劳动力市场低工资的情况正在扭转,中国制造业低劳动力成本的竞争优势正在逐步消失。而在 1994 年,中国的最低工资制度才刚刚通过新颁布的《中华人民共和国劳动法》而建立,农村剩余劳动力大范围转移才刚刚开始,大量的廉价农民工正成为新一轮工业化的主力军。劳动力成本的上升意味着制造业原有的发展模式已经难以为继,以工业企业利润为基础的增值税增长空间有限。未来保持工业竞争力的财税体制改革,很可能会转向通过降低增值税税率来削减企业运营的制度成本。

(4) 中国的城市化率大幅上升。1994 年分税制改革时,中国的城市化率仅为 30%,最大的一轮城市化尚未启动,北京四环路建设仅仅完成了北段部分。2012 年中国城市化率为 52.6%,绝大部分中国人口,尤其是劳动力已经选择在城市就业,未来十年中国的宏观经济政策的重要内容是提高城市化质量。城市化至少给中国的财税体制带来两个方面的影响。第一是私人财富快速增长,以住房为主体的居民家庭财富,正在随着房地产价格的上涨和住房存量面积的快速增加而呈现井喷式增长。按照BII全球财富报告的数据,中国的人均财富从2000年的5000美元增加到2012年的2万美元,年均增长超过12%。以住房为基础的财富不平等正在成为社会不平等的新源泉。与公平为导向的财税政策必然呼唤财产税的出台,财政用来缓和社会矛盾的功能理应有更充分的发挥。第二是人口流动速度不断加快,流动距离增加。城市化带来的地面硬化和由此相伴随的基础设施改善、城市轨道交通和城市间高速公路、高速铁路的建设,极大地便利了人口的大范围快速流动。全国旅客运输总量从2000年的12188亿人公里增加到2012年的33369亿人公里,年人均移动距离从不到1000公里增加到2500公里。人口流动的加快和劳动力逐步进入供不应求联系起来,意味着区域间税收竞争将由招商引资竞争逐步转向劳动力竞争,居民对地方政府用脚投票的经济环境正在走向成熟。

(5) 户籍制度逐步松动,人口流动制度障碍逐步消除。中国53%的城市居民中,只有35%的具有城镇户口,1/3的城市常住民具有农民身份。在每年的城镇新增就业中,有2/3是农村户籍。户籍上的差别,导致了进城农民很难享受到城镇户籍的福利水平。在大城市中,来自中小城市和城镇的城镇人口也属于这个范围,无法享受当地市民福利。随着城镇化的推进,中国的普通地级市城镇户籍准入条件越来越低,对于劳动力流动的影响越来越小,但是大城市依然在实施严格的户籍限制。深圳正在推行的百分入户制度,可能成为大城市户籍制度放开的制度性尝试。

(6) 要素价格大幅上升,制造业利润增速下滑。最近一轮经济周期以来,伴随着要素价格的迅速上升,中国制造业企业的利润增速正逐步下滑。1994年中国的土地出让价格仅为每亩6万~8万元,在随后的五年内,土地价格还出现了明显下降,但是21世纪以后土地价格飞涨,到2009年就已经突破了每亩50万元。1994年国际石油价格为每桶20美元,受到国家破产威胁的俄罗斯正在私有化的动力下向整个世界疯狂供给原油,在随后的十年内石油价格一直保持在20美元每桶的水平,在20世纪最后几年甚至出现了下降。但是目前国际石油价格基本保持在每桶80美元左右的价格,成为威胁中国制造业利润空间的重要成本压力。不仅如此,铁矿石、铜等大宗商品和国际农产品价格也大幅度上扬,严重影响了中国的制造业发展空间。

(7) 经济增速下滑，环境不断恶化。当前中国经济所出现的增速下滑并不是周期性的，而是趋势性或结构性的。[①] 国内劳动力、土地等要素的供给已经开始成为经济增长的"瓶颈"，在长期国际经济再平衡和环境政策的实施的影响下，中国增长可能进入一位数时代。由于工业环境技术升级缓慢，中国的城市经济发展显示出排斥工业的特征，服务业应当成为扩大内需背景下产业发展的重点。但是生产型服务业必须围绕实体经济作为其基础，消费服务业增长则受到居民收入增速的影响，因此如何发展服务业，发展什么服务业依然是财税体制改革的重要课题。

(8) 宏观税负水平不断上升。现有的财政体制基本上形成于1994年开始的分税制改革，针对财政收入比重和中央财政收入投入比重连年下降的情况，1994年财税体制改革的目标是建立强大的财政和中央财政。随后，中央财政收入的比重迅速上升，中国财政收入以经济增长率两倍到三倍的速度快速增加，导致宏观税负不断上升。目前来看，中国的宏观税负水平保持在25%~30%，考虑到社保的宏观税负已经接近35%，已经开始步入高税率国家的行列。

(9) 流动性充裕，市场缺乏投资机会。2012年底，中国的广义货币供应量M2余额为97万亿元，金融机构存款余额为94万亿元，贷款余额为67万亿元，存贷款余额接近30万亿元，远远超过当年四大预算收入20万亿元的规模。如此充裕的社会流动性，意味着政府从某些建设领域中退出，并不会导致总体建设资金的不足。针对众多几十亿元到几百亿元的专项政府性基金而言，以合适的方式归入统一的公共财政预算，会给市场提供更多的投资机会。政府的财政收入应当用于市场所不能进行的活动，满足全国人民的基本公共服务需求。

[①] 刘世锦：《中国经济增长十年展望（2013~2022）：寻找新的动力和平衡》，中信出版社2013年版；Eichengreen et al., "When Fast-Growing Economies Slow Down: International Evidence and Implications for China", Asian Economic Papers, 2012, 11 (1): 42~87；袁富华：《长期增长过程的"结构性加速"与"结构性减速"：一种解释》，《经济研究》，2012年第3期，第127~140页；中国经济增长前沿课题组：《中国经济长期增长路径、效率与潜在增长水平》，《经济研究》，2012年第11期；张平：《"结构性"减速下的中国宏观政策和制度机制选择》，《经济学动态》，2012年第10期。

第二节 财税制度改革的价值取向

作为国家基本经济制度的核心,新一轮的财税体制改革的价值取向是什么?应当为市场注入什么理念?按照十八大的部署,新时期经济体制改革的分配目标是:"初次分配和再分配都要处理好效率和公平的关系,再分配更加注重公平。"作为中国再分配的主要环节,减少效率损失和"更加注重公平"是新一轮财税体制的价值取向。

从理论上讲,效率与公平是公共制度的两个基本价值取向,"以财养政"和"以政生财"是财税制度与经济发展关系的核心。针对本轮财税体制改革的背景和十八大后中央经济政策的走向,提高城镇化质量可能会成为未来十年中国政府判断效率与公平关系的重要载体。这不但是稳定增长、扩大内需的需要,更是未来一个时期主导国内劳动力、资本资源配置、改革社会福利制度和实现社会和谐的关键。

从经济学的角度看,提高效率的关键在于促进资源流动,这就要求开征资源保有税。提高效率应当以提高经济增长质量为核心。进入21世纪以来,中国新增城市人口2.54亿,等于第二次世界大战以来整个欧洲城市人口的增量或者美国现有的城市人口总量。但是土地城市化的扩张速度还是远远超过了人口城市化的扩张速度。2000~2011年中国的城市人口增加了50%左右,同期建成区面积却几乎增加了一倍。导致城市建成区人口密度快速下降,土地利用效率低下。未来的财税政策,应当在盘活土地存量资源和提供土地利用效率上下工夫,征收闲置资源,尤其是闲置土地保有税就变得很有必要。盘活有限的住房资源,也必须采用相同方法。

公平是公共政策的目标。我们应当追求起点的公平还是结果公平?这使得我们不得不关注福利。计划经济时期,虽然制度设计的核心是起点公平,但是由于缺乏相应的信息反馈机制,起点公平变成了结果公平,奖金人人有份,奖励变成了福利。如果未来经济体制改革的目标是完善市场经济体制、建立更加成熟的市场经济,那么起点的公平就必须得到更多关注。从而征收财产税,建立基本的社会安全网以保障非劳动人口的生存权,就变得很有必要。同时要防止无所不包的大福利,逐步消除体制内福利,防止民主化进程中原有体制内福利向整个社会的泛化给财政造成不可承受之重,因此福利体系建设应当以劳动福利(Lalfare)而不是社会福利

(Welfare) 为导向，让劳动者有更好的工作环境，能够更体面、更有尊严地工作，应当是财政支出改革的重要内容。

财税体制是一个国家经济体制的基础和核心，它不仅定义着政府在市场经济中的活动范围，政府和市场的边界与关系，更是现代市场经济得以健康运行的基本保证。作为政府经济行为的写照和整个宏观经济运行的血液，财税健康是整个国民经济健康的晴雨表。在转型升级的大背景下，一个运行良好、功能正常的公共部门，是宏观经济稳定的坚实基础。

从成熟市场经济国家的经验来看，作为国家基本经济体制的核心，财税体制要具备的基本特征是透明、稳定、可预期。所谓透明是指财税制度是市场主体进行选择行为的环境基础，透明度是财政能够起到在要素禀赋基础上所构造的制度环境中，实现财税制度设计对于消费者效用最大化和生产者利润最大化行为结果的影响。稳定则是由于财税制度是国家经济制度的核心部分，消费者效用最大化的消费选择和生产者利润最大化的投资决策都是在动态环境中进行跨期优化，基本制度的连续性和稳定性，通过构建公平的竞争环境，可以最大程度地降低由于制度环境改变而对资源配置扭曲产生的时间不一致性。可预期是指财税制度并非永久不变的，而是会随社会思潮和经济发展而进行阶段性改革，但是制度变迁的时间和方向应当可以被市场预期到。在包括美国在内的很多发达国家，确定财税制度改革的时间是由日落条款（Sunset Clause）来确定的。日落条款的核心是使每一项正在执行的财税制度都具有明确的有效期，在制度上规定了每一次财税体制改革的时间表。在有效期内来看，基本制度的变革方向应该是单向的，很难同时符合经济周期所要求的繁荣期和萧条期调控，这是财税制度变迁可预期的重要保证。改革开放以来，伴随着市场基础的完善和公共财政制度建设的推进，中国财政的制度化程度越来越强，在未来的财政改革中这个制度化趋势应当得到加强。这也是巩固前期成果，以推动更成熟市场经济制度建设的重要内容。

基本制度的稳定性和财政改革的可预见性之间存在折中问题，前者要求长期稳定，后者则要求应时代而变。从国际范围来看，财税改革大约每10年进行一次，例如日本、美国和中国台湾。中国的财税体制改革也暗合了这个规律。对于快速增长的经济体来说，由于经济发展和社会变迁速度较快，财税改革的时间和幅度都有所不同：常见的调整方式是以幅度换时间。1983年的"利改税"、1993年十四届三中全会的"统一税法、公平税负、简化税制、合理分权"改革和2003年的十六届三中全会的"简税制、宽税基、低税率、严征管"税制综合改革，都是近期中国财税制度改革的宝贵实践。从已有的历史来看，中国每一次大的财税改革都是在为未来十年，乃至更长时期的经济发展和社会稳定奠定制度基础。本次也不应该例外，因此本次财税改革的目标，是构建适应未来十年乃至更长时期中国经济发展和社会稳定的财税制度基础，实现的方式是财政制度化、支出规范化、预算透明化。

第三节　财税发展道路前瞻

财政法治化、财政民主化和分权规范性构建起了公共财政建设的制度框架：财政法治化为公共财政建设提供了法律保障，并对公共财政行为予以规范；财政民主化反映了公共财政建设中财政决策科学性的客观需要，是衡量财政公共化的重要尺度；分权规范性则要求正确处理政府间财政关系，实现中央与地方财政的"共赢"。

一、完善财政管理体制

（一）推进财政法治化

从本质上讲，公共财政就是法治财政，因此，建设公共财政，必须实现财政法治化，这对于依法治国和依法行政都具有重大的现实意义。

1. 构建比较完备的财政法律体系

要按照"依法治国，建设社会主义法治国家"的目标，适应社会主义市场经济发展的要求，以公共财政建设为主线，遵循法治原则，既反映现实需求，又做到适度超前，讲究科学性和系统性，不断总结财政立法工作中的经验，借鉴国外财政立法的先进做法，构建比较完备的财政法律体系，由财政基本法律制度、财政收入法律制度、财政支出法律制度、财政管理法律制度和财政监督法律制度五大类法律制度构成。其中，每一类法律制度又由若干内容相关的法律制度组成，具体为：

（1）财政基本法律制度。主要包括《财政基本法》，以及其他规范财政职能、财政体制、财政活动的基本原则、方式和决策程序，以及财政组织机构等财政基本问题的配套法律制度。财政基本法律制度在财政法律体系中处于核心地位，是制订其他法律制度的原则和基础。

（2）财政收入法律制度。主要包括税收法律制度（以《税收通则》为主体，由各单行税种法律制度构成）、国债法律制度、行政事业性收费法律制度、政府性基金法律制度、彩票法律制度。

（3）财政支出法律制度。主要包括财政转移支付法律制度、财政补贴法律制度、财政专项资金法律制度、税式支出法律制度、政府采购法律制度。

（4）财政管理法律制度。主要包括预算管理法律制度、国库管理法律制度、政府公共支出绩效管理法律制度、税收征收管理法律制度、财务管理法律制度、会计管理法律制度、注册会计师管理法律制度。

（5）财政监督法律制度。主要包括财政监督程序法律制度、财政监督惩处法律制度。

2. 逐步提高财政的立法层次

要逐步改革财政立法体制，消除财政机关立法权与执法权集于一身的弊端。可以根据目前的客观情况，在条件允许的情况下，考虑逐步扩大国家立法的"比重"，减少行政授权立法的"比重"，进一步建立、健全行政授权立法监督制度，进而建立以国家立法为主、行政授权立法为辅的财政立法体系，以改变目前财政行政立法权过大，国家立法权过小的状态；消除财政法律层次不高，法律效力差的局面，解决财政机关立法权和执法权重叠的问题。

3. 努力提高依法理财水平

立法是基础，而只有依法理财，用法律规范公共财政收支活动的每一环节，才能实现立法的初衷，也才能进一步加快公共财政建设进程。从这一点上讲，建设公共财政，依法理财是核心。推动依法理财水平的提高，除健全财政法律体系外，尤其应该：

（1）强化预算的严肃性和权威性。预算的编制、审查、执行、监督以及决算，不仅要依法进行，还要保证预算的完整性和真实性，提高预算的质量，加强预算的硬约束。

（2）继续深化预算制度改革。进一步扩大部门预算编制改革覆盖的范围，细化部门预算编制内容，努力编制部门综合预算；要继续扩大国库集中支付的范围和规模，有效防止部门报假预算、假项目；要依法规范政府采购行为，不断扩大政府采购规模，提高政府资金的使用效率。

（3）建立健全绩效评价体系。评价的范围包括消耗性支出、公共工程支出等所有政府公共支出，评价的内容包括业务考评和财务考评。对于绩效评价高的和绩效评价低的可分别予以相应的奖励和惩处。

4. 切实维护社会成员的合法权益

（1）在立法方面，应保障社会成员能够参与财税法律草案的讨论，能够使他们的诉求得到表达，扩大法律的社会化程度；应在《宪法》中明确规定纳税人的合法权益受到保护，使对纳税人合法权益的保护上升到宪法层面；应在条件成熟时尽快制定保护纳税人合法权益的专门法律，使对纳税人合法权益的保护全面、系统；应加快税收程序法的制定，扭转税收立法中重实体法轻程序法的局面。

（2）在执法方面，各级税务机关应做到依法行政，职权法定，防止超越职权或滥用职权；应完善税务行政执法程序，使税务行政执法活动规范化、条理化、系统化；应转变依法行政观念，从执法型转变为服务型，做好纳税人服务工作；应确保纳税人的知情权、隐私权、参与权、生存权等，完善行政复议制度。

（3）在司法方面，可考虑在司法机关内部专设税务法院，专门处理有关的税务纠纷与争议；可借鉴国外的纳税人诉讼制度，建立纳税人诉讼制度和纳税人公诉制度激励机制，规定任何单位和个人在发现有人骗取国家钱财或浪费国家资产后，都可以以纳税人的身份为维护公共利益而提起诉讼，并依法给予其一定的物质激励。

（二）推动财政民主化

公共财政的出发点和归宿是通过向社会成员提供公共物品和服务，满足社会公共需要。而公共物品和服务实现有效供给的前提是社会成员的偏好借助于集体的行动，通过一致同意、公共选择等民主机制表达出来。另外，社会成员之所以通过纳税等形式让渡部分资产给政府，是因为政府可以以公共代表的身份向社会成员提供公共物品和服务，基于这种认识，政府的公共财政活动必须符合民主原则，切实反映社会成员的利益和要求。从这个意义上讲，财政民主化无疑是公共财政建设的基本内核和最本质的要求。

财政民主化是建设公共财政的基本内核和本质要求，其目的是形成这样一个良性的循环：社会成员依法自觉纳税——其合理的偏好得到表达并参与公共财政收支活动的决策——政府依法使用公共资金并提供公共物品和服务——社会成员的公共需要得到满足。

1. 健全人民代表大会制度

人民代表大会制度作为我国的根本政治制度，其权力机关的地位不容忽视，在新的历史条件下，必须健全这种制度，充分发挥其作为民意代表机构的重要作用。首先,要注重人民代表的代表性,重视提高人民代表参政议政的能力。只有人民代表的代表性得到了充分的保证,其参政议政的能力有了明显的提高,才能更好地代表广大社会成员的公共利益,并切实去维护这种公共利益。其次,要强调人民代表大会的权威性。原则上,政府的一切收支活动都应纳入各级人民代表大会的审查范围,接受人民代表的监督,让公共财政成为"阳光财政"。只有这样,才能确保各级政府充分履行自己的职责,为社会提供更多有质有量的公共物品和服务,以满足社会公共需要。

2. 完善社会成员偏好的表达机制

社会成员偏好的表达机制是通过四个方面来实现的:①知情权。在公共财政建设过程中,需要逐步扩大社会成员的知情权,让他们了解公共财政状况,知道他们缴纳的税收的用途,明白各种政府收费的规则,掌握财政资金的使用方向。②参与权。除了知情权外,社会成员应在各级政府的公共财政决策中以适当形式参与,将自己的意愿反映给政府相关部门。因此,需要建立必要的参与机制,如听证制度、问责制度等,让公众参与到公共财政收支活动中来,帮助政府提高公共财政的管理水平。③决策权。决策实际上是一个权衡与选择的过程,需要特定的程序和途径来表达社会成员的偏好。在我国,各级人民代表大会是比较可行的社会成员行使决策权的恰当途径。在这种制度安排下,社会成员通过人民代表,将自己的意愿集合成集体意愿,参与公共财政有关事项的决策,使各级政府的财政行为体现社会成员的集体意愿,而不是由政府代替社会成员进行决策。④监督权。与单纯依靠政府内部相关部门的监督相比,由社会成员履行对财政的监督更为有效,也更可行。在公众拥有并行使知情权、参与权和决策权的情况下,社会成员的监督权得到尊重,就会对政府的公共财政行为起到有力的约束作用。

3. 预算应该公开、透明、全面、翔实

为了便于人民代表的审议和广大社会成员的参与,预算编制时预算科目应尽可能地细化。原则上,除了部分涉及国家安全的机密预算之外,其他的预算都应公开透明。所有的政府收支活动,都应有全面翔实的收支计划和报告,从而接受人民代表大会的质询和广大社会成员的监督。另外,应适应延长预算的编制和审批时间,提高预算编制的科学性和严肃性。

(三) 全口径预算管理

在"公共财政"制度背景下,政府预算制度首先必须具有"统一性"

的特征，即政府所有的收支必须全部纳入政府预算统一进行管理。政府预算制度的统一性实际上反映着市场通过政府预算对整个政府活动进行全面监督和控制的要求。无论是发达国家还是发展中国家，只要建立了公共财政体制，都将绝大部分的政府收支纳入政府预算进行统一的管理，基本上做到了预算管理的"统一性"。

由于诸多方面的原因，政府的预算外收支在一定时期内可能确有存在的合理性和必要性，但从公共财政制度建设的要求看，现有预算内、预算外、制度外三块收支并存的状况必须改变。预算外收支的存在，既不公平也不利于提高财政资金的使用效率。预算外收支是财政腐败的重要源头，破坏了财政的公正性和完整性。从效率角度讲，预算外，特别是制度外的收支，很难通过一种机制对其进行效益评估，难免出现资源运用中的效率损失。而且这些收支也模糊了公共财政本来不应模糊的边界。

从预算的完整性原则出发，所有政府收入都应分步纳入政府预算中，真正实现由财政部门统揽一切政府收支活动，形成一个覆盖政府所有收支的完整统一的公共预算，改变财政预算管理内外有别的模式，完成从财政专户管理向国库集中收付的转变，形成对政府非税收入的全方位监督。换句话说，所有属于公共财政范围的收支，都应列入统一预算。这既是我国公共财政预算管理的方向性选择，也是完善公共财政制度建设的基础性条件。

二、实施适度分权

集权与分权是财政体制的核心问题。在保证适度集权的基础上以分权为导向构建财政体制是大多数国家的方向性选择。我国财政体制改革基本上也是沿着这一方向来进行的。1994年实行的"分税制"改革，是我国具有里程碑意义的财政体制改革。这次改革所形成的分税制财政管理体制，较好地处理了集权与分权的关系，初步规范了中央与地方的财政关系，结束了之前多种制度并存的财政体制，充分调动了中央与地方两个积极性。实行分税制财政管理体制后，一举扭转了中央财政收入和国家财政收入比重偏低的局面，中央财政收入占GDP比重提到55%左右，国家财政收入占GDP比重上升到21%左右，中央财政的集权度有所上升。但相对而言，地方财权、财力有所削弱，与中共十七大报告提出的"健全中央和地方财力与事权相匹配"的财政体制还有相当大的差距。如何在保障中央财政适度集权的基础上，以分权为基本导向推进我国公共财政体制建设,是一个重要而又紧迫的现实议题。

进一步完善我国的政府间财政关系,应与社会主义市场经济体制的完善相适应,以科学发展观为指导,与构建社会主义和谐社会的目标相吻合,坚持以适度分权为基本导向、以维护公平和兼顾效率为基本原则,在保证中央进行宏观调控财力的基础上,充分调动地方理财积极性,力求实现中央和地方财政的"双赢"。

1. 合理划分政府间的事权与支出职责

在政府与市场关系明确的基础上,科学地划分政府间的事权与支出职责,并通过法律形式确定下来,从而保持稳定性。对于一些受益范围比较明确的公共需要,如国防、外交等,其事权与支出职责已有清楚的定位。现在的问题和难点是一些界限模糊的事权和政府间共有事权的划分,如基础教育、公共卫生、社会保障等。像这类事权该如何划分以及相应的支出职责,现实中各国并无统一的模式可循。因此,对这类事权的划分,在借鉴国外经验的同时,更要考虑我国的具体情况,因地制宜,不采取"一刀切"的做法。可通过公共服务均等化的手段,中央政府根据各地人均财力的情况制定出公共服务的全国性的均等化标准,各级地方政府根据其财力情况承担一定的责任。达到这个标准或在此标准之上的地区,由当地负责其支出,在这个标准之下的地区,虽由当地负责提供,但其中的一部分支出需要由中央政府通过转移支付的形式加以弥补,从而使其达到全国性的均等化标准。

2. 健全地方税体系

健全的地方税体系规范政府间财政关系的重要内容。我国目前的地方税体系与分级分权为特征的财政体制改革是很不相适应的。健全地方税收体系至少要朝以下几个方面努力:

(1) 赋予地方政府适度的税收立法权。科学划分税收立法权是税收管理体制的核心,也是地方税体系建设和有效运行的前提。发展中大国的现实国情决定了我国中央集权型税收管理体制模式的选择,但基于我国幅员辽阔、人口众多以及地区间地理、文化、经济差异相当悬殊的情况,为调动地方政府积极性,应该在明确划分政府事权的基础上,赋予地方政府适度的税收立法权,使地方税收来源与地方政府支出之间、地方政府收支与当地居民生活利益之间的关系更为直观和密切。现阶段,地方税体系税收立法权的划分应该依循以下思路:涉及对宏观经济影响较大的,全国性的主体地方税种,如营业税、企业所得税、个人所得税,立法权集中在中央;涉及对宏观经济影响不大,但对地方经济影响较大,属于全国性的辅助地方税种，如财产税类的税种、资源税类的税种，由中央统一立法，征管权和部分政策调整权下放给地方，但只限于省一级地方政府；涉及对宏观经济影响较小，但地方特色浓厚的税种，地方有权根据本地财政经济的实际情况自行决定开征与否。

（2）合理确定地方税收入规模。我国地方税收入规模渐趋萎缩的态势，应该也必须采取一些措施来扩大地方税收入规模，提高地方税收在地方政府收支中的地位。要实现这一目标，显然不能采取中央税与地方税规模"此消彼长"的方式，而是要通过加快地方税体系的改革，完善地方税税种体系，包括确立和强化地方税的主体税种；开征社会经济发展所需而现在尚属缺位的税种，完善各地方税种的税制规定和积极推进"费改税"来予以实现。

（3）构建和强化地方税的主体税种。主体税种的构建是地方税系建设的一个核心内容，是形成地方税收随经济增长而增长的内生机制的关键，因此，必须统筹中央和地方税收体系建设的全局，着眼于现在和未来，规划地方税主体税种建设和完善的整体方案。我国现行地方税系的主体税种是营业税、企业所得税和个人所得税，即由商品税和所得税构成的主体税种体系。近期看，还得维持现有的以营业税、个人所得税为地方税主体税种的格局。中长期看，应大力发展和培植财产税，完善城建税，开征环境保护税，拓展资源税，使其成长为地方税的主体税种。

（4）整合和优化地方税体系与制度。税种的设置以及各税种税收制度的完善是地方税体系建设的一项核心内容，它应以保证地方税收入规模，实现地方税体系的完整性、调控功能的健全性和灵活性等来予以调整和完善。现行地方税主要税种如营业税、个人所得税、城市维护建设税等的税制规定是1994年税制改革时颁布实施的，许多方面亟待改革和完善。营业税的改革应适当扩大其征收范围，从制度上拓展税基，并明确和完善征管操作标准，协调与其有关税种包括增值税、房产税的征收关系；个人所得税的课征模式要实现由分类制向综合与分类制相结合的模式转化，并适应社会经济发展的要求，制定科学合理的税前扣除标准；对于城市维护建设税，要以销售收入为计税依据，使之成为独立税种，并扩大征收范围；资源税应该扩大征收范围，适当提高其税负，以促进有限资源的合理有效利用。统一的企业所得税应尽快出台。除此以外的其他地方税种也必须结合实践发展需要进行相应的完善。

3. 完善政府间转移支付制度

中央财政的转移支付是地方政府一项重要的财力来源。应按照公平原则，以公共服务均等化为目标，进一步改革政府间转移支付制度。首先，转移支付应以一般性转移支付为主，专项转移支付为辅。因为一般性转移支付没有指定具体的使用方向，只是地方政府财力的一种补充，地方政府可以有较大的支配权；而专项转移支付不仅规定了具体的使用方向，有的还附带一些条件，地方政府在使用时有一定的限制。其次，要适当扩大转移支付的规模。转移支付对于补充地方财力，促进地方经济社会发展具有重要作用。在我国财政收入不断增长的情况下，提高转移支付的规模，特别是扩大一般性转移支付的规模，并结合横向转移支付的实行，有助于平衡各地的财力，实现各地公共服务的均等化。再次，应逐步将我国现行转移支付计算中的"基数法"改变为"因素法"。用"因素法"计算转移支付，可以提高透明度，消除主观性的随意性，有助于实现转移支付制度的公开、公平和公正。最后，应加强转移支付制度的法治建设。目前我国尚无一部涉及转移支付的专门法律，可考虑在条件成熟时，进行转移支付制度的立法，将转移支付的原则、形式、目标、计算方法和标准等以法律的形式确定下来，将转移支付工作纳入法制化的轨道。

三、坚持财政的公共化倾向

公共财政制度的一个重要特征，就是以公共利益的极大化而不是以投资赚钱或追求商务经营利润，为安排财政收支的出发点和归宿。公共财政并不意味着不搞或取消国有经济。公共财政同样要支持国有经济的发展。同以往"财政"有所不同的是，支持国有经济发展的出发点和归宿要始终立足于满足社会公共需要。需要调整的，是逐步使国有经济从与满足社会公共需要无关或可以交由市场解决的一般竞争性领域退出。

在计划经济下，一些本应由市场进行的或由市场进行能具有更高的经济活动，却由政府通过财政支出的形式，大包大揽，进入了本应由市场活动完成的领域，甚至取代市场，将经济活动完全置于政府的控制之下。在一切经济领域，尤其是在竞争性生产领域，政府的投资过大、过多、过宽，使政府像企业一样参与经济活动，提供大量私人产品是计划经济体制下以政生财方式的核心。在这种情形下，政府或财政不可避免地以赢利为目的，造成经济活动发生扭曲，也混淆了政府与市场的各自职能分工。

公共财政制度非赢利化特征的提出，针对的是过去计划经济下政府或公共财政在竞争性生产领域"越位"过多的问题。市场经济下政府进行干预的依据是市场无效率或缺乏效率的方面，通过弥补市场失灵，进而促进市场经济更有效率地运转。从计划经济的实践看，政府或财政过多地介入经济活动，并没有起到弥补市场失灵的作用，反而造成经济效率的低下。从市场经济发展的实践看，在赢利性方面，市场要比政府或公共财政更具效率。

从现实看，非赢利化是一个渐近的动态过程，不能不考虑我国目前还存在为数不少的国有企业问题。在财政支出中，经济建设费的比重虽然有了明显的下降，但其比重在财政支出中仍然处于第一位，这说明我们的公共财政还带有某些"生产性"的色彩。如果考虑到预算外的其他经济建设支出，这种色彩可能就更浓一些。

在这些国有企业中，相当一部分处于竞争性生产领域，同市场中的其他一般的企业并无区别，也都是追求赢利性的，或是以赢利为主要目标的。这些因历史原因形成的国有企业，特别是如行政性垄断的国有企业和某些自然垄断企业，在短时期内还难以退出竞争性生产领域。因此，在兼顾社会效益的同时，企业发展所必需的赢利性目标不能被忽视。而且，它们仍然与政府有着千丝万缕的联系，在推动国民经济发展中，这些企业的贡献依然不容忽视。就此而言，尽管政府或公共财政预算直接安排的投资已经很少，但为了国家或地方经济发展的需要，政府的各种隐性的间接支出依然存在。

配合政府职能的转变，加快公共财政建设，要求公共财政从一般竞争性领域退出。那么，一般竞争性领域都包括什么？随着《关于推进国有资本调整和国有企业重组的指导意见》的发布，才有了一个比较清晰的范围。

国资委明确提出军工、电网电力、石油石化、电信、煤炭、民航、航运七大行业由国有经济控制，同时，国有经济对基础性和支柱产业领域的重要骨干企业保持较强控制力，包括装备制造、汽车电子信息、建筑、钢铁、有色金属、化工、勘察设计科技等行业。[①] 除了以上需由国有经济控制的行业外，其他行业可以认为属于一般竞争性领域，也就是公共财政应逐步退出的领域，是公共财政应有所不为的领域。如为城乡居民提供消费品的领域，这类领域的商品供求完全受市场约束，靠市场自身调节，是市场完全能够进行配置的领域，对于这一领域，公共财政应逐步全线退出，让市场机制发挥完全的作用。

为使公共财政逐步从一般竞争性领域退出，一些必要的退出成本需要

---

① 《关于推进国有资本调整和国有企业重组的指导意见》和国资委的界定尚不包括金融、铁路和邮政等领域，但一般认为这几个领域不在一般竞争性领域之列。

由公共财政来承担。尤其重要的是，公共财政必须大力促进社会保障体系建设，对基本养老、公共卫生与基本医疗、城乡就业等增加投入，加大城镇扶贫力度等，为国有经济从一般竞争性领域的退出创造一个良好的外部环境。

四、处理好公平与效率

公平与效率是公共财政运行的内在要求。所谓公平，是指公共化的财政应是"一视同仁"的财政，所有社会成员都能无差别地享受大体相同的财政待遇。所谓效率，是按照成本—效益原则，一定量的财政支出能够为社会提供多少和何种程度的公共品和公共服务。以满足社会公共需要为主旨的公共财政建设，必须符合公平与效率的原则。另外，在公共财政建设中，还必须强调财政运行的可持续性。这种可持续性，既包括财政促进整个经济社会的可持续发展，也包括实现财政本身的可持续性。

（一）增进社会公平

财政均等化的根本目标是实现公共服务的均等化，即社会成员都能大体无差别地享受国家最低标准的基本公共服务。在《中共中央关于构建社会主义和谐社会若干重大问题的决定》中，明确指出"完善公共财政制度，逐步实现基本公共服务均等化"。这要求调整财政支出结构，逐步实现社会成员在教育、医疗、养老等方面均等的权利。

要想让广大社会成员共享改革成果，就需要加快公共财政建设，通过调整财政支出结构，切实满足社会成员的基本公共服务需求。同时，又要考虑我国的现实情况，既要借鉴吸收先进国家的成熟经验，又要与经济发展、财政收支规模、中央与地方财政关系调整、公共部门和事业单位改革等外部环境相适应。

1. 合理确定公共服务均等化的范围和标准

根据我国当前经济发展水平和财力的限制，我们不可能按照发达国家的模式确定公共服务均等化的范围和标准。在现阶段，一方面，需要调整财政支出结构，按照公共财政的要求提高基本公共服务的支出比例；另一方面，按照公平和效率并重的原则，我们认为目前公共服务均等化的重点不应是"劫富济贫"，而是确保最低收入阶层获得基本生活保障。应当考虑按照低标准、广覆盖的原则，选择义务教育、基本医疗保健、最低生活保障等关键项目，尽可能保证各地区城乡居民在这些最重要的公共服务方面获得均等化的服务。在范围选择上，可以考虑由小到大的顺序逐步推进公共服务的均等化。首先是缩小城镇内部的公共服务水平差距，其次是各地区城乡之间的公共服务均等化逐步实现，最后实现全国范围的公共服务均等化，表现为各地区之间、城乡之间、社会成员之间的公共服务基本实现均等化。

2. 明确划分各级政府的均等化责任

我国的公共服务均等化不仅涉及地方财力分配的横向不均衡，还与不同级次政府之间收支责任不匹配所形成的纵向财力不均衡密切相关。因此，首先应当明确各级政府在不同项目上的公共服务均等化责任，其次应由中央政府制定各地区应当实现的公共服务的最低标准。至于供应的方式，则可采用变通的方式，有些公共服务，如义务教育、基本医疗、社会保障等，应由中央政府负责供应，以便彻底摆脱地方政府自有财力的制约；而有些公共产品和服务，如地方辖区内的公共基础设施，则在中央政府制定标准，并规定其在地方财政支出安排中的排序的基础上，根据地方财力的差异，采取不同的供应办法，或由地方负责供应，或由中央与地方联合供应，或由中央专项拨款独立供应（"中国基层政府财政改革"课题组，2006）。

3. 实现专项转移支付与一般转移支付的有机结合

通常认为，一般转移支付在解决地方财政地位不均等方面应发挥主要作用。但对中国现阶段而言，由于"以手投票"和"以脚投票"的机制都不完善，如何保证地方政府将财力性、无条件转移支付真正用于公共服务均等化的支出是一个基本问题。我们认为，基本公共服务是中央政府的职责，应通过专项转移支付直接委托较低级次政府负责供应，并按照均等化标准进行考核。对于应由地方政府负责供应的公共服务，地方财力缺口可以通过一般转移支付解决，但中央政府也应制定均等化标准对地方公共服务的供应进行监督，通过严格考核干预地方政府的支出安排。

4. 改变地方政府激励机制是实现公共服务均等化的制度保障

当前，GDP是考核地方政府官员政绩最重要的指标，在这种激励机制下，地方政府总是倾向于用有限的财政支出获得GDP的最大增长，因此出现了公共服务支出始终要让位于经济建设性质的支出。在现阶段要切实改变这种状况，需要从考核机制上入手，提高地方辖区内公共服务水平和均等化程度在地方政府官员考核中的权重，改变地方政府官员的激励机制，这是实现公共服务均等化的制度保障。

（二）推进绩效管理：减少效率损失

提高财政效率关键是要有一套行之有效的预算制度。公共财政运行以公平为本，但也要兼顾效率，效率也是公共财政运行的重要方面和内在要求。我国公共财政制度建设特别是预算改革也必须朝着"效率财政"的目标努力，既要合理地运用财政资金，追求财政资金的最高使用效率，又要提高政府部门本身的效率，实施一种有效率的预算制度，最终提高公共资源的配置效率。

提高财政效率，不能简单地依靠"审计风暴"或临时性措施来解决，关键是要有一套行之有效的预算制度。从国际经验来看，这个预算制度就是绩效预算制度。建立绩效预算体系是为了进一步加强公共财政管理，提高财政资金的使用效益，其核心是通过制定公共支出的绩效目标，建立预算绩效评价体系，逐步实现对财政资金从目前注重资金投入的管理转向注重对支出效果的管理。事实上，公共预算绩效管理已经成为现代预算管理的重要内容。不过，我国的公共财政绩效预算改革还在试点与摸索之中，还很不成熟，还存在诸多问题。

我国目前的绩效预算改革还很不成熟，但对绩效进行考评在改善公共支出管理中的作用还是非常重要的，因为它是对公共财政运行绩效的定量测度，反映了公共财政运行过程和结果的改进或恶化程度。国际经验表明：实施"以结果为导向"的绩效预算，反映了现代政府预算管理的发展方向；创建高绩效的政府组织也始终是现代国家产生以来，各国公共管理者的理想与追求。我国政府公共支出管理体系也开始朝着构建绩效预算制度方向前行，要建设我们所期待的理想的绩效预算制度，必须循序渐进，且有明晰的战略思路和具体的方略：[①]

（1）强化条目预算编制，完善预算执行外部控制，以节约性为目标积极推行预算评价，构建收付实现制的会计基础，最终实现财政资源控制的绩效收益。这个阶段是绩效预算改革的初步阶段，也是新型市场经济国家和转型国家实施预算改革不可逾越的阶段。这个阶段预算改革的任务在于严肃财经纪律，加强财政收支总控制，为以后几个阶段预算改革的推进夯实基础，主要包括以下几个方面：加强财政收支控制；编制中期财政框架，实施预算和政策联结；强化预算执行中外部控制的作用，特别是发挥财政部门在外部控制中的作用；继续推行项目绩效考评，然后涵盖基本支

[①] 王进杰：《中国政府绩效预算改革研究》，中国社会科学院财贸所博士后研究报告，2006年。

出,但基本目标在于节约财政资金和提高支出技术效率;完善收付实现制,逐步建立财政报告制度。

(2) 实施项目预算编制,强化预算执行内部控制,以技术效率和经济效率为目标进行预算评价,实行修正的收付实现制会计,最终在实现财政资源控制的基础上,获取项目的效率收益。项目预算阶段的典型特征是预算支出项目必须反映政府战略政策和部门核心政策,改革的重点在于设计有效政策并确保政策与预算之间有效联系的机制。这个阶段的绩效评价应以节约和效率为评价目标,同时构筑修正收付实现制的会计基础。

(3) 预算编制从项目预算到产出预算,预算执行从内部控制阶段到管理责任阶段,同时强化市场信号和用户选择机制,实施修正的权责发生制会计,最终实现预算的经济性、效率性和有效性。在特定的预算发展阶段,绩效预算执行必须关注相应的工作重点,从而实现特定限制条件下的次优,也就是某种程度上的绩效。

(4) 从产出预算发展到结果预算,同时强化绩效预算的责任管理机制,并实施完全的权责发生制会计,最终实现预算的资金价值(从成本到结果的全方位绩效)这个阶段改革的重点在于从强调预算的产出转移到关注预算的结果,即包括节约、效率和有效性在内的资金价值,同时实现完全的权责发生制会计。

(三) 加大财政风险控制力度

将可持续性纳入公共财政建设的视野,它就至少应当包括两个方面的内容:一是财政应当弥补市场缺陷、纠正市场失灵的作用,促进经济社会的可持续发展;二是财政本身的运行也应当具有可持续性,能够有效地防止和控制财政风险。

从目前中央与地方的财政收入增长态势和事权划分趋势来看,中央财政的风险相对较小,其可持续发展应该没有疑义。最值得担心的是一些地区的基层财政风险和可持续性问题,要密切关注地方财政风险,加大对地方财政风险的控制力度,避免这种风险逐年累积并向上蔓延,对整个的财政可持续性造成不利影响。

1. 因地制宜地进行地方财政管理体制的创新

在当前我国五级政府格局暂时不可能调整的情况下,许多地方对当地的财政管理体制进行了制度创新,实行"乡财县管"和"省直管县"的新型财政管理体制。比如安徽省在"预算管理权、资金所有权、财务审批权"三权不变的基础上,对乡镇实行"预算共编、账户统设、集中收付、采购统办、票据统管",由县财政直接管理和监督乡镇财政收支;省财政在体制补助(上解)、税收返还、转移支付、财政结算、专项补助、资金调度、工作部署及联系等方面直接到县,在体制上实行"省直管县"。这两种做法适用于地方财政相对困难的地方,却不一定适合地方财政运转良好的地方。在这些财政状况良好的地方,有比较充足的财力可用,实行"乡财县管"和"省直管县",会在一定程度上挫伤地方积极开辟财源的主动性,同时也可能带来财政管理效率的损失。因此,创新地方财政管理体制时必须从实际出发,因地制宜,不可搞"一刀切"。

2. 加大对地方财政的转移支付力度

在当前健全地方税体系尚无明显进展的情况下,增加对地方财政的转移支付无疑是满足地方事权的财力需要的重要手段。因此,一是以一般转移支付为主,以专项转移支付为辅,中央财政应增加对地方财政的转移支付;二是完善省以下转移支付制度,增加省级财政对县乡财政的转移支付,合理确定省以下的财力分配。通过这些转移支付,满足地方行使事权的财力需要,保证经济不发达地区的居民可以享受到基础教育、基本公共卫生服务等基本的公共服务,并激励地方财政开源节流,提高财政管理水平。

3. 建立健全地方债务统计体系和信息披露制度

债务统计可以遵循先易后难的原则,先从显性债务入手,在此基础上,逐步开展对隐性债务(包括直接隐性债务和或有隐性债务)的汇总统计工作。另外,应适时披露政府债务情况,可根据实际需要,采取下级政府对上级政府的披露、政府对立法机关的披露和政府向社会披露这三种形式,以增加财政透明度。

4. 建立政府债务的偿债储备基金制度

地方财政可以根据直接显性债务和可以量化的或有债务的规模,建立一定的政府债务偿债储备基金,专用于政府债务的清偿。其偿债基金的来源可以是:①可参照总预备费的提取办法在财政预算中按一定比例提取;②年度内尚未动用的总预备费;③偿债储备基金的投资收益;④公产清理的收益;⑤土地出让金;等等。

5. 建立政府债务风险预警指标

根据各地实现情况,利用 GDP、财政可支配收入、新增债务、债务余额、逾期债务余额等指标,建立债务风险预警指标,从流动性、清偿能力等方面反映地方财政风险,为控制财政风险提供合理的决策依据。

6. 有条件地允许地方政府举债

我国的《预算法》和《担保法》都为地方政府不得负债提供了法律依据，但事实上，无论哪一级地方政府，都不同程度上存在着负债行为，或明或暗地通过各种渠道规避了现行法律对地方政府负债的约束，由此产生的财政风险不断积累。因此，面对当前地方政府负债的事实，不是该不该禁止地方政府负债的问题，而是如何让地方政府合法、适度地负债。因此，通过修改有关法律，有条件地赋予地方政府一定的举债权，让"暗债"变"明债"，有利于对地方债务的有效管理，这也是完善分税制体制下满足地方政府拥有合理财权的必要措施。

财税改革与发展大事记

1949 年

10 月 1 日 中华人民共和国成立。在成立中央人民政府的同时,成立了中央人民政府财政部。财政部隶属于中央人民政府政务院的领导及政务院财政经济委员会(简称中财委)的指导,主管全国财政事宜。

11 月 24 日 财政部召开第一次全国税务会议,会议拟定《全国税政实施要则》。

12 月 2 日 中央人民政府委员会举行第四次会议,听取了《关于1950年财政收支概算的报告》,并通过了《关于发行人民胜利折实公债的决定》,决定于1950年度发行一批折实公债,分5年偿还。

1950 年

1 月 27 日 政务院第十二次及第十七次政务会议审查通过了《全国税政实施要则》、《全国各级税务机关暂行组织规程》、《工商业税暂行条例》和《货物税暂行条例》。

1 月 31 日 政务院发布《关于统一全国税政的决定》等文件。

3 月 3 日 政务院第二十二次会议通过并发布《关于统一国家财政经济工作的决定》、《公营企业缴纳工商业税暂行办法》和《中央金库条例》。

3 月 17 日 财政部发出《关于公营企业缴纳工商业税的通知》。

3 月 24 日 政务院通过《关于统一管理1950年度财政收支的决定》。

4 月 13 日 中央人民政府委员会第七次会议听取了《关于财政状况和粮食状况的报告》,报告指出:国家财政状况已有好转,收支接近平衡,物价趋于稳定。

5 月 27 日 财政部召开第二次全国税务会议。会议决定对部分货物税的品目进行简化合并，对部分税率进行调整。

5月30日 政务院发布新解放区夏粮征收的决定。

9月5日 中央人民政府委员会第九次会议通过并发布《新解放区农业税暂行条例》。

10月27日 财政部召开全国预算、会计、金库制度会议。

11月2日 中财委发出《冻结现金、稳定物价措施的指示》。

11月15日 中财委召开全国财政会议，研究朝鲜战争爆发后财政工作的方针。

1951 年

1月16日 政务院发布《特种消费行为税暂行条例》。

2月 中财委召开财政会议，讨论划分财政收支系统的问题。

3月中旬 财政部召开全国城市财政会议，草拟了《关于进一步整理城市地方财政的决定》，经政务院于3月31日公布实行。

4月6日 中财委发布《1951年度国营企业财务收支计划暂行办法》、《1951年度国营企业提缴折旧基金暂行办法》和《1951年度国营企业提缴利润暂行办法》。

6月23日 政务院发出《关于1951年农业税工作的指示》。

7月8日 政务院发出《关于追加农业税征收概算的方针》。

8月31日 中共中央发布《关于农业税必须贯彻查田定产依率计征的指示》。

9月20日 政务院公布《车船使用牌照税暂行条例》。

1952 年

1月15日 中财委发布《国营企业提用企业奖励基金暂行办法》。

5月21日 中财委召开全国财政会议，提出"边打、边稳、边建"的财政收支方针。

8月6日 中央人民政府委员会第十六次会议听取并批准了《关于1951年度国家预算执行情况及1952年度国家预算草案编成的报告》。

11月2日 财政部召开第四次全国税务会议。

12月31日 中财委发布了《关于税制若干修正及实行日期的通告》和《商品流通税试行办法》。

1953 年

2月12日 中央人民政府委员会第二十三次会议通过了《关于1953年国家预算的报告》。

6~8月 中共中央召开全国财政经济工作会议,着重讨论了贯彻执行过渡时期总路线的问题,提出了我国第一个五年建设计划。

8月28日 中共中央发出《关于增加生产、增加收入、厉行节约、紧缩开支、平衡国家预算的紧急通知》。

10月16日 中共中央通过了《关于实行粮食的计划收购与计划供应的决议》。

12月9日 中央人民政府委员会第二十九次会议通过了《1954年国家经济建设公债条例》。

1954 年

1月13日 邓小平在全国财政厅局长会议上提出著名的财政工作"六条方针"。

6月26日 中央人民政府委员会第三十一次会议通过了《关于1954年国家预算草案的报告》。

9月2日 政务院第二二三次政务会议,通过并发布《公私合营工业企业暂行条例》。

9月4日 政务院第二二四次政务会议,通过《关于设立中国人民建设银行的决定》。

9月23日 国务院总理周恩来在第一届全国人大第一次会议上作《政府工作报告》,指出,五年以来,国家的财政状况有了明显变化,实现了收支平衡。

10月1日 中国人民建设银行正式成立。

1955 年

6月24日 国务院发布《关于节省中央级国家机关、党派、团体行政经费的几项规定》和《关于1955年下半年在基本建设中如何贯彻节约方针的指示》,要求各部门、各地区在1955年削减基本建设投资和费用总数的

15%左右。

7月8日 第一届全国人民代表大会第二次会议听取并通过了《关于1954年国家决算和1955年国家预算的报告》。此次会议还通过并公布了发展国民经济的第一个五年计划。

8月15日 财政部召开第五次全国农业税工作会议。

8月31日 国务院发布了《关于国家机关工作人员全部实行工资制和改行货币工资制的命令》，自1955年7月起，将一部分工作人员所实行的包干制待遇改为工资制待遇。

12月9日 财政部发布了《各级国家机关单位预算会计制度》和《地方财政机关总预算会计制度》。

1956年

2月3日 国务院发布《基本建设拨款暂行条例草案》。

5月3日 第一届全国人大常委会第三十五次会议通过了《文化娱乐税条例》。

6月15日 第一届全国人大第三次会议审查并通过了《关于1955年国家决算和1956年国家预算的报告》。

6月16日 国务院第三十二次全体会议通过了《关于工资改革的决定》。

9月15日 中国共产党第八次全国代表大会召开，周恩来作《关于发展国民经济的第二个五年计划的建议的报告》，其中涉及财政问题。

11月10日 周恩来在八届二中全会上，作《1957年度国民经济发展计划和财政预算控制数字的报告》，1957年的计划应该按照"保证重点，适当压缩"的方针。

12月17日 财政部发布《关于农林工商税收的暂行规定》。

1957年

2月21日 全国财政厅局长会议召开，提出坚持预算、信贷和物资三者的平衡及其相互平衡，为第二个五年计划打下基础。

2月25日至3月9日 全国税务局长会议召开，提出以简化税制、调整税利比例为目标的税制改革。

11月6日 第一届全国人大常委会第八十三次会议通过《1958年国家经济建设公债条例》。

11月14日 第一届全国人大第八十四次会议原则批准国务院《关于改进工业管理体制的规定》、《关于改进商业管理体制的规定》和《关于改进财政管理体制的规定》，扩大了地方的经济权限。

12月13日 根据国务院《关于改进财政管理体制的规定》，财政部发出《关于1958年对地方财政划分收入的几项规定的通知》，将地方财政收入划分为地方固定收入、国营企业分成收入、调剂分成收入三种。

1958年

3月3日 财政部、中国人民银行总行发出联合通知，决定将中央各工业部门所属企业的定额流动资金改为70%由财政拨款，30%由银行贷款。

3月8~26日 中共中央召开成都会议，讨论了计划、工业、基本建设、物资、财政、物价、商业、教育等方面的管理体制改革问题。重点是向地方分权，把管理权下放给地方。

4月2日 中共中央颁布《关于发行地方公债的决定》。

4月5日 中共中央颁布《关于协作和平衡的几项决定》，逐步实行"双轨"计划体制，以便处理好"条条"与"块块"之间的矛盾。放松了对于限额以上基本建设项目的审查管理。

4月11日 国务院发出《关于地方财政收支范围、收入项目和分成比例改为基本上固定五年不变的通知》，取消了原定基本上三年不变的规定。

5月22日 国务院发出《关于实行企业利润留成制度的几项规定》。

5月29日 国务院决定从1959年起，停止发行国家经济建设公债。

6月2日 中共中央作出《关于企业、事业单位和技术力量下放的规定》。

6月3日 第一届全国人大常委会第九十六次会议通过《中华人民共和国农业税条例》。

6月9日 国务院发布《关于改进税收管理体制的规定》。

6月13日 国务院发布《民族自治地方财政管理暂行办法》。

7月5日 国务院发布《关于改进基本建设财务管理制度的几项规定》。

7月 财政部发出通知，废止《国营工业企业统一成本计划规程》等六个工业会计制度。

9月13日 国务院发布试行《工商统一税条例（草案）》，将货物税、商品流通税、营业税、印花税合并简化为工商统一税。

9月24日 国务院发布《关于市场物价分级管理的规定》、《关于改进计划管理体制的规定》、《关于进一步改进财政管理体制和改进银行信贷管理体制的几项规定（草案）》。

10月15日 全国财贸工作会议召开，提出机构下放、计划统一、财政包干的办法，实行"两放、三统、一包"。

1959 年

2月3日 国务院批转财政部、中国人民银行总行《关于国营企业流动资金改由人民银行统一管理的补充规定》。

4月28日 财政部发布《关于基本建设拨款限额管理的几项规定》和《关于基建拨款会计工作的若干规定》。

6月25日 财政部、农业部发出《关于农村人民公社财务由农业部统一管理的联合通知》。

7月31日 中共中央做出《关于当前财政金融工作方面的几项决定》，要求划清基本建设资金和流动资金的界限。

8月17日 财政部发出《关于国营企业会计核算工作的若干规定》。

1960 年

1月14日 国务院发布《关于加强综合财政计划工作的决定》。

12月20日 中共中央发出《关于冻结、清理机关团体在银行的存款和企业专项存款的指示》。

1961 年

1月15日 中共中央批转财政部《关于改进财政体制加强财政管理的报告》，指出国家财政应当基本上集中在中央、大区和省、自治区、直辖市三级。

1月20日 中共中央发布《关于调整财政管理体制的若干暂行规定》，强调集中统一，将1958年以来下放不适当的人权、财权、商权和工权一律收回。

1月23日 中共中央批转财政部《关于调低企业利润留成比例加强企业利润留成管理的报告》，将国有企业留成资金占企业利润的比例，由原来的平均13.2%下调到6.9%。

5月17日 国务院批转财政部、中国人民银行总行《关于改进国营企业流动资金供应办法的报告》，规定除了超定额流动资金仍由银行放款外，定额流动资金改为大部分由财政部门通过企业主管部门拨款，小部分由银行放款的办法。

11月17日 国务院发布试行《国营企业会计核算工作规程（草案）》，要求纠正过去发生的账目不实、家底不清、责任不明、以表代账、无账会计等。

1962 年

1月6日 财政部、中国人民银行总行发出《关于取消国有工业、交通企业银行定额信贷的通知》。

1月11日 中共中央在北京召开扩大工作会议（七千人大会），初步总结"大跃进"中的经验教训。

2月28日 中共中央发出《关于迅速充实银行、财政和企业事业部门的计划、统计、财务、会计、信贷、税务人员的紧急通知》。

3月10日 中共中央、国务院发出《关于切实加强银行工作的集中统一，严格控制货币发行的规定》，强调要把货币发行权真正集中于中央，并做出加强信贷管理等六条。

4月21日 中共中央、国务院做出《关于严格控制财政管理的决定》，要求切实扭转企业大量赔钱的情况。

6月28日 国务院发出《国营企业销售收入和扣款顺序的暂行规定》，银行扣款顺序为：税收、贷款、货款、应上缴国家财政的利润。

11月19日 国家计委、财政部发出《关于1963年国营企业若干费用划分的规定》，对四项费用、大修理基金、新建、改建企业开工生产准备费等的资金来源和使用范围作了规定。

12月20日 国家计委、财政部发出《关于64个大中城市的房地产税划给市财政用于城市建设和维护费用的通知》。

1963 年

1月2日 中共中央批转国务院财贸办公室《关于1963年财政、信贷、外汇、市场平衡问题向中央汇报的提纲》，提出实现三大平衡的措施。

3月19日 中共中央、国务院决定提高粮食的销售价格和棉花的收购价格，减少国家财政补贴。

4月29日 国务院发布《关于调整工商所得税负担和改进征收办法的试行规定》，改变个体经济税负轻于集体经济的有关规定，以限制个体经济，支持集体经济。

12月14日 国务院批转财政部、民族事务委员会《关于改进民族自治地方财政管理的规定（草案）》，对民族自治地方财政作特殊照顾。

1964 年

3月25日 国务院发出《关于加强企业流动资金管理，积极处理积压物资，减少资金占用，认真核定资金定额的指示》。

3月28日 财政部发布《中央国营企业财政驻厂员工作试行办法（草案）》。《办法》规定了中央国营企业财政驻厂员的职责、配备办法、同企业的关系等。

8月17日 中共中央和国务院决定在工业、交通部门分行业试办托拉斯。这是中国工业管理体制改革的重要尝试，后因"文化大革命"而中断。

11月12日 国家经委、财政部、中国人民银行联合发出《关于举办国营工业企业小型技术组织措施贷款的通知》，对贷款条件、贷款限额、审批手续以及归还贷款的资金来源等都作了明确规定。

1965 年

3月22日 国务院批转财政部《关于改革基本建设财务拨款制度的报告》，决定简化拨款手续。

3月25日 中共中央、国务院发出《关于处理1961年以前农村四项欠款问题的通知》。《通知》规定农村社队1961年以前欠国家的赊销款、预付款、预购定金和农业贷款，未归还的部分，一律豁免。

5月9日 中共中央批准国家建委《关于调整1965年基本建设计划的报告》和财政部《关于调整1965年国家预算的报告》。决定压缩非生产性开支和非生产性建设，控制基建规模。

1966 年

1月8日 财政部税务总局在全国铁道、粮食系统试行新的国营企业工商税办法,并在旅大市的国营企业中进行试点。

3月9日 财政部、商业部联合发出《"商业部系统企业财务管理若干问题的规定"并核定1966年利润留成额的通知》。

7月17日 财政部发布《1967年固定资产更新和技术改造资金的管理办法和分配计划(草案)》。决定把三项费用、固定资产更新和基建中属简单再生产性质投资合并为一个渠道,并实行基本折旧基金抵留的办法。

12月31日 财政部发出《关于撤销财政驻厂员有关问题的通知》。明确取消对中央国营企业的驻厂员制度。

1967 年

7月1日 中共中央、国务院、中央军委、中央文革发布《关于对财政部实行军事管制的决定》。

8月20日 中共中央、国务院、中央军委、中央文革发布《关于进一步实行节约闹革命,控制"社会集团购买力"和加强资金、物资和物价管理的若干规定》。

1968 年

1月18日 中共中央、国务院、中央军委、中央文革联合发出《关于进一步打击反革命经济主义和投机倒把活动的通知》。

2月18日 中共中央、国务院、中央军委、中央文革联合发出《关于进一步实行节约闹革命,坚决节约开支的紧急通知》,规定了组织收入、节约开支的十一项措施。

9月27日 财政部军管会发出《关于改革财政报表的通知》,决定取消、简化80%以上的财政报表。

1969 年

5月23日 财政部军管会发出《关于在八省、市进行下放工商税收管理权限试点的通知》。

6月 财政部军管会在天津市召开全国税制改革座谈会,推广天津市实行综合税的经验。

1970年

4月13日 国务院批准财政部军管会《关于下放工商税收管理权的报告》。扩大了地方减税、免税的批准权和部分管理权。

5月29日 中共中央发出《关于开展增产节约运动的指示》。

6月11日 国务院同意财政部军管会和人民银行军代表《关于加强基建拨款工作,改革建设银行机构的报告》,决定把建设银行并入人民银行。基建拨款由财政部门确定计划指标,其他业务由人民银行办理。

7月25日至8月22日 财政部召开全国财政银行工作座谈会,重点讨论财政银行的改革问题。

12月30日 财政部发出《关于国营企业行业税扩大试点的函》。

1971年

3月1日 财政部发出《关于实行财政收支包干的通知》,决定从1971年起实行"定收定支、收支包干,保证上缴(或差额补贴)、结余留用,一年一定"的财政管理体制。

8月14日 国务院决定提高部分农副产品收购价,降低部分支农产品、机械产品的出厂价和销售价。

11月 财政部发出《关于扩大工商税试点的通知》。这次工商税制改革主要是合并税种,简化税目和税率。

1972年

3月30日 国务院批转财政部《关于扩大改革工商税制试点的报告》和《中华人民共和国工商税收条例(草案)》。

4月18日 国务院决定试行国家计委、财政部《关于加强基本建设管理的几项意见》,要求把所有基本建设都纳入计划。

6月9日 国务院发出《关于加强工资基金管理的通知》。《通知》规定,凡未经批准超计划招收职工以及违反国家政策和规定增加工资的,银行有权拒绝支付。

1973 年

6月29日 财政部发布《中国人民建设银行短期放款办法》。

7月24日 国务院决定提高大麻、淡水鱼、海味等商品收购价格，调整部分工业品销售价格。

11月16日 国务院、中央军委发出《关于严格控制社会集团购买力，制止年终突击花钱的通知》。

11月26日 财政部发出《关于改进财政管理体制的意见（征求意见稿）》，决定从1974年起全国普遍试行"收入按固定比例留成，超收另定分成比例，支出按指标包干"的办法。

1974 年

3月28日 农林部、轻工部、财政部、一机部、商业部联合发布《关于农机产品价格补贴的暂行规定》。

9月30日 国务院批准国家计委关于外汇收支平衡问题的报告，决定采取若干措施，实现外汇收支平衡。

1975 年

6月16日至8月11日 国务院召开计划工作务虚会，研究经济工作的路线、方针和政策问题。在财政体制上，推行收支挂钩、总额分成的办法。大中型企业的折旧基金，中央集中20%~30%。

10月26日至1976年1月23日 召开全国计划会议，讨论发展国民经济的十年规划和1976年计划。会议决定对固定资产折旧费实行企业留40%，地方和部门调剂使用30%，国家财政集中30%的办法。

12月7日 财政部提出《关于扭转企业亏损的意见》，发给全国计划会议。财政部提出要重视扭亏增盈工作，控制亏损补贴范围，制定规划，加强管理，限期扭亏。

1976 年

3 月 3 日 财政部通知各省、自治区、直辖市，从 1976 年起试行"定收定支挂钩，总额分成，一年一变"的财政体制。

10 月 28 日 中共中央发出《关于冻结各单位存款的紧急通知》。为了防止财政赤字扩大，控制市场货币流通量增加，缓和市场供应，中央决定，从 1976 年 10 月 31 日开始冻结各机关、团体、学校、企业、事业单位的存款。

11 月 11 日 江苏省财政、物资管理体制改革问题讨论会在北京召开。会议商定，江苏省的财政体制，从 1977 年开始试行比例包干的办法。上缴 58%，留成 42%。1978~1980 年上缴 57%，留成 43%。

1977 年

11 月 13 日 国务院批转财政部《关于税收管理体制的请示报告》，提出税收政策的改变，税法的颁布和实施，税种的开征和停征，税目的增减和税率的调整，都属于中央管理权限，一律由国务院统一规定。

12 月 8 日 国家计委、财政部、商业部、供销合作总社发布《社会集团购买力管理办法》，规定对社会集团购买力采取计划管理、限额控制、凭证购买、定点供应、专用发票和对某些商品实行专项审批的办法。

12 月 31 日 国务院决定中国人民银行总行作为国务院部委一级单位，与财政部分设。财政部、中国人民银行总行于 1978 年 1 月 1 日起分开办公。

1978 年

2 月 17 日 财政部发出《关于试行"增收分成，收支挂钩"财政体制的通知》。

4 月 14 日 财政部向中共中央提出《关于基本建设投资效果问题的报告》，建议合理安排建设布局，整顿基本建设管理，建立严格的经济责任制。

12 月 20 日 国务院批转财政部《关于国营企业试行企业基金的规定》。

1979 年

自 3 月 1 日起 国家提高粮食、棉花、油料、生猪等 18 种农副产品价格。

4 月 5~28 日 中央工作会议提出，对国民经济实行"调整、改革、整顿、提高"的方针。

7 月 13 日 国务院发布《关于试行"收支挂钩、全额分成、比例包干、三年不变"财政管理办法的若干规定》，从 1980 年起在各省、市试行。

同日 国务院发布《关于国营企业实行利润留成的规定》。

1979 年度 国务院批转财政部、国家计委、建设银行《关于基本建设投资试行贷款办法报告》及《基本建设试行条例》。

1980 年

2 月 1 日 国务院发布《关于实行"划分收支、分级包干"财政管理体制的暂行规定》。

6 月 26 日 财政部、国家经委发布《关于征收国营工业、交通企业固定资金占用费的暂行办法》。

9 月 10 日 第五届全国人民代表大会第三次会议通过，并颁布《中华人民共和国中外合资经营企业所得税法》、《中华人民共和国个人所得税法》。

11 月 18 日 国务院批转国家计委、国家建委、财政部、中国人民建设银行《关于基本建设拨款改贷款的报告》，决定从 1981 年起，凡是实行独立核算、有还款能力的企业，都实行基本建设投资拨款改贷款的制度。

1981 年

1 月 16 日 国务院会议通过《中华人民共和国国库券条例》。同年，开始发行国库券。

1981~1983 年 中央财政向地方财政借款。

3 月 10 日 财政部发布《关于国营工业企业试行以税代利的几项规定》，把试点企业原来向国家缴纳的利润，改为征收资源税、收入调节税、所得税、固定资金占用费和流动资金占用费。

9月5日 国务院批转财政部《关于改革工商税制的设想》，提出把现行工商税制分为产品税、增值税、营业税和盐税四种；开征资源税、利润调节税；对国营企业征收所得税；健全涉外税种等设想。

12月13日 第五届全国人民代表大会第四次会议通过《中华人民共和国外国企业所得税法》，自1992年1月1日起执行。

1982 年

4月 国务院批转财政部《关于征收烧油特别税的规定》。

9月1日 中共十二大提出，五年内争取实现国家财政经济状况根本好转。

12月1日 中共中央、国务院发布《关于征集国家能源交通重点建设基金的通知》，1982年12月10日，中共中央、国务院发布《国家能源交通重点建设基金征集办法》，从1983年起执行。

1983 年

2月28日 财政部发布《预算外资金管理试行办法》。

4月24日 国务院批转财政部《关于国营企业利改税试行办法》，于1983年、1984年实行第一步、第二步利改税。

6月25日 国务院批转人民银行《关于国营企业流动资金改由人民银行统一管理的办法》。

9月1日 国务院发布《建筑税征收暂行办法》，同年10月1日起施行。

1984 年

3月5日 国务院发布《国有企业成本管理条例》。

4月26日 国务院发布《国营企业固定资产折旧试行条例》。

6月28日 国务院发布《国营企业奖金税暂行规定》。

9月18日 国务院发布产品税、增值税、盐税、营业税、资源税、所得税条例和国营企业调节税征税办法。

11月15日 国务院发布4个经济特区及沿海14个港口城市涉外税收的有关优惠规定。

12月14日 国家计委、财政部、中国人民银行联合下达《关于国家预算内基本建设投资全部由拨款改为贷款的暂行规定》。

1985 年

2月5日 国务院发布《中华人民共和国城市维护建设税暂行条例》,同年开始征收。

2月28日 国务院发布《中华人民共和国进出口关税条例》及《中华人民共和国海关进出口税则》,自1985年3月10日起施行。

3月21日 国务院发出《关于核定收支、分级包干财政管理体制的通知》。

4月11日 国务院发布《中华人民共和国集体企业所得税暂行条例》。

4月24日 国务院批转财政部《关于农业税改为按粮食"倒三七"比例折征代金问题的请示》报告,将农业税以征收粮食为主,从1985年改折征代金,折征代金统一按粮食"倒三七"比例收购价(30%按统购原价、70%按超购加价)计算。

7月3日 国务院修订发布《国营企业奖金税暂行规定》,并规定从1995年起执行。

同日 国务院发布《国营企业工资调节税暂行规定》,从1985年起执行。

8月24日 国务院发布《集体企业奖金税暂行规定》,从1985年起执行。

9月20日 国务院发布《事业单位奖金税》,从1985年起执行。

自1985年起 原由国家集中的企业折旧基金30%不再上缴中央财政,由主管部门、地区集中调剂使用,并免缴"能源交通税建设"基金。

1986 年

1月7日 国务院发布《中华人民共和国城乡个体工商户所得税暂行条例》。

1月17日 财政部发布《关于国家批准的政策性价格补贴支出预算管理问题的规定》。

3月10日 财政部作出《关于国营工业企业试行以税代利的几项规定》。

7月30日 国务院发布《中华人民共和国注册会计师条例》。

9月25日 国务院发布《中华人民共和国个人收入调节税暂行条例》,从1987年1月1日起施行。

9月 国务院发布《中华人民共和国房产税暂行条例》,从1986年10月1日起实施。

10月11日 国务院发布《关于鼓励外商投资的规定》。

1987 年

4月1日 国务院发布《中华人民共和国耕地占用税暂行条例》。

1988 年

1月13日 财政部发出《关于对中央事业行政单位预算外资金试行财政专户储存的通知》。

4月6日 在上海等地开放国库券市场试点。

8月 国家决定设立国有资产管理局,由财政部归口管理。

9月22日 国务院发布《中华人民共和国宴席税暂行条例》。

9月27日 国务院发布《中华人民共和国城镇土地使用税暂行条例》,从1988年11月1日起施行。

1989 年

2月17日 国务院发布《国家预算调节基金征集办法》,从1989年1月1日起征集国家预算调节基金。

2月和4月 国家税务总局先后发出《关于对彩色电视机征收特别消费税的通知》、《关于对小轿车征收特别消费税有关问题的规定》。

1990 年

1990年底 国家国有资产管理局、财政部、国家工商管理局联合发布《国有资产产权登记办法》。

1991 年

1991 年度 国务院发布《国有资产评估办法》。

4 月 6 日 国务院发布《中华人民共和国固定资产投资方向调节税暂行条例》自 1991 年起施行。1987 年 6 月 25 日国务院发布的《中华人民共和国建筑税暂行条例》同时废止。

4 月 9 日 第七届全国人民代表大会第四次会议通过《中华人民共和国外商投资企业和外国企业所得税法》,自 1991 年 7 月 1 日起施行。《中华人民共和国中外合资经营企业所得税法》、《中华人民共和国外国企业所得税法》同时废止。

1992 年

自 1992 年起 国家预算按复式预算编制。

3 月 18 日 国务院修订发布《中华人民共和国进出口关税条例》。

9 月 4 日 第七届全国人民代表大会常务委员会第二十七次会议通过《中华人民共和国税收征收管理法》。

11 月 30 日 经国务院批准,财政部颁布《企业财务通则》、《企业会计准则》,随后相继颁布分行业的《企业财务会计制度》,从 1993 年 7 月 1 日起实施。

12 月 14 日 国务院关税税则委员会决定,从 1992 年 12 月 31 日起降低 3000 多个税目商品的进口关税税率。

1993 年

7 月 2 日 第八届全国人民代表大会常务委员会第二次会议通过《中华人民共和国农业法》。

8 月 4 日 国务院公布《中华人民共和国税收征收管理法实施细则》。

10 月 31 日 第八届全国人民代表大会常务委员会第四次会议通过《关于修改〈中华人民共和国个人所得税法〉的决定》。

12 月 13 日 国务院发布《中华人民共和国增值税暂行条例》、《中华人民共和国消费税暂行条例》、《中华人民共和国营业税暂行条例》。

同日 国务院发布《中华人民共和国企业所得税暂行条例》。

12月15日　国务院发布《关于实行分税制财政管理体制的决定》，从1994年1月1日起施行。

12月　国务院发布《中华人民共和国土地增值税暂行条例》。

12月29日　第八届全国人民代表大会常务委员会第五次会议修订、发布《中华人民共和国会计法》。

同日　第八届全国人民代表大会常务委员会第五次会议通过《关于外商投资企业和外国企业适用增值税、消费税、营业税等税收暂行条例》的决定，自公布之日起施行。

1994 年

1月23日　国务院发出《关于取消集市交易税、牲畜交易税、烧油特别税、奖金税、工资调节税和将屠宰税、宴席税下放给地方管理的通知》。

1月28日　国务院发布《中华人民共和国个人所得税法实施条例》。

1月30日　国务院颁布《关于农业特产收入征收农业税的规定》。

3月22日　第八届全国人民代表大会第二次会议通过《中华人民共和国预算法》。

1995 年

3月　第八届全国人民代表大会第三次会议通过《中华人民共和国教育法》。

12月26日　国务院发出《关于改革和调整进口税收政策的通知》。

1996 年

7月16日　国务院发布《关于加强预算外资金管理的规定》，从1996年起，将养路费等13项数额较大的政府性基金（收费）纳入预算管理。

1997 年

1月23日　国务院办公厅转发《国家税务总局关于深化税收征管改革的方案》。

7月7日　国务院发布《中华人民共和国契税暂行条例》，自1997年

10月1日起施行，1950年4月30日中央人民政府政务院发布的《契税暂行条例》同时废止。

7月16日 国务院发布《关于建立统一的企业职工基本养老保险制度的决定》。

7月28日 财政部发出《关于贯彻〈中共中央、国务院关于治理向企业乱收费、乱罚款和各种摊派等问题的决定〉的通知》。

9月2日 国务院发布《关于在全国建立城市居民最低生活保障制度的通知》。

12月23日 财政部、国家计委发出《关于取消第一批行政事业性收费项目的通知》。

12月29日 国务院发出《关于进口设备税收政策的通知》。

1998年

1月27日 财政部、劳动部、中国人民银行、国家税务总局联合发布《企业职工基本养老保险基金试行收支两条线管理暂行规定》。

1999年

8月30日 第九届全国人民代表大会常务委员会第十一次会议通过《关于修改〈中华人民共和国个人所得税法〉的决定》（第二次修正），对储蓄存款利息所得征收个人所得税。

9月30日 国务院发布《对储蓄存款利息所得征收个人所得税的实施办法》，自1999年11月1日起施行。

2000年

自2000年起 所有中央一级预算单位试编部门预算。

自2000年起 国库集中收付制度改革开始起步，拟定改革方案并组织试点。

3月 中共中央、国务院发出《关于进行农村税费改革试点工作的通知》，决定在安徽省先行试点。

5月25日 财政部、国家计委对涉及交通和车辆行政事业性收费、政府性基金和政府性集资项目进行清理，公布取消涉及交通和车辆收费项目。本批取消的收费项目包括各省、自治区、直辖市人民政府及其所属部门出台的、已不适应目前经济发展要求、应当停止执行的收费项目以及省级以下人民政府及其所属部门越权设立的收费项目，共计 238 项。

7月4日　财政部、国家计委和农业部联合发出通知，取消农村税费改革试点地区有关涉及农民负担的收费项目。

8月25日　经第九届全国人民代表大会第十七次会议批准，调整中央预算，增发国债 600 亿元人民币。

10月22日　国务院颁布《中华人民共和国车辆购置税暂行条例》，从 2001 年 1 月 1 日起施行。

2001 年

1月11日　中共中央、国务院发布《关于做好 2001 年农业和农村工作的意见》。

3月16日　财政部、中国人民银行发布《关于财政国库管理制度改革试点方案的通知》。

6月1日　财政部、国家税务总局发布《调整农村税费改革试点地区农业特产税若干政策》。

6月12日　国务院发布《坚持国有股筹集社会保障资金管理暂行办法》。

11月26日　国务院发布《中华人民共和国反倾销条例》和《中华人民共和国反补贴条例》。

12月30日　财政部、国家税务总局发布《西部大开发税收优惠政策》。

2002 年

1月17日　财政部、中国人民银行联合发出通知，决定自 2002 年 1 月 1 日起，将公安等部门的各项收费（不含所属高校、中专的院校收费）收入全部纳入预算管理，上缴国库。

3月21日　财政部、国家税务总局发布《关于将原国有企业和集体企业欠缴"两金"余额转作增加国家资本金处理的通知》。

4月27日　全国财政国库工作会议召开，明确 2002 年财政部进一步深化和完善财政国库管理制度改革，增加新的国库支付管理制度改革试点部门，并结合"收支两条线"管理改革，选择部分中央单位进行预算外资金收入收缴管理改革试点。

5月20日 财政部发出通知公布 31 项保留的政府性基金项目,其中,26 项基金属法律、国家行政法规、党中央和国务院文件以及财政部会同有关部门批准设立,且明确规定征收对象、征收范围和征收标准的政府性基金;5 项基金计划用燃油税或农业税取代,但在尚未实施相关税费改革之前,暂时予以保留。

6月29日 《中华人民共和国政府采购法》公布,自 2003 年 1 月 1 日起施行。

12月26日 国务院发出《批准财政部〈关于完善省以下财政管理体制有关问题意见〉的通知》。

2003 年

6月11日 财政部、国家税务总局发出通知,要求实施农村税费改革试点的地区按照国务院统一部署,逐步取消农业特产税。

2004 年

1月1日 经国务院批准,从 2004 年 1 月 1 日起,我国进一步降低关税,进口关税总水平由 11% 下降到 10.4%。这是我国自 2001 年 12 月加入世界贸易组织以来第三次降低关税,是我国履行加入世界贸易组织承诺的又一重要步骤。

4月14日 经国务院批准,财政部、农业部、国家税务总局联合下发《关于 2004 年降低农业税税率和在部分粮食主产区进行免征农业税改革试点有关问题的通知》。

6月1日 继 2002 年 10 月和 2003 年 2 月国务院分两批取消和调整行政审批项目后,国务院决定,第三批再取消和调整 495 项行政审批项目,其中取消涉税行政审批项目 44 项。

8月25日 财政部、中国人民银行、中国银行业监督管理委员会联合发出《加强国有商业银行不良贷款剥离过程中责任追究工作的通知》。

2005 年

自1月1日起 我国将进一步降低进口关税,关税总水平将由 10.4% 降低至 9.9%,降税涉及的税目共 900 多个。

11月1日 全国36个省、自治区、直辖市和计划单列市全部实施国库集中收付制度改革。

12月27日 财政部会计准则委员会暨中国注册会计师协会审计准则委员会全体会议在北京举行。我国企业会计准则和审计准则体系建设基本完成。

2006 年

3月12日 国务院批准政府收支分类改革定于2007年全面实施。

4月1日 经国务院批准，财政部、国家税务总局联合下发通知对我国现行消费税的税目、税率及相关政策进行调整。

11月6日 国家税务总局下发《个人所得税自行纳税申报办法（试行）》。

11月27日 财政部、国家税务总局联合发布《关于印花税若干政策的通知》。

12月4日 财政部对《企业财务通则》进行修订，自2007年1月1日起施行。

12月21日 财政部下发《关于将中央单位土地收益纳入预算管理的通知》。

12月29日 《中华人民共和国车船税暂行条例》颁布。

2006年12月至2007年10月 财政部在全国范围内组织开展了行政事业单位资产清查工作。截至2006年12月31日，全国行政事业单位国有资产总额达到8.01万亿元，其中净资产总额达到5.31万亿元，占国有净资产总额的35.14%。

2007 年

自1月1日起 我国财政预算开始实行新的政府收支分类科目，这是新中国成立以来我国财政收支分类统计体系最为重大的一次调整。

1月10日 财政部印发《中央单位政府集中采购管理实施办法》。

1月18日 劳动和社会保障部、财政部下发了《关于推进企业职工基本养老保险省级统筹有关问题的通知》。

3月16日 第十届全国人民代表大会第五次会议通过《中华人民共和国企业所得税法》，自2008年1月1日起施行。

5月11日 财政部、国家税务总局印发《中部地区扩大增值税抵扣范围暂行办法》。

5月21日 财政部发布《关于深化地方国库集中收付制度改革的指导意见》。

5月 财政部、中国人民银行联合召开了全国公务卡应用推广工作会议,并于6月印发了《中央预算单位公务卡管理暂行办法》。

截至2007年6月20日,中央财政向中西部19个及东部4个共23个省(区、市)拨付新型农村合作医疗补助资金93.96亿元,以实现全国新型农村合作医疗覆盖面达到80%的目标。

6月20日 财政部、国家税务总局商民政部和中国残疾人联合会发布了《关于促进残疾人就业税收优惠政策的通知》,规定自2007年7月1日起在全国范围内统一实行新的促进残疾人就业的税收优惠政策。

6月29日 第十届全国人民代表大会常务委员会第二十八次会议通过《关于修改〈中华人民共和国个人所得税法〉的决定》。

7月11日 国务院公布《关于在全国建立农村最低生活保障制度的通知》。

8月8日 民政部、财政部下发《关于妥善安排城市居民最低生活保障家庭生活有关问题的通知》。

9月8日 国务院下发《关于试行国有资本经营预算的意见》。

10月31日 按照《国务院关于第四批取消和调整行政审批项目的决定》的要求,财政部取消6项行政审批项目。其中,财政部牵头审批项目5项,与其他部门联合审批项目1项。

11月28日 财政部发布中国资产评估准则体系,颁布了包括8项新准则在内的15项资产评估准则,同时宣布成立财政部资产评估准则委员会。

11月 财政部、教育部印发了《关于调整完善农村义务教育经费保障机制改革有关政策的通知》,决定2007年起三年内,新增经费470亿元左右,用于调整完善农村义务教育经费保障机制改革有关政策。

12月 财政部会同国资委发布《中央企业国有资本收益收取管理办法》。

同月 经国务院批准,我国将从2007年12月20日起取消小麦、稻谷、大米、玉米、大豆等原粮及其制粉的出口退税。

12月28日 我国签署了中国加入世界贸易组织(WTO)《政府采购协议》(GPA)申请书,标志着我国正式启动加入WTO《政府采购协议》谈判。

2008 年

自 1 月 1 日起 我国将进一步调整进出口关税，主要涉及最惠国税率、年度暂定税率、协定税率和特惠税率等方面。

2 月 25 日 财政部会计准则委员会聘请香港会计界 12 位知名人士担任咨询专家。

3 月 15 日 《中央级事业单位国有资产管理暂行办法》正式施行。

4 月 23 日 经国务院批准，财政部、国家税务总局决定从 2008 年 4 月 24 日起，调整证券（股票）交易印花税税率，由现行 3 级调整为 1 级。

5 月 28 日 经国务院批准，国务院关税税则委员会决定调低 6 类共 26 个税目商品进口税率。

6 月 20 日起 国内成品油价格每吨调高 1000 元。同日，中央财政紧急拨付 198 亿元补贴资金，确保成品油价格改革顺利实施。

6 月 28 日 财政部、证监会、审计署、银监会、保监会联合发布《企业内部控制基本规范》。自 2009 年 7 月 1 日起先在上市公司范围内施行，鼓励非上市的其他大中型企业执行。

2009 年

1 月 4 日 经国务院批准，财政部、国家税务总局发出《关于邮政企业代办金融业务免征营业税的通知》。

1 月 8 日 国家税务总局发布《特别纳税调整实施办法（试行）》。

1 月 12 日 财政部、国家税务总局发出《关于对外资企业及外籍个人征收房产税有关问题的通知》。

1 月 19 日 财政部、国家税务总局发出《关于部分货物适用增值税低税率和简易办法征收增值税政策的通知》。

同日 财政部、国家税务总局发出《关于坚决制止越权减免税加强依法治税工作的通知》。

1 月 22 日 根据企业所得税法及其实施条例、税收征管法及其实施细则，国家税务总局发布《非居民企业所得税汇算清缴管理办法》。

3 月 19 日 财政部、国家税务总局发出《关于企业手续费及佣金支出税前扣除政策的通知》。

3 月 23 日 经国务院批准，财政部、国家税务总局发出《关于中国清洁发展机制基金及清洁发展机制项目实施企业有关企业所得税政策问题的通知》。

3月25日 国务院发布《有色金属产业调整和振兴规划》，其中提出了有关税收的措施。

3月26日、27日 财政部、国家税务总局，财政部、海关总署和国家税务总局先后联合发出《关于文化体制改革中经营性文化事业单位转制为企业的若干税收优惠政策的通知》和《关于支持文化企业发展若干税收政策问题的通知》。

4月1日 经国务院批准，财政部发出《关于2009~2011年鼓励科普事业发展的进口税收政策的通知》。

4月9日 根据企业所得税法及其实施条例，财政部、国家税务总局发出《关于证券行业准备金支出企业所得税税前扣除有关问题的通知》。

4月16日、17日 根据企业所得税法及其实施条例，财政部、国家税务总局先后联合发出《关于企业资产损失税前扣除政策的通知》和《关于保险公司准备金支出企业所得税税前扣除有关问题的通知》。

4月30日 财政部、国家税务总局分别联合发出《关于企业重组业务企业所得税处理若干问题的通知》、《关于企业清算业务企业所得税处理若干问题的通知》、《关于金融企业贷款损失准备金企业所得税税前扣除有关问题的通知》和《关于安置残疾人员就业有关企业所得税优惠政策问题的通知》。

5月26日 经国务院批准，财政部、国家税务总局发出《关于调整烟产品消费税政策的通知》。

6月1日 根据企业所得税法及其实施条例，财政部、国家税务总局发出《关于中小企业信用担保机构有关准备金税前扣除问题的通知》。

6月16日 经国务院批准，财政部、国家税务总局发出《关于专项用途财政性资金有关企业所得税处理问题的通知》。

6月19日 国务院关税税则委员会发出《关于调整部分产品出口关税的通知》。

7月17日 财政部、国家税务总局发出《关于扶持动漫产业发展有关税收政策问题的通知》。

8月19日 海关总署公布《中华人民共和国海关税收保全和强制措施暂行办法》。

8月31日 国家税务总局发布《办税服务厅管理办法（试行）》。

9月27日 财政部、国家税务总局发出《关于个人金融商品买卖等营业税若干免税政策的通知》。

10月10日 经国务院批准，财政部、海关总署和国家税务总局发出《关于研发机构采购设备税收政策的通知》。

11月6日 根据税收征管法及其实施细则和相关法规，国家税务总局发布《关于纳税人权利与义务的公告》。

11月22日 财政部、国家税务总局发出《关于房产税、城镇土地使用税有关问题的通知》。

11月25日 财政部、国家税务总局发出《关于股改及合资铁路运输企业房产税、城镇土地使用税有关政策的通知》。

12月2日 经国务院批准，财政部、国家税务总局发出《关于小型微利企业有关企业所得税政策的通知》。

12月10日 国家税务总局发出《关于企业年金个人所得税征收管理有关问题的通知》。

12月20日 经国务院批准，财政部、国家税务总局发出《关于铁道部统一缴纳企业所得税有关问题的通知》。

12月25日 财政部、国家税务总局发出《关于企业境外所得税收抵免有关问题的通知》。

2010 年

2月10日 国家税务总局根据国务院发布的《全面推进依法行政实施纲要》，公布《税收规范性文件制定管理办法》；根据行政复议法及其实施条例和税收征管法，公布《税务行政复议规则》；根据增值税暂行条例及其实施细则，公布《增值税一般纳税人资格认定管理办法》。

3月24日 财政部、国家税务总局发出《关于事业单位改制有关契税政策的通知》。

4月23日 财政部、国家税务总局发出《关于国际运输劳务免征营业税的通知》。

5月25日 财政部、国家税务总局发出《关于免征国家重大水利工程建设基金的城市维护建设税和教育费附加的通知》。

6月22日 财政部、国家税务总局发出《关于取消部分商品出口退税的通知》。

7月28日 财政部、国家税务总局和商务部发出《关于示范城市离岸服务外包业务免征营业税的通知》。

8月20日 财政部、国家税务总局发出《关于调整部分燃料油消费税政策的通知》。

9月6日 经国务院批准,财政部、国家税务总局发出《关于海峡两岸空中直航营业税和企业所得税政策的通知》。

9月29日 财政部、国家税务总局、住房和城乡建设部发出《关于调整房地产交易环节契税、个人所得税优惠政策的通知》。

11月1日 国家税务总局发布《重大税收违法案件督办管理暂行办法》。

12月20日 国务院公布《关于修改〈中华人民共和国发票管理办法〉的决定》,自2011年2月1日起施行。

同日 中国加入国际联合反避税信息中心(JITSIC)。

2011年

1月4日 国家税务总局发布公告,公布全文《失效废止和部分条款失效废止的税收规范性文件目录》。

1月8日 国务院公布《关于废止和修改部分行政法规的决定》,其中修改了《中华人民共和国城市维护建设税暂行条例》等行政法规中的有关税收内容。

1月24日 国务院关税税则委员会发出《关于调整进境物品税税目税率的通知》。

1月30日 财政部、国家发展和改革委员会发出《关于取消部分涉企行政事业性收费的通知》,规定取消税务部门收取的《税务登记证》工本费。

2月12日 国家税务总局公布《税收违法行为检举管理办法》。

2月25日 《中华人民共和国车船税法》,自2012年1月1日起施行。

3月15日 经国务院批准,财政部、国家税务总局发出《关于调整稀土资源税税额标准的通知》。

4月14日 财政部、国家税务总局发出《关于邮政企业代办邮政速递物流业务免征营业税的通知》。

6月14日 经国务院批准,财政部、海关总署和国家税务总局发布《关于修改〈科技开发用品免征进口税收暂行规定〉和〈科学研究和教学用品免征进口税收规定〉的决定》。

6月24日 经国务院批准,财政部、海关总署和国家税务总局发出《关于种子(苗)种畜(禽)鱼种(苗)和种用野生动植物种源免征进口环节增值税政策及2011年进口计划的通知》。

同日　经国务院批准，国务院关税税则委员会发出《关于调整部分商品进口关税的通知》。

9月7日　经国务院批准，财政部、国家税务总局发出《关于专项用途财政性资金企业所得税处理问题的通知》。

10月28日　财政部、国家税务总局公布《关于修改〈中华人民共和国增值税暂行条例实施细则〉和〈中华人民共和国营业税暂行条例实施细则〉的决定》，支持小型企业和微型企业发展。

11月16日　财政部、国家税务总局发布《营业税改征增值税试点方案》；财政部、国家税务总局据此发出《关于在上海市开展交通运输业和部分现代服务业营业税改征增值税试点的通知》。

12月5日　国务院公布《中华人民共和国船舶吨税暂行条例》，自2012年1月1日起实施。

12月22日　国家税务总局、国家工商行政管理总局发出《关于税务工商合作实现股权转让信息共享的通知》。

2012年

1月12日　财政部、国家税务总局发出《关于企业、事业单位改制重组契税政策的通知》。

3月2日　财政部公布《财政部门监督办法》。

4月9日　根据消费税暂行条例实施细则，财政部、国家税务总局发出《关于消费税纳税人总分支机构汇总缴纳消费税有关政策的通知》。

5月25日　财政部、国家税务总局发出《关于出口货物劳务增值税和消费税政策的通知》。

8月29日　财政部、国家税务总局发出《关于营业税改征增值税试点中文化事业建设费征收有关问题的通知》。

9月3日　财政部、国家税务总局发出《关于农产品批发市场、农贸市场房产税城镇土地使用税政策的通知》。

主要参考文献

[1] Buchanan James M. and Roger D. Congleton. Politics by Principle, not Interest: Toward Nondiscriminatory Democracy, Cambridge University Press, 1998.

[2] Eichengreen et al. "When Fast-Growing Economies Slow Down: International Evidence and Implications for China". Asian Economic Papers, 2012, 11 (1): 42-87.

[3] Shleifer, Andrei. State Versus Private Ownership, in: The Journal of Economic Perspectives, 1998, Vol. 1998, 12 (4): 133-150.

[4]《陈云文选》(1949~1956),人民出版社1984年版。

[5]《陈云文选》(1956~1985),人民出版社1986年版。

[6]《当代中国财政》编辑部:《中国社会主义财政史参考资料(1949~1985)》,中国财政经济出版社1990年版。

[7]《当代中国丛书》编辑部:《当代中国财政》(上、下卷),中国社会科学出版社1988年版。

[8]《中国共产党中央委员会关于建国以来党的若干历史问题的决议》(单行本),人民出版社1981年版。

[9] 中华人民共和国财政部、财政科学研究所、中央财政金融学院:《中国财政问题》,天津科学技术出版社1981年版。

[10]《中华人民共和国经济大事记》编选组:《中华人民共和国经济大事记1949年10月~1984年9月》,北京出版社1985年版。

[11]《中华人民共和国十年财政的伟大成就》,财政出版社1959年版。

[12]《中心城市的综合改革研究》课题组:《中心城市经济体制中期综合改革纲要》(第三稿),《经济体制改革》,1989年第1期。

[13] 麦克法夸尔、费正清:《剑桥中华人民共和国史:中国革命内部的革命(1966~1982年)》,中国社会科学出版社1992年版。

[14] 阿图·埃克斯坦:《公共财政学》,中译本,中国财政经济出版社

1983年版。

[15] 艾瑞克·霍布斯鲍姆［1994］：《极端的年代》（下），中译本，江苏人民出版社1999年版。

[16] 安格斯·麦迪森［2008］：《中国经济的长期表现（960~2030年）》（第2版），中译本，上海人民出版社2008年版。

[17] 安体富、高培勇：《社会主义市场经济体制与公共财政的构建》，《财贸经济》，1993年第4期。

[18] 安体富：《公共财政的实质及其构建》，《当代财经》，1999年第9期。

[19] 安体富：《积极财政政策的"淡出"：必要性、条件与对策》，《当代财经》，2003年第10期。

[20] 薄一波：《若干重大决策与事件的回顾》（上、下卷），中共党史出版社2008年版。

[21] 勃兰特、罗斯基等：《伟大的中国经济转型》，格致出版社2009年版。

[22] 边曦：《中国：渐进改革中的财政民主制度建设》，《财政研究》，2002年第3期。

[23] 邴志刚：《依法理财思路与对策研究》，《地方财政研究》，2006年第4期。

[24] 财政部办公厅：《中华人民共和国财政史料》（第2辑），中国财政经济出版社1983年版。

[25] 财政部地方司：《中国分税制财政管理体制》，中国财政经济出版社1998年版。

[26] 财政部工业交通财务司：《中华人民共和国财政史料》（第5辑），中国财政经济出版社1985年版。

[27] 财政部条法司课题组：《财政法律体系研究》，《财政研究》2003年第8期。

[28] 财政部预算司：《中央部门预算编制指南》（2008年），中国财政经济出版社2007年版。

[29] 财政部综合计划司：《中华人民共和国财政史料》（第1辑），中国财政经济出版社1982年版。

[30] 财政科学研究所：《十年来财政资料汇编》（第1辑、第2辑），财政出版社1959年版。

[31] 曾培炎：《中国投资建设五十年》，中国计划出版社1999年版。

[32] 陈秉元、徐世友:《试论具有中国特色的新财政模式》,《吉林财贸学院学报》,1985年第3期。

[33] 陈共:《财政学》,中国人民大学出版社2000年版。

[34] 陈共:《关于"公共财政"商榷》,《财贸经济》,1999年第3期。

[35] 陈喜强:《需求管理政策及我国的宏观经济调节》,《广西大学学报》(哲学社会科学版),1991年第2期。

[36] 丛进:《曲折发展的岁月》,河南人民出版社1989年版。

[37] 戴柏华等:《从放权让利到制度创新》,广西师范大学出版社1999年版。

[38] 戴园晨、徐亚平:《财政体制改革与中央地方财政关系变化》,《经济学家》,1992年第4期。

[39] 邓子基:《深化财政改革 理顺分配关系》,《经济研究》,1992年第11期。

[40] 董辅礽:《中华人民共和国经济史》(上),经济科学出版社1999年版。

[41] 董志凯:《1949~1952年中国经济分析》,中国社会科学院出版社1996年版。

[42] 费正清、麦克法夸尔:《剑桥中华人民共和国史(1949~1965)》,王建朗等译,上海人民出版社1990年版。

[43] 费正清:《费正清论中国》,薛绚译,(台北)正中书局1994年版。

[44] 傅志华、许航敏:《全球公共产品与国际财经合作》,《经济研究参考》,2005年第36期。

[45] 高培勇、温来成:《市场化进程中的中国财政运行机制》,中国人民大学出版社2001年版。

[46] 高培勇:《2008:新一轮税制改革步入实质操作阶段》,《经济》,2008年第1期。

[47] 高培勇:《财税形势财税政策财税改革(下):面向十一五的若干重大财税问题盘点》,《财贸经济》,2006年第2期。

[48] 高培勇:《公共财政为和谐社会奠基》,《人民日报》2007年2月26日。

[49] 高培勇:《国债运行机制研究》,商务印书馆1995年版。

[50] 高培勇:《积极财政政策:在思路和举措两个层面寻求突破》,《财贸经济》,2003年第7期。

[51] 高培勇:《市场经济体制与公共财政框架》,载《建立稳固、平衡、

强大的国家财政——省部级主要领导干部财税专题研讨班讲话汇编》,人民出版社 2000 年版。

[52] 高培勇:《市场经济体制与公共财政框架》,《税务研究》,2000 年第 3 期。

[53] 高培勇:《演变中的中国财政运行机制:困难、走势及政策选择》,载袁宝华、黄达主编:《市场化改革整体推进条件下的中国经济》,中国人民大学出版社 1995 年版。

[54] 高培勇:《由"积极"转向"中性":财政政策经历艰难抉择》,《财贸经济》,2004 年第 8 期。

[55] 高培勇:《有感于内外资企业所得税合并改革受阻》,《经济》,2005 年第 3 期。

[56] 高培勇:《中国税收持续高速增长之谜》,《经济研究》,2006 年第 12 期。

[57] 高培勇等:《财政体制改革攻坚》,中国水利水电出版社 2005 年版。

[58] 高培勇:《为中国公共财政建设勾画"路线图"——重要战略机遇期的公共财政建设》,中国财政经济出版社 2007 年版。

[59] 高培勇:《中国财税体制改革 30 年研究》,经济管理出版社 2008 年版。

[60] 高文舍、高拴平:《搞活企业:财政应扮演的角色》,《陕西财经学院学报》,1987 年第 4 期。

[61] 国家税务总局计划统计司:《关于中外宏观税负的比较》,http://www.chinatax.gov.cn/n480462/n480483/n480549/6307238.html。

[62] 国家统计局:《光辉的三十五年》,中国统计出版社 1983 年版。

[63] 国家统计局:《伟大的十年》,人民出版社 1959 年版。

[64] 国家统计局:《中国统计年鉴》(1981),中国统计出版社 1981 年版。

[65] 郝昭成等:《财税:体制突破与利益重组》,中国财政经济出版社 1993 年版。

[66] 何振一:《新时期财政分配模式的探索》,《中央财政金融学院学报》,1987 年第 6 期。

[67] 胡鞍钢:《中国政治经济史论(1949~1976)》(第 2 版),清华大学出版社 2008 年版。

[68] 胡锦涛:《高举中国特色社会主义伟大旗帜 为夺取全面建设小

康社会新胜利而努力奋斗——在中国共产党第十七次全国代表大会上的报告》，人民出版社 2007 年版。

[69] 胡书东：《经济发展中的中央与地方关系——中国财政制度变迁研究》，上海三联书店、上海人民出版社 2001 年版。

[70] 贾康、阎坤：《中国财政：转轨与变迁》，上海远东出版社 2000 年版。

[71] 贾康：《财政怎样"胜任愉快"——抓住财政改革与发展中的主导性因素》，《广东财政》，2001 年第 12 期。

[72] 贾康：《对公共财政的基本认识》，《税务研究》，2008 年第 2 期。

[73] 贾康：《我国财政体制改革的回顾与评析》，《财经科学》，1999 年第 5 期。

[74] 姜长青：《"税利合一"：试点 4 个月被紧急叫停》，《中国税务报》，2009 年 3 月 27 日。

[75] 蒋一苇：《经济民主论》，《世界经济文汇》，1989 年第 1 期。

[76] 金人庆：《2007 年财政工作的八大重点》，《中国经济周刊》，2007 年第 1 期。

[77] 金人庆：《领导干部税收知识读本》，中国财政经济出版社，2000 年版。

[78] 康晓光：《权力的转移——转型时期中国权力格局的变迁》，浙江人民出版社 1999 年版。

[79] 寇铁军：《中央与地方财政关系研究》，东北财经大学出版社 1996 年版。

[80] 李俊生：《以全球化视野观察我国财政发展》，《中国财政》，2006 年第 3 期。

[81] 李岚清：《健全和完善社会主义市场经济下的公共财政和税收体制》，《人民日报》，2003 年 2 月 22 日。

[82] 李岚清：《深化财税改革确保明年财税目标实现》，《人民日报》，1998 年 12 月 16 日。

[83] 李岚清：《新形势下的积极财政政策和公共财政改革》，《经济日报》，2002 年 4 月 1 日。

[84] 李梁：《2004~2006 "第三次改革论争"始末》，《南方周末》，2006 年 3 月 16 日。

[85] 李萍：《财政体制简明图解》，中国财政经济出版社 2010 年版。

[86] 李增刚：《全球公共产品：定义、分类及其供给》，《经济评论》，

2006年第1期。

[87] 梁朋、岳树民：《公共财政学》，首都经济贸易大学出版社2007年版。

[88] 梁尚敏：《论建设具有中国特色的社会主义财政》，《湖北财经学院学报》，1985年第3期。

[89] 林毅夫、蔡昉、李周：《充分信息与国有企业改革》，上海三联书店、上海人民出版社1997年版。

[90] 林毅夫、蔡昉、李周：《论中国经济改革的渐进式道路》，《经济研究》，1993年第9期。

[91] 林蕴晖、范守信、张弓：《凯歌行进的时期》，河南人民出版社1989年版。

[92] 凌风：《竞争中的合作：国际税收协调的新机制》，《税务研究》，2003年第1期。

[93] 刘国光：《中国十个五年计划研究报告》，人民出版社2006年版。

[94] 刘尚希：《公共财政：我的一点看法》，《经济管理》，2000年第5期。

[95] 刘树成：《论又好又快发展》，《经济研究》，2007年第6期。

[96] 刘树成：《五年来宏观调控的历程和经验》，《人民日报》，2008年4月2日。

[97] 刘小萌：《中国知青史——大潮（1966~1980)》，中国社会科学出版社1998年版。

[98] 刘迎秋：《我国财政制度改革的更高目标——建立公共财政》，《改革》，1994年第2期。

[99] 刘佐：《社会主义市场经济中的税制改革（1992~2002)》，中国税务出版社2002年版。

[100] 柳随年、吴敢群：《中华人民共和国经济史简明教程》，高等教育出版社1988年版。

[101] 马蔡琛：《论阳光财政视野中的公共预算绩效管理》，《现代财经》，2006年第3期。

[102] 马国贤、郭代模：《财政宏观调控理论与政策依据的探讨》，《当代财经》，1986年第5期。

[103] 马珺：《公共财政：理想与现实》，《财政研究》，2000年第4期。

[104] 马珺：《理解中国财政模式的转型——兼论积极财政政策的效应

及其可持续性》,《时策聚焦》,中国财政经济出版社 2002 年版。

[105] 马克斯·韦伯:《经济与社会》(上卷),中译本,商务印书馆 1997 年版。

[106] 齐力、岳福斌:《全国第六届财政基础理论讨论会综述》,《中央财政金融学院学报》,1992 年第 5 期。

[107] 全国干部培训教材编审指导委员会:《中国公共财政》,人民出版社、党建读物出版社 2006 年版。

[108] 邵红烈:《论财政的社会政策功能》,《浙江财经学院学报》,1991 年第 4 期。

[109] 汪海波:《中国国有企业改革的实践进程 (1979~2003 年)》,《中国经济史研究》,2005 年第 3 期。

[110] 汪洪涛:《制度经济学——制度及制度变迁性质解释》,复旦大学出版社 2004 年版。

[111] 王洪模等:《改革开放的历程》,河南人民出版社 1989 年版。

[112] 王军:《建立健全公共财政体制》,《求是》,2004 年第 7 期。

[113] 王年一:《大动乱的年代》,河南人民出版社 1988 年版。

[114] 王绍飞:《建立有中国特色的社会主义财政新模式》,《湖北财税》,1991 年第 6 期。

[115] 王绍光、胡鞍钢:《中国国家能力报告》,辽宁人民出版社 1993 年版。

[116] 王绍光:《从税收国家到预算国家》,《经济观察报》,2007 年 8 月 1 日。

[117] 王一江:《财政支出结构需根本改变》,《经济观察报》,2007 年 8 月 19 日。

[118] 王雍君、吴强:《走向公共财政:摆脱财政困境的根本出路》,《当代经济科学》,1990 年第 4 期。

[119] 温来成:《政府经济学》,中国人事出版社 2004 年版。

[120] 吴承明、董志凯:《中华人民共和国经济史(第一卷):1949~1952》,中国财政经济出版社 2001 年版。

[121] 吴敬琏:《当代中国经济改革:战略与实施》,海远东出版社 1999 年版。

[122] 吴敬琏:《吴敬琏自选集 (1980~2003)》,山西经济出版社 2003 年版。

[123] 吴俊培:《论"公共财政"的误区》,《中南财经大学学报》,1998

年第4期。

[124] 西摩·马丁·李普塞特:《政治人——政治的社会基础》,上海人民出版社1997年版。

[125] 夏杰长:《财政向民生倾斜的理论依据、重点领域和政策思路》,《经济学动态》,2007年第11期。

[126] 项怀诚:《"分税制"改革的回顾与展望——在武汉大学110周年校庆"专家论坛"上的报告》,《武汉大学学报》(哲学社会科学版),2004年第1期。

[127] 项怀诚:《财政体制改革的回顾及对今后的总体设想》,《管理世界》,1989年第1期。

[128] 项怀诚:《建立公共财政体制框架推进财政改革和制度创新》,《国有资产研究》,2000年第9期。

[129] 项怀诚:《我国财税改革十年回顾与思考》,《财经研究》,2001年第6期。

[130] 项怀诚:《我国公共财政体制框架初步形成》,新华网,2002年11月21日。

[131] 项怀诚:《中国财税体制改革回顾》,《上海财经大学学报》,2007年第6期。

[132] 项怀诚:《中国财政管理》,中国财政经济出版社2001年版。

[133] 项怀诚:《中国财政50年》,中国财政经济出版社1999年版。

[134] 项怀诚:《中国财政通史》(当代卷),中国财政经济出版社2006年版。

[135] 肖冬连:《1978~1984年中国经济体制改革思路的演进——决策与实施》,《当代中国史研究》,2004年第5期。

[136] 许善达、张学瑞:《1994年中国财税改革的深刻背景》,载中国宏观经济信息网(2001年09月04日),http://www.usc.cuhk.edu.hk/wk_wzdetails.asp?id=1264。

[137] 许善达:《减税还有很大空间》,《经济观察报》,2008年3月8日。

[138] 雅诺什·科尔奈[1992]:《社会主义体制——共产主义政治经济学》,中译本,中央编译出版社2007年版。

[139] 杨斌、胡学勤:《政府税外收费的理论研究与实证分析》,载高培勇主编:《费改税:经济学界如是说》,经济科学出版社1999年版。

[140] 杨斌:《经济全球化的本质分析和治税策略选择》,《涉外税务》,2004年第8期。

[141] 杨斌:《税收原则理论的反思和创新》,《厦门大学学报》(哲学社会科学版),1989年第4期。

[142] 杨灿明:《关于国家财政的公共性问题》,《财政研究》,1999年第5期。

[143] 杨之刚:《公共财政学:理论与实践》,上海人民出版社1999年版。

[144] 杨之刚:《完善转移支付制度,深化分税制改革》,《发展》,2004年第11期。

[145] 杨之刚:《中国分税财政体制:问题成因和改革建议》,《财贸经济》,2004年第1期。

[146] 杨之刚等:《财政分权理论与基层公共财政改革》,经济科学出版社2006年版。

[147] 杨志勇、陈工:《解读"公共财政"》,《中国财政信息资料》,2001年第7期。

[148] 杨志勇:《财政学科建设刍议:结合中国现实的研究》,《财贸经济》,2007年第12期。

[149] 杨志勇:《中国财政体制改革理论的回顾与展望》,《财经问题研究》,2006年第7期。

[150] 叶振鹏:《中国财政改革与发展》,广东高等教育出版社1992年版。

[151] 叶振鹏:《适应社会主义市场经济的要求重构财政职能》,《财政研究》,1993年第3期。

[152] 叶振鹏、张馨:《双元结构财政》,《光明日报》,1993年11月9日。

[153] 叶振鹏、张馨:《双元结构财政——中国财政模式研究》,经济科学出版社1995年版。

[154] 叶振鹏、张馨:《公共财政论》,经济科学出版社1999年版。

[155] 尹文敬:《国家财政学》,立信会计图书用品社1953年版。

[156] 尤尔根·哈贝马斯:《合法化危机》,中译本,上海人民出版社2000年版。

[157] 尤尔根·哈贝马斯:《重建历史唯物主义》,中译本,社会科学文献出版社2000年版。

[158] 于树一:《公共服务均等化的理论基础探析》,《财政研究》,2007年第7期。

[159] 于中一:《简论我国财政政策的三大目标》,《中央财政金融学院学报》,1991年第6期。

[160] 詹静涛:《现代国库管理制度:管理型公共财政的正确选择》,《财政研究》,2007年第3期。

[161] 詹姆斯·M.布坎南 [1967]:《民主过程中的财政》,中译本,上海三联书店1992年版。

[162] 张军:《中央计划经济下的产权和制度变迁理论》,《经济研究》1993年第5期。

[163] 张馨:《"公共财政"与"国家财政"关系析辨》,《财政研究》,1997年第11期。

[164] 张馨:《财政公共化改革:理论创新·制度变革·理念更新》,中国财政经济出版社2004年版。

[165] 张馨:《公共财政论纲》,经济科学出版社1999年版。

[166] 张馨:《构建公共财政框架问题研究》,经济科学出版社2004年版。

[167] 张馨:《论公共财政》,《经济学家》,1997年第1期。

[168] 张宇燕、何帆:《由财政压力引起的制度变迁》,载盛洪、张宇燕主编:《市场逻辑与制度变迁》,中国财政经济出版社1998年版。

[169] 张振斌、解学智:《经济体制改革中的财政转轨》,《经济研究》,1986年第1期。

[170] 张振斌:《财政体制改革十年的回顾与思考》,《财经问题研究》,1989年第10期。

[171] 赵赴越、黄瑞新:《对我国财政走出低谷的思考》,《财经问题研究》1991年第12期。

[172] 赵梦涵:《新中国财政税收史纲(1927~2001)》,经济科学出版社2002年版。

[173] 赵忆宁:《分税制改革背景回放》,《瞭望新闻周刊》,2003年第37期。

[174] 赵志耘、郭庆旺:《"公共财政论"质疑》,《财政研究》,1998年第10期。

[175] 郑小玲:《中国财政管理体制的历史变迁与改革模式研究》,博士学位论文,2011年。

[176]《中共中央关于构建社会主义和谐社会若干重大问题的决定》,《学习与参考》,2006年第31期。

[177] 中国财政改革的历史评价与战略机遇期发展设计课题组:《我国财政改革中几个全局性问题的思考》,《财贸经济》,2003年第8期。

[178] 中国社会科学院、中国档案馆:《1949~1952中华人民共和国经济档案资料选编·财政卷》,经济管理出版社1995年版。

[179] 中国社会科学院、中国档案馆:《1949~1952中华人民共和国经济档案资料选编·工业卷》,中国物资出版社1996年版。

[180] 高培勇:《财政与民生》(中国财政政策报告2007/2008),中国财政经济出版社2008年版。

[181] 高培勇:《科学发展观:引领中国财政政策新思路》(中国财政政策报告2004/2005),中国财政经济出版社2004年版。

[182] 高培勇:《为中国公共财政建设勾画"路线图"》(中国财政政策报告2006/2007),中国财政经济出版社2007年版。

[183] 中国社会科学院财政与贸易经济研究所:《中国:启动新一轮税制改革》(中国财政政策报告2003/2004),中国财政经济出版社2003年版。

[184] 高培勇:《走向"共赢"的中国多级财政》(中国财政政策报告2005/2006),中国财政经济出版社2005年版。

[185] 国家统计局综合司:《新中国六十年统计资料汇编》,中国统计出版社2009年。

[186]《中华人民共和国国民经济和社会发展第十一个五年规划纲要》,《经济日报》,2006年3月17日。

[187] 中华人民共和国财政部《中国农民负担史》编委会:《中国农民负担史》(第4卷),中国财政经济出版社1994年版。

[188] 中华人民共和国财政部综合计划司:《中国财政统计(1950~1985)》,中国财政经济出版社1987年版。

[189] 周冰:《策略型过渡性制度安排——中国财政大包干体制研究》,《浙江大学学报》(人文社会科学版),2006年第6期。

[190] 周飞舟:《分税制十年:制度及其影响》,《中国社会科学》,2006年第6期。

[191] 周叔莲:《二十年来中国国有企业改革的回顾与展望》,《中国社会科学》,1998年第6期。

[192] 刘世锦:《中国经济增长十年展望(2013~2022):寻找新的动力和平衡》,中信出版社2013年版。

[193] 袁富华:《长期增长过程的"结构性加速"与"结构性减速":一种解释》,《经济研究》,2012年第3期。

[194] 中国经济增长前沿课题组:《中国经济长期增长路径、效率与潜

在增长水平》,《经济研究》,2012年第11期。

[195] 张平:《"结构性"减速下的中国宏观政策和制度机制选择》,《经济学动态》,2012年第10期。

[196] 舒新城:《辞海》,中华书局1936年版。

后　记

　　《中国财税体制发展道路》一书是国家出版基金项目"中国特色社会主义发展道路"的系列研究成果之一。

　　本书得以顺利完成和出版，要感谢各位作者的辛勤劳动。本书作者主要来自中国社会科学院财经战略研究院，他们是中国社会科学院财经战略研究院高培勇研究员、夏杰长研究员、杨志勇研究员、马珺研究员、张斌研究员、汪德华副研究员、张德勇副研究员、付敏杰副研究员，中央财经大学温来成教授，浙江财经大学童光辉副教授，财政部预算司王法忠先生。付敏杰副研究员协助主编做了全书的统稿工作。

　　感谢经济管理出版社解淑青女士和魏晨红女士对于本书出版所付出的辛勤劳动。

作　者

2013 年 10 月